W0410912

Sports
et sciences sociales

Christian POCIELLO

Sports et sciences sociales

Histoire, sociologie et prospective

VIGOT

« Il peut y avoir autant de sciences qu'il existe de points de vue spécifiques dans l'examen d'un problème et rien ne nous autorise à penser que nous avons déjà épuisé tous les points de vue possibles. »

Max WEBER

Couverture : Éditions Vigot, Claire Legrand.
Maquette, conception et réalisation : Éditions Vigot, Christophe Camacho.

DANGER
LE PHOTOCOPILLAGE TUE LE LIVRE

Ce logo a pour objet d'alerter le lecteur sur la menace que représente pour l'avenir de l'écrit, tout particulièrement dans le domaine universitaire, le développement massif du « photocopillage ».
Cette pratique qui s'est généralisée, notamment dans les établissements d'enseignement, provoque une baisse brutale des achats de livres, au point que la possibilité même pour les auteurs de créer des œuvres nouvelles est menacée.
Nous rappelons donc que la reproduction et la vente sans autorisation, ainsi que le recel, sont passibles de poursuites. Les demandes d'autorisation de photocopier doivent être adressées à l'éditeur ou au Centre français du droit de copie : 20, rue des Grands-Augustins, 75006 Paris. Tél. : 01 44 07 47 70.

Tous droits de traduction, de reproduction et d'adaptation réservés pour tous pays, y compris la Suède et la Norvège.

Toute reproduction, même partielle, de cet ouvrage est interdite. Une copie ou reproduction par quelque procédé que ce soit, photographie, microfilm, bande magnétique, disque ou autre, constitue une contrefaçon passible de peines prévues par la loi du 11 mars 1957 sur la protection des droits d'auteurs.

© 1999, Éditions Vigot - 23, rue de l'École-de-Médecine, 75006 Paris.
Dépôt légal : février 1999 - ISBN 2 7114 1415 9.
Imprimé en Belgique.

Sommaire

Introduction

Sous les regards croisés des sciences sociales…

Ce que l'on rassemble communément sous le terme générique de « sport » recouvre un ensemble diversifié de pratiques et de spectacles, d'images et de représentations qui procèdent de la **culture contemporaine**, qui jouent des **fonctions sociales** très diverses et participent à nos **mythes actuels.** Comportements joués de notre enfance, sous des formes plus ou moins stimulantes ou combatives, le sport est aussi l'objet façonné et contrôlé par des institutions qui l'exploitent à des fins particulières (éducatives, idéologiques, spectaculaires, lucratives). Aussi comprend-il, irréductiblement, deux faces comme les médailles qu'il offre parfois en récompense : un avers motivationnel et un envers institutionnel. Pour que les gens s'adonnent au sport il faut bien qu'ils y éprouvent des plaisirs, y trouvent des significations et des enjeux personnels. Mais pour pratiquer, il faut s'équiper, pour se mesurer entre compétiteurs ou vibrer à ses spectacles, il faut bien le « spatialiser », le réglementer, le normaliser c'est-à-dire, en bref, l'« organiser ». Pour s'y livrer « librement », il faut pouvoir disposer, dans nos villes, d'équipements collectifs coûteux ou dans la nature, d'objets individuels spécialisés qui supposent, tous, l'intervention de décideurs, de fabricants et de marchands, sinon d'entraîneurs ou d'animateurs, etc.

Les chercheurs qui prennent le sport pour objet d'études sont irrémédiablement portés vers l'un ou l'autre de ces deux pôles d'analyse. La psychologie des pratiquants, d'une part, l'analyse socio-politique des organisations multinationales du spectacle sportif, d'autre part, délimitent ainsi le vaste champ des sciences sociales appliquées au sport. Mais avant d'explorer cet espace de recherches qui s'est enrichi, en France, depuis vingt-cinq ans, il faut se convaincre d'abord de la nécessité de contrôler intellectuellement cette irréductible dualité du sport. Il faut être capable de saisir simultanément ses deux dimensions extrêmes et de tenir les deux bouts du raisonnement. C'est ce que les philosophes appellent avoir le sens de la dialectique* [1]. Ainsi, si des organisations exploitent le sport à des fins particulières — parfois discutables ou même critiquables — il renvoie à toute une culture commune, à des moyens d'expression jugés légitimes, à une éthique, une morale, des sentiments, qu'en certaines occasions, tout

(1) Tous les termes marqués d'un signe (*) font l'objet, en fin de chapitre, d'une brève définition.

un peuple partage. Dans les grandes rencontres internationales (comme la Coupe du Monde de football), le sport suscite un enthousiasme débordant, des expressions festives et carnavalesques, produisant des surexcitations et des turbulences indispensables, dit-on, aux équilibres psychiques des individus dans les sociétés modernes qui cherchent à en réduire étroitement les manifestations. Il inspire aussi un sentiment positif, intégrateur, dans le constat d'évidence de nos différences. Mais il provoque aussi les excès de violence des hooligans qui peuvent afficher une haine de l'autre, poussée aux extrêmes. Enfin, ces mêmes spectacles suscitent, dans le public, des réactions très contrastées d'adhésion inconditionnelle ou de rejet radical.

Ainsi, tel un Janus*, le sport comprend-il deux visages qui font peut-être sa particularité par rapport à d'autres produits de notre culture. On se propose de tourner autour — intellectuellement — pour le voir sous ses différents aspects.

Il semble bien correspondre, en tout cas, à ce que Marcel Mauss avait qualifié de « fait social total », en ce qu'il traverse et affecte toute la société et en révèle, par conséquent, toutes ses dimensions. Son interprétation doit rendre compte simultanément des aspects physiques, psychiques et sociaux des conduites des sujets agissants et tenter de faire coïncider toutes les composantes historiques, sociologiques, culturelles, anthropologiques de ce registre d'activités. (2)

Dans ce rapport à double sens qui lie le sport et la société, on s'intéressera donc à ce qu'il révèle sur la société qui le façonne. Déjà Roger Caillois prétendait que l'on pouvait faire une « sociologie » de telle ou telle civilisation à partir de la configuration particulière des jeux qu'elle privilégie. Plus récemment, Norbert Elias voit dans le sport : « le laboratoire privilégié pour réfléchir sur les rapports sociaux et leur évolution ». Il est un fait que le développement considérable du sport dans nos sociétés, nous interroge déjà sur les normes qu'il véhicule et sur les valeurs, qu'à travers lui, elles partagent. Il nous questionne aussi sur les fonctions sociales et politiques qu'il est appelé à assumer dans les sociétés contemporaines. Ce sont donc les principaux sujets de réflexions retenus dans cet ouvrage.

Mais où et quand ce phénomène prend-il naissance et s'est-il d'abord développé ? Une controverse s'est ouverte entre ceux qui construisent le sport comme un phénomène original des sociétés modernes et ceux qui prétendent qu'il était déjà présent dans les Jeux sportifs qui opposant les cités grecques dans l'Antiquité. Cette opposition entre sociologues et historiens, entre politologues et érudits, ne recouvre pas seulement des luttes de compétences mais des enjeux idéologiques et scientifiques de grande ampleur. Il en va de l'histoire, du sens et des définitions du sport.

Est-il un phénomène universel et transhistorique expliquant et justifiant sa diffusion actuelle sur la planète et sa légitimation institutionnelle ? Est-

(2) Voir les différents domaines (et objets) de ces sciences sociales appliquées au sport dans les chapitres qui leur sont respectivement consacrés. La logique rédactionnelle de l'introduction n'a pas permis de suivre exactement l'ordre de présentation de ces divers éclairages, mais ils sont tous représentés. À l'issue de chaque chapitre, figurent des définitions de termes inhabituels, une bibliographie sommaire ainsi que des questions pour tester ses propres connaissances.

il, au contraire, le pur produit de l'ère industrielle érigeant la **concurrence**, la **compétitivité** et la **performance**, au rang de valeurs cardinales jusqu'aux domaines de la culture et donc dans celui du jeu ? Les échanges sportifs traduisent-ils, enfin, l'esprit moderne de *fair-play* constitutif des échanges politiques, vifs mais pacifiés, groupe contre groupe, des régimes parlementaires ? Parmi les sociétés occidentales, l'Angleterre — qui en est, au XIXe siècle, la forme la plus avancée — devait, dans ces deux dernières hypothèses, logiquement lui servir de creuset. On expliquerait ainsi pourquoi le sport s'est diffusé ensuite, en Europe occidentale, dans les nations continentales développées qui lui emboîtèrent le pas. Le sport semble trouver dans les sociétés à régime démocratique son terrain d'élection et d'épanouissement. Il paraît traduire, sur le registre du jeu, les luttes âpres mais réglées, entre égaux dont l'issue doit permettre d'apprécier les seuls mérites individuels des « joueurs » indépendamment de leurs origines sociales. Mais le problème reste entier de l'imposition de certaines de ses formes compétitives à la quasi-totalité de la planète. La possibilité de promotion sociale qu'offre (ou semble offrir) la réussite dans la haute compétition aux hommes d'origine modeste ou défavorisée, à partir de l'exploitation de leurs seules ressources physiques individuelles (que l'on pense « naturellement » dispensées), pourrait constituer une puissante motivation universelle.

Centrée ainsi sur l'analyse des rapports entre le sport et les sociétés modernes qui le produisent, cette **analyse socio-historique** du sport ne dispense pas cependant d'en examiner la **protohistoire** qui est « l'histoire avant l'histoire des historiens ». Peut-on en effet trouver des traces de spectacles d'affrontements compétitifs, entre « champions », aux origines même de notre civilisation ? Si oui, quels sens initiaux peut-on leur attribuer et quels profonds changements ont-ils connu au cours du temps ? Est-il exact d'affirmer que, « de tout temps, les hommes ont joué à se battre » ? Le sport aurait-il des origines guerrières dont il se serait progressivement départi ? Cela revient à poser la question de la signification des jeux combatifs de l'Antiquité grecque et du Moyen Âge européen, dont on notera qu'ils déploient un degré de violence considérablement plus fort qu'aujourd'hui et qu'ils s'inscrivent, très étroitement, dans des contextes belliqueux. Aussi, en même temps que l'on se pose la question de l'originalité des sports modernes par rapport aux jeux collectifs et individuels de combat traditionnels, peut-on s'interroger sur la possibilité de persistance, dans nos pratiques actuelles, de mythes et de gestes très anciens, qui y laissent des traces. Des violences, longtemps contenues, seraient-elles toujours prêtes à y ressurgir ? Pour expliquer l'intérêt culturel du sport et l'extraordinaire engouement qu'a suscité la dernière Coupe du Monde de football, n'a-t-on pas dit que le sport : « c'est la guerre, sans morts, des temps de paix » ? Support de pacification ou exutoire de violence ; une nouvelle fois, on en appellera au raisonnement dialectique pour tenter de l'appréhender.

L'histoire et **l'histoire culturelle** (ou l'anthropologie) peuvent nous aider à répondre à ces questions qui relèvent, à la fois — et concurremment — de l'analyse des fondements et des évolutions de notre culture.

Mais, en prenant de l'ampleur aujourd'hui, dans nos sociétés, tant dans ses pratiques que dans ses spectacles, le sport semble y jouer des fonctions contradictoires. Il exacerbe et organise les rivalités entre individus, groupes, nations et continents et, en même temps, il permet de nouer des relations entre eux et de créer du lien social à tous les niveaux où s'exercent ces rivalités. Son rôle grandissant dans une société, comme la nôtre, bouleversée par l'économie mondialisée et menacée par la « fracture sociale », résiderait-il dans cette double propriété qui est d'organiser des confrontations entre individus, groupes, villes et régions, tout en produisant de l'identité collective et en stimulant des sentiments d'appartenance ? Ne renforce-t-il pas, au niveau du plus modeste village, des liens communautaires, à travers le destin de son équipe représentative de basket ? Les équipes de rugby des métropoles du sud-ouest (qui sont culturellement engagées dans une sorte de « guerre de Cent Ans » contre « les Parisiens ») réactivent, à travers ce sport, l'identité régionale des pays d'Oc.

Qu'est-ce qui fait cette fonction intégratrice* des spectacles des grands sports collectifs que l'on assimile parfois à une « guerre civile domestiquée » ? Il est plus aisé de se gausser des discours qui prétendent que les rencontres sportives internationales représentent « les grandes fêtes de la jeunesse universelle » que d'expliquer pourquoi elles permettent de renouer, par exemple, des relations diplomatiques entre nations en conflit. C'est l'occasion unique, pour deux anciens adversaires, de « se mesurer à armes égales » et de régler, sur cet étonnant tapis vert du terrain de football, leurs vieilles querelles diplomatiques ou guerrières. Le match de football États-Unis/Iran en a récemment donné l'occasion. Au même moment, tout un continent se retrouve derrière la dernière équipe de footballeurs africains restant en compétition contre une équipe européenne pour la conquête d'un trophée faussement dérisoire et extrêmement convoité. Ce combat contrôlé donnant l'occasion d'exprimer, chez ses perdants, des sentiments de frus-

Le sport : le tribal et le sacré

Le besoin qu'éprouvent les supporters des équipes nationales, de brandir des drapeaux, de porter des couleurs, et même d'inscrire, sur leurs corps, les mêmes signes nationaux — jusqu'aux grimages de leurs visages — traduisent bien ce désir de s'y investir collectivement et de s'y fondre. Les résultats mondiaux récemment enregistrés par l'équipe de football de Croatie sont à la fois conséquence et support d'un nationalisme exacerbé et occasion rêvée de reconnaissance internationale d'un petit pays.

On dit parfois devant l'ampleur des réunions de masse qui semblent « communier » que « le sport est comme une religion ». Il l'est, en tout cas, au sens étymologique du terme (*religerer* = lier). Les détracteurs de ces assemblées les assimilent à une religion réputée constituer un « opium du peuple ». Et le football brésilien en prend toutes les apparences qui appellent les prières, les invocations, le vaudou, les cierges, de tout un peuple, pour obtenir la victoire de l'équipe nationale. Ses joueurs se signent en pénétrant sur le terrain. Puis on se livre vaillamment à la bataille pour obtenir des dieux une décision de valeur sacrée par l'épreuve de la victoire ou de la défaite ; comme dans les duels judiciaires*. Ceci peut prendre, en cas d'échec, les allures d'un « deuil national ».

tration et d'injustice. Une **approche géosymbolique** du sport s'attache à comprendre comment et pourquoi il est devenu, au niveau mondial et au fil du temps, une représentation solennelle de la force des nations concurrentes. Il exprime bien, en tout cas, ce besoin des nations de se rassembler sur cette « scène » spectaculaire pour s'affronter loyalement et se comparer selon les règles. Cette double propriété « d'avec-contre » que représentent les sports collectifs redouble la dualité invoquée et montre la nécessité de disposer de plusieurs paradigmes* pour parvenir à le saisir. Elle dévoile aussi sa fonction politique, identique à celle jouée par la guerre ; fonction que les pouvoirs centraux (royaux et étatiques) ont, depuis longtemps, sentie et exploitée ; à savoir : le déclenchement d'une guerre contre un adversaire étranger désigné, provoque toujours le resserrement des solidarités internes et exige, plus impérieusement, l'établissement de l'ordre sur ses arrières.

Comme ensemble diversifié de pratiques, le sport s'inscrit, toujours plus étroitement, dans les modes de vie et les styles de vie* de nos contemporains. Symbole de jeunesse et de dynamisme, il se manifeste à tous les âges de la vie. De l'enfance, assoiffée de jeux et de récréations, au « troisième âge » soucieux de santé et de longévité, s'élargit, sans cesse, le spectre des activités et de leurs modalités d'exercice, mais aussi l'éventail des motifs et des projets qui les sous-tendent. Pratiques éducatives ou récréatives, de compétition ou de loisirs, hygiéniques ou esthétiques, hédonistes ou festives, etc., on perçoit, en même temps, la diversité des motivations et la complexité de ce système de possibles stylistiques* dans la sphère des loisirs corporels. Au cycle de vie des individus, correspond, en tout cas, un « cycle de vie sportif » particulier marqué par une « naissance » au sport, par une plus ou moins grande longévité dans l'activité, des fidélités indéfectibles mais aussi par de brusques abandons et d'habiles reconversions. Une **démographie sportive** prend précisément pour objet les effets statistiques de ces mouvements, à l'intérieur des populations sportives, qui échappent aux observateurs les plus attentifs des stocks* de pratiquants licenciés. Cette science sociale appliquée se dédouble utilement : elle observe l'évolution des effectifs de pratiquants (hommes et femmes) à travers le temps et elle souligne l'importance, au sein d'un sport donné, des mouvements d'entrées et de sorties de ces licenciés. Ce *turn-over* considérable — et quasi général — pose, aux institutions concernées, le problème crucial de la fidélisation de leurs « novices » et celui des décalages possibles entre la réalité (technique, pédagogique, organisationnelle, etc.) de la pratique et les représentations que les prosélytes pouvaient s'en faire *a priori*. Devant ces mouvements regrettables la question de savoir « qui arrive, qui reste et qui part », parmi les affiliés, se pose avec une acuité plus grande, aux responsables de clubs (ou aux gestionnaires des services), en terme sociologique (âges, sexes, catégories sociales) pour tenter d'y

faire face. Doit-on modifier les modes de transmissions des techniques ou les types d'encadrement lorsque, brusquement, la structure de la population sportive du club s'est transformée (rajeunissement, vieillissement, féminisation, etc.) ?
Et, de ce point de vue, peut-on se désintéresser des images que les différents sports produisent, *a priori*, dans les jeunes esprits ? La télévision, l'éducation physique, les amis, la famille, une première expérience — heureuse ou malheureuse — contribuent à façonner ces représentations en conjuguant ou en contrariant leurs effets. D'où l'importance que l'on devrait accorder à ces imaginaires dans la naissance des vocations sportives et dans leur confrontation avec la réalité des formes « d'initiation » qu'imposent les institutions appelées à les accueillir. Il faudrait ainsi constituer une **psychologie sociale** des représentations, des idéologies et des croyances qu'individus et groupes se forment pour communiquer, choisir, exclure et agir dans le domaine sportif. L'identification du **noyau** et du **halo sémantiques** du terme « sport », en général, et des mots qui qualifient tel ou tel sport en particulier, serait utile aux « offreurs de services », à condition d'en relever les variations selon les âges, les sexes et les professions. Une démographie labile et « fuyante » des adhérents du club, inquiétante pour ses responsables, doit s'attacher à recueillir périodiquement les doléances et motivations de ses affidés. Des méthodes appropriées permettent de le faire rigoureusement. Une politique de **communication** adaptée qui s'impose toujours, plus nettement aux organisations et aux services sportifs, justifie pleinement le recours à la psychologie sociale.
Pour s'en tenir au résultat global et final de ces ajustements entre, d'une part, goûts et imaginaires sportifs des adeptes, d'autre part, réalités techniques et pédagogiques concrètes des organisations, on peut se demander qui pratique, quoi ? (quel sport), dans notre société ? Comment se répartissent objectivement les comportements et les goûts sportifs dans la société française ? Cette question amène à observer, dans les groupes sociaux, des préférences systématiques, produites par leur histoire propre (souvent héritées de leurs ascendances familiales) ; affinités qui ne connaissent pas nécessairement leurs raisons mais qui tendent à pérenniser leurs effets. Peut-on repérer des régularités statistiques dans ces attirances et dans les pratiques elles-mêmes ? Une **sociologie du sport** s'attache à décrire cette distribution des goûts (et des dégoûts) sportifs selon les classes sociales et selon les deux sexes et à comprendre cette fonction jouée par les pratiques sportives qui deviennent des éléments constitutifs — et hautement signifiants — des **styles de vie** des Français. Cette « stylisation » des conduites corporelles est travaillée, à la fois, par le souci d'identification (d'intégration) à un groupe dont on partage les gestuelles et la culture (par l'assimilation de ses signes, de son langage, de ses habitudes, etc.), et aussi par un désir de distinction sociale, marquant ses dis-

tances culturelles aux autres groupes (se traduisant par des dépréciations des goûts des autres et par la disqualification de leurs signes). Il est possible de visualiser cette distribution sociale des comportements sportifs dans la société française, prise à un moment de son histoire, à travers la construction de **l'espace** ou du **système des sports** (C. Pociello, 1981).
Mais les enquêtes nationales « lourdes » montrent que tous les Français ne pratiquent pas également, qu'ils introduisent d'importantes variations dans les manières de pratiquer et que certains ne pratiquent pas du tout. Ces derniers éprouvent même parfois une certaine répulsion à l'égard du sport et de ses manifestations. Quelle résistance et quels arguments ces « réfractaires » opposent-ils à cette injonction culturelle pressante qui pousse, aujourd'hui, les gens à être ou paraître sportif ? Est-ce un argument de nature culturelle (« les sportifs sont des musculaires ») ou de registre politique (« le sport, c'est l'opium du peuple ») ? Comment ces opposants définissent-ils la culture et dans quels domaines situent-ils les **excellences** ? Qui sont ces « irréductibles », où sont-ils socialement situés et de quel capital corporel disposent-ils ? Sont-ils des intellectuels ou des artistes consacrés ? Pourquoi ce rejet radical qu'une éducation physique, bien comprise, se devait, au moins, de tempérer ? Là se pose le problème des rapports du sport avec la « culture légitime » (parfois appelée « culture dominante »). Le sport serait-il exclu de la Culture ou définitivement considéré comme une « culture dominée » ? Ce sont là autant de problèmes que se pose l'anthropologie sociale et la **sociologie de la culture**. Ces deux sciences sociales attirent notre attention sur l'existence d'un processus de légitimation culturelle des activités sportives. On signifie, par là, le fait que les institutions et leurs adeptes entendent les fonder en raison, en excellence, en morale, en droit ou en simple bon sens. Chacun défendant « son sport » et sa propre manière de s'exercer (en force ou en énergie, en finesse ou en beauté, en prise de risques ou en actions de pilotage, etc.), comme les seuls (socialement) valables. On perçoit qu'ici est en jeu la question, faussement dérisoire, de la définition des **excellences corporelles** et celle de leur rôle dans la définition des **excellences sociales**. La beauté corporelle (dans son façonnage sportif) continue-t-elle, aujourd'hui encore, à jouer le rôle qu'elle jouait, dans la Grèce antique, dans le prestige social des dirigeants ? La ligne corporelle affinée et la gestuelle bondissante du « jeune cadre dynamique » montre que la question ne manque pas de pertinence.
Les différents sports sont-ils mentalement hiérarchisés dans une sorte de « bourse des valeurs » sociales ? On dit, en tout cas, qu'ils font l'objet d'une « lutte permanente pour leur définition sociale ». Quels sont les enjeux de cette lutte ? On peut comprendre, d'abord, que les institutions sportives, placées en concurrence, cherchent à défendre leurs propres produits et à imposer une bonne manière de s'exercer. Mais on peut s'interro-

ger aussi sur le rôle que chacun va jouer dans cette définition des excellences sportives, en fonction du mode particulier d'investissement de son propre corps, déjà formé culturellement (*habitus**) dans le registre des pratiques sportives où il trouve l'occasion de se valoriser ou bien, au contraire, où il ne trouve qu'intimidations, oppressions ou violences, etc. On s'interrogera ici sur les usages sociaux du corps, expressions directes d'une « culture somatique de classe » acquise dès l'enfance (L. Boltanski, 1971) qui peuvent jouer dans les choix initiaux de pratiques.

Plus que les autres pratiques culturelles on observera que le sport est un gros consommateur d'espaces ; espaces « libres », aménagés ou strictement assignés, dans la « nature » ou dans les villes, toujours il inscrit sa trace aux différents niveaux d'échelle du territoire national. Des **cartographes** et des **géographes du sport** s'emploient à décrire et à comprendre cette répartition spatiale des équipements sportifs urbains et des aménagements périphériques qui révèlent des « lois » d'implantation et de diffusion spatiale des sports et qui réservent des surprises. L'analyse des taux de pénétration départementale de la pratique sportive licenciée, par exemple, dégage des régularités et des distributions qui donnent véritablement corps à ce que l'on nomme des « cultures sportives régionales ». Les élus municipaux et les aménageurs doivent en tenir compte et s'interroger sur les problèmes de sous-équipement de certaines zones qu'ils voudraient mettre en valeur, pour animer, retenir ou attirer des usagers qui « fuient » vers de nouveaux attraits. Ils recourent aussi aux compétences des géographes spécialisés qui ont affiné leurs outils de description et d'interprétations. Un intéressant « atlas national des sports » en résulte. Des indices de sur- ou de sous-équipement cantonal des équipements urbains (stades, piscines, gymnases, terrains de grands jeux) peuvent être précisément cartographiés par rapport à une norme moyenne nationale jugée nécessaire à la satisfaction des besoins fondamentaux de la population (ratios).

Mais si les sportifs utilisent les équipements collectifs — réputés souhaitables pour en diffuser démocratiquement les bienfaits — ils s'équipent eux-mêmes individuellement (vêtements, survêtements, chaussures, protections) et ils utilisent une multitude d'objets spécifiques (ballons, raquettes, skis, planches, véhicules, etc.) qui alimentent un important marché économique contribuant à la richesse nationale. Les consommations d'articles, les emplois produits (ou induits), l'aménagement sportif ou touristique du territoire, les spectacles payants et les droits d'affiliation, montrent les rapports, de plus en plus étroits et puissants, qu'entretiennent le sport et l'économie. Les retombées économiques du *Mondial* et les affaires qui ont récemment secoué le Tour de France ont assez montré l'importance de ces entreprises, des marchés qu'elles contrôlent et des profits qu'elles génèrent. Ces relations économiques — que les éducateurs négligent ou dénigrent parfois — doivent être envisagées au moins en raison de l'importance de la structuration que la sphère économique et marchande impose aujourd'hui aux pratiques, aux spectacles, aux émissions télévisées, aux institutions gestionnaires autant qu'aux pratiquants eux-mêmes. Ce sont là des sujets intéressants pour tous les agents professionnels du sport. Qu'ils soient éducateurs, animateurs, dirigeants, commerçants ou entrepreneurs, se poseront à eux, invariablement, des problèmes de ce type. La question : « qui pratique, quoi, avec qui, où et comment ? » (que la sociologie du sport se pose, rappelons-le) est, en effet, à la base du marketing des articles de sport et des services sportifs quels qu'ils soient. Elle reste aussi à l'origine de l'ajustement social des équipements (et des aménagements), au type de public attiré aussi bien qu'à l'adaptation des modalités d'apprentissage offert.

Là se justifie pleinement une **approche socio-économique du sport** qui doit évidemment spécifier les cadres institutionnels dans lesquels ces activités se développent, se structurent et se « produisent » au sens fort. On devrait ainsi prendre garde de distinguer, parmi les pratiquants, des catégories distinctes : les « élèves », les « clients », les « usagers » et les pratiquants « auto-organisés », etc., qui n'évoluent pas dans les mêmes lieux et cadres institutionnels, qui n'ont pas les mêmes motivations et ne relèvent évidemment pas des mêmes actions d'influence. Ils ne sont pas, surtout, également « consommateurs » et présentent différents degrés de liberté par rapport aux institutions fédérales ou gestionnaires.

Mais comme cela a été suggéré, au-delà des plaisirs et des bienfaits que procure une activité sportive, bien adaptée aux motivations et au positionnement social de ses adeptes, le sport est devenu, dans nos sociétés, **un spectacle privilégié.** Il n'est pas un père de famille qui n'aille soutenir les efforts de ses enfants dans l'équipe locale de sport collectif. Et les combats valeureux des équipes nationales dans les grandes compétitions ne laissent personne indifférent. Un campanilisme* immémorial s'y manifeste, intact. Les hommes y sont particulièrement sensibles mais nul gouvernant ne peut se désintéresser des résultats des élites sportives nationales qui y sont nécessairement engagées. C'est ce qui fait le pouvoir considérable des organisateurs des compétitions à fort impact international. Se sont puissamment renforcées, au cours du temps, des multinationales* du spectacle sportif (Comité International Olympique, grandes fédérations internationales, etc.) qui donnent lieu à l'organisation d'événements quasi planétaires et exigent la construction d'édifices monumentaux. S'y déroulent des spectacles passionnants pour un public, majoritairement masculin, socialement hétérogène, réuni en masse vociférante et gesticulante. Ce sont des événements et des équipements, notons le au passage, qui consacrent la puissance économique de l'hémisphère Nord. Mais, selon les sociétés où ils se donnent à voir, les différents sports n'ont pas le même pouvoir de mobilisation et de rassemblement. L'engouement qu'ils suscitent est très variable selon les cultures. Aussi peut-on valablement s'interroger sur l'inégale capacité de retentissement des spectacles, épreuves et combats sportifs dans les consciences nationales ? On sait que le *soccer* (football) n'a pas, aux États-Unis, l'impact qu'il a, au Brésil par exemple, ou dans les autres pays du monde. Les cultures et les histoires sportives nationales peuvent l'expliquer.

Dans un pays donné, certains de ces spectacles sont sélectionnés et retransmis par la télévision. Quels sont-ils et quels rangs occupent-ils dans un classement limité de préférence ? Qu'est-ce qui est à l'origine de leur sélection par le médium dominant ? Une **sémiologie des images** et une **anthropologie des formes et des figures** du spectacle sportif permettent de dégager ses différentes propriétés de « dramatisation » et de « théâtralisation ». Celles-ci peuvent réactiver, dans l'esprit des spectateurs, d'étranges allégories. Ces spectacles s'accompagnent de commentaires journalistiques, savamment travaillés, alimentant leur poétique et leur mythologie ; discours qui contribuent à leur impact.

Mais chaque sport dégage un « langage indigène » que le *Robert des sports* nous dévoile dans sa richesse métaphorique ; langage qui peut se prêter à une **approche linguistique.** Pourquoi les rugbymans par exemple, appellent-ils leurs joueurs de l'avant les « mules », « les bœufs » ou les « tracteurs » ? Pourquoi qualifient-ils, de métaphores alimentaires, les coups qu'ils donnent et reçoivent dans le jeu (pèches, prunes, châtaignes, pralines, caramels) ? Et il n'est pas sans intérêt de voir les métaphores sportives — qui sont des « mythes en petit » — pénétrer notre langage ordinaire (« forme olympique ») et particulièrement celui de l'entreprise (« compétitivité », « performances », etc.).

Les sports et leurs résultats suscitent, dans les conversations ordinaires, des commentaires enflammés, aussi bien au *Café des sports*, dans l'entreprise, que dans les salons. Ce phénomène constitue le sport comme le lieu de la « compétence universelle ». Chacun se sent fondé à en parler avec quelque autorité pour contredire tout interlocuteur qui se risque à porter des jugements sur la vie du sport (exploits, dopage, derniers résultats, etc.). Le thème sportif dévoile ainsi ses étonnantes facultés dans la fonction d'accrochage des communications quotidiennes (dite « phatique ») entre les gens que le journal *L'Équipe* documente et alimente largement. On peut aussi relever une exploitation des images sportives dans les campagnes publicitaires. En interprétant ainsi les signes et les symboles que les sports véhiculent et diffusent, on peut saisir quelques mythes actifs de notre société.

Ce qui échappe à la futilité des conversations ordinaires, à l'entendement des journalistes et peut-être à la conscience des publicitaires, c'est l'inégale vigueur, dans le public, des retentissements esthétiques, éthiques et émotionnels que provoquent les différentes vedettes sportives et les événements — glorieux, dramatiques ou tragiques — auxquels ils ont été associés. Ils les exploitent pourtant à l'envi. Tabarly, Killy, Platini, Prost, Noah, Grospoiron, etc., conservent tous leurs traces prestigieuses dans les fabuleuses histoires de leurs sports respectifs, mais les différents groupes sociaux, âges et sexes, n'apprécient pas également tous ces champions. Une **anthropologie sociale des émotions sportives** trouve donc ici, son objet et son sens. Au-delà de l'inégal potentiel de dramatisation de leurs spectacles, les sensations, plaisirs, émotions, passions — assez difficilement saisissables — que les sports et les grands champions peuvent susciter dans le grand public, s'inscrivent donc valablement dans cette vaste problématique (3) ouverte par les sciences sociales.

Chacun a pu observer que le sport représente un argument consensuel de premier ordre dans la vie sociale municipale. Toutes ses manifestations et les inaugurations de nouveaux équipements sportifs sont exploitées dans le champ électoral local. Parfois en concurrence avec une politique culturelle, nul ne songe à en contester publiquement la légitimité. L'élu, chargé des sports, remet solennellement les coupes aux vainqueurs du tournoi de pétanque ou des joutes nautiques. Mais, à un autre niveau d'échelle, nul gouvernement national ne peut se désintéresser des résultats de son élite sur la scène internationale, apprécié au nombre de médailles et de titres sportifs remportés. Le ministère de la Jeunesse et des Sports en est tenu pour responsable. Présents dans la tribune d'honneur, lors de la Coupe du Monde de football, le Président de la République et son Premier Ministre — quoique présentant des degrés télévisibles, significativement différents, dans les gestes d'expression de leur participation émotionnelle au triomphe de l'équipe nationale — ont recueilli, dans les sondages d'opinion, de providentiels bénéfices. Plus simplement, en acquérant et en **exerçant du pouvoir**, les présidents de fédérations et les dirigeants de clubs accumulent un « capital social » de reconnaissance, de crédibilité et de confiance, exploitables, par ailleurs, dans des champs d'actions très divers (politique, professionnel, etc.). Tous, dirigeant, industriel, pédagogue, organisateur, etc., engagé à quelque titre que ce soit dans la sphère du sport compétitif, du loisir sportif, de l'éducation physique, etc., se révèlent être un « acteur » dans un **champ d'intérêts et d'enjeux.** Chaque « agent » se trouve ainsi situé dans le champ de luttes, de forces et d'attractions où il engage ses ressources propres et conduit des stratégies. Ils contribuent, à leur place et à leur mesure à la production et au façonnage des produits offerts. On peut ainsi étudier le champ socio-sportif français en rapportant les discours et les actions de chaque producteur à la place qu'il occupe dans cet espace et aux enjeux qui le mobilisent.

Aussi, dans tous les cas de figure où il entre en interférence avec les questions de **politique** (nationale ou locale) et de **pouvoir** (institutions, « champ social », etc.), le sport relève d'une **analyse socio-politique.**

(3) On définit ainsi l'ensemble des questions, classées, sélectionnées, hiérarchisées — qui peuvent s'organiser en système — concernant le sport lorsqu'il est résolument rangé dans les « questions de société ».

On ne verra, dans ces longs préliminaires, nul éloge de la complexité mais l'expression d'une idée-force, jugée essentielle pour la formation intellectuelle des étudiants en STAPS. Celle consistant à leur conférer, dès le début de leur cursus d'études, une certaine souplesse intellectuelle, s'opposant au dogmatisme que nourrissent l'ignorance, les « idées reçues » du sens commun, ou les « discours entendus » à propos du sport. Rompant avec les schématisations journalistiques autant qu'avec les présupposés technicistes* on veut les sensibiliser au « sens dialectique » et les initier au raisonnement scientifique moderne qui est épistémologiquement ouvert.

Cette introduction recense un certain nombre de « problèmes de société » qui ne seront pas tous développés. Ce faisant, on a tenté de surmonter les tensions qui naissent de ces regards différents (voire divergents) que les principales sciences sociales portent sur le sport, afin d'en esquisser l'impossible synthèse. C'est là un travail du même genre que celui que les étudiants ont à fournir lorsqu'ils doivent, sur un sujet donné, construire une dissertation.

Le présent ouvrage se propose donc de soumettre l'objet-sport, dans la multiplicité de ses **composantes** et la diversité de ses **fonctions sociales** à une pluralité d'éclairages offerts par les sciences sociales (géographie, démographie, sociologie, anthropologie, histoire, économie, linguistique, sémiologie, etc.) qui ont enrichi sa connaissance en un quart de siècle, en France. Chacune de ces approches éclaire notre objet ; aucune ne l'épuise. Enfin on considérera que, dans ce vaste panorama des sciences sociales appliquées, la sociologie peut occuper une place centrale comme discipline capable de s'articuler avec toutes les autres. Histoire sociale, sociogéographie, socio-démographie, socio-économie, etc., dessinent, en effet, de nouvelles zones de connaissances aux frontières de cette science. Le premier chapitre, consacré à l'histoire des jeux sportifs, en donnera une parfaite illustration.

Définitions

Dialectique, sens de la dialectique : ensemble des moyens intellectuels et cognitifs que l'on est capable de mobiliser dans les discussions en vue de démontrer, d'argumenter, de réfuter des opinions et finalement de remporter la conviction. Ce talent dans « l'art de discuter » se nourrit évidemment des multiples connaissances relatives au sujet en question. Philosophiquement, il s'agit d'une démarche de la pensée visant à reconnaître l'importance des positions contradictoires portant sur un problème quelconque (thèse et antithèse), de la nécessité de ne pas les disjoindre pour s'efforcer d'accéder à un état supérieur de l'intelligibilité (synthèse).

Janus : dieu grec des multiples « ouvertures » (janvier est le mois de Janus) et des entreprises propices, Janus est représenté avec deux visages : l'un jeune, l'autre âgé, exigeant pour les voir de tourner autour de la statue qui le représente. On a choisi de mettre cette figure en exergue pour symboliser la démarche adoptée dans cet ouvrage qui s'efforce de déplacer le regard sur l'objet-sport en l'examinant sous toutes ses faces.
Protohistoire : voir sa définition dans les chapitres : « Approche protohistorique des jeux sportifs » et « Histoire sociale des sports modernes ».
Paradigme : mot-type qui est donné comme modèle de référence d'une déclinaison. C'est ce que l'on donne habituellement, à titre d'exemple, et qui sert de modèle pour exercer sa réflexion sur une question difficile et pour la traiter. Mais c'est aussi, dans le domaine scientifique, ce qui désigne la ligne théorique devant guider une recherche. C'est le « noyau dur », central, d'une théorie, jugé irréductible aux autres systèmes théoriques qui peuvent lui faire « concurrence » pour l'appréhension d'un objet de recherche. C'est enfin l'ensemble des convictions que partage une communauté scientifique à un moment donné de l'histoire de la discipline.
Duels judiciaires : joutes opposant deux adversaires destinées à s'en remettre au « jugement de dieu » dans une affaire juridique. Le vaincu est jugé coupable. Les « rituels ordaliques » en sont les formes primitives et approchantes qui soumettent un accusé à une épreuve quelconque (de l'eau du feu, etc.). Voir les développements consacrés à la protohistoire des sports et à la chevalerie.
Styles, styles de vie, possibles stylistiques : le style qualifie la manière qui confère une certaine unité dans les choix d'une même personne et qui, introduisant une différence significative par rapport aux autres, la fait immédiatement reconnaître. Dans le domaine de la création artistique, par exemple, le style confère une grande unité aux productions, les plus diverses, d'un artiste. C'est une manière de traiter tous ses sujets, une « griffe » qui fait son originalité, qui persiste dans le temps et le fait reconnaître entre tous. En conférant leur unité de style à tous les choix qu'une même personne peut opérer dans les domaines les plus divers de la pratique et en s'inscrivant ostensiblement dans la vie sociale des individus et des groupes, les « styles de vie » peuvent servir de signes de reconnaissance et de modèles. Chaque registre de pratiques ou de consommations s'offre comme autant de possibilités de « stylisation » de la vie. Des vêtements, une coiffure, un type de voiture, un sport, etc., constituent autant de signes identifiables (voir le chapitre « Sociologies du sport »).
Stock : le stock désigne le nombre de pratiquants affiliés à telle ou telle organisation sportive, enregistré à un moment précis de son histoire. C'est généralement le résultat d'un dénombrement annuel. On peut comprendre que la recension de ce stock « instantané » est le résultat d'une

double opération : la soustraction des anciens licenciés qui n'ont pas renouvelé leurs licences de l'année précédente (amenant une réduction du volume) ; soustraction plus ou moins compensée par l'arrivée (additionnelle) de nouveaux adhérents (voir le chapitre « Éléments de démographie sportive »).

Campanilisme : notion plus ancienne que le chauvinisme qui en est la forme extrême, nationaliste — et parfois haineuse —, le campanilisme qualifie l'amour du clocher rassemblant, autour de lui, la communauté villageoise. En réalité, chaque quartier de ville construisait son campanile, plus haut et plus beau que celui édifié par les autres quartiers regroupant des corps de métier, des corporations, des catégories sociales différentes (ouvriers des arsenaux, artisans, commerçants, etc.). Le palio de Sienne en est, aujourd'hui encore, une spectaculaire manifestation. Le campanilisme s'exprime dans toutes les fêtes, rites et commémorations consensuelles de ces collectivités et peut s'exacerber dans les défis, les oppositions aux autres communautés. La Guerre des boutons en donne une version enfantine et humoristique. On comprend que les équipes sportives locales se prêtent bien à cette même mobilisation sentimentale dans les derbys qui les opposent aux « voisins » appelés périodiquement « visiteurs ».

Multinationales : organisations qui concernent et englobent plusieurs pays et qui y exercent un pouvoir dont la puissance est telle qu'elle peut s'imposer aux gouvernements nationaux. Le CIO, par exemple, qui décide de l'attribution des Jeux olympiques à tel ou tel pays, comme manifestation très convoitée, devient l'instance supranationale dont les gouvernements — demandeurs et concurrents — sont les obligés. La puissance politique ainsi concentrée par cette instance est redoublée par l'engouement mondial suscité par le spectacle télévisé des Jeux olympiques dont elle s'est assurée le monopole, Elle en recueille d'énormes profits financiers par les droits de retransmission (voir le chapitre « Les économies du sport »).

Fonction intégratrice : les sociétés modernes, divisées en classes, connaissent des conflits, des luttes et parfois des révolutions, mais elles ne peuvent exister et se reproduire que parce que des liens étroits unissent et réunissent tous les hommes et les groupes qui les composent. Surmontant cette contradiction apparente, les sociologues s'attachent à repérer tous les objets et processus qui produisant ces indispensables solidarités.

***Habitus* :** c'est la « culture incorporée », au sens fort, précocement inculquée dans l'enfance et la vie familiale, et qui produit un système de dispositions culturelles faisant longuement sentir ses effets dans tous les registres de pratiques. L'habitus d'un individu et d'un groupe est ainsi considéré comme « principe générateur et unificateur » de leurs pratiques, et il est susceptible de continuer à faire sentir ses effets en pesant sur des trajectoires sportives ultérieures parce qu'il touche au plus profond des usages préférentiels du corps (voir le chapitre « Sociologies du sport »).

Présupposés technicistes : les étudiants en sciences du sport — qui appréhendent d'abord les activités à travers leur pratique propre — sont portés à n'en percevoir que les aspects les plus pratiques et techniques. Les ingénieurs et techniciens du sport auxquels ils ont affaire (entraîneurs, pédagogues, didacticiens, biomécaniciens, etc.) les entretiennent dans cette idée d'une prévalence des dimensions techniques. La sociologie élargit cette appréhension en dégageant les dimensions sociales et symboliques des pratiques.

Bibliographie

HUIZINGA J., *Homo ludens ; essai sur la fonction sociale du jeu*, Paris, Gallimard, 1951.

ULMANN J., *De la gymnastique aux sports modernes ; histoire des doctrines de l'éducation physique*, Paris, Vrin, 1971.

Questions

L'introduction représente, en réalité, un résumé complet de l'ouvrage (« contraction de texte ») et annonce son plan de travail. Il n'est pas indispensable d'assimiler, d'emblée, tout son contenu par sa lecture serrée mais d'en retenir la philosophie générale. Après avoir étudié le présent livre en suivant ses différents chapitres, il est possible de se reporter à cette « introduction » pour maîtriser ultérieurement les raisonnements proposés et mémoriser ses articulations essentielles.

1. Pourquoi doit-on s'efforcer de différer, provisoirement, la définition du sport ? Montrez la diversité des aspects que recouvrent la réalité du « sport » et la variabilité du terme qui le désigne.
2. Donner des exemples de changement d'éclairages théoriques sur un même objet (choisis parmi l'un des aspects identifiés ci-dessus).
3. Vous illustrerez, à l'aide d'un exemple, l'un des effets politiques du récent Mondial de football organisé en France.
4. GEO-DÉ-SAHELS représente un moyen mnémotechnique commode permettant de répertorier et mettre en mémoire les différentes sciences sociales qui vont être tour à tour appliquées à l'objet-sport. À quelle science sociale particulière correspond chaque lettre (ou ensemble de lettres) de cette expression ? Toutes figurent explicitement (en caractères gras) dans l'introduction.

1 Des définitions à « géométrie variable »

L'histoire nous révèle d'abord que le mot « sport » est utilisé pour qualifier des réalités et des activités très variables, dessinant, au cours du temps, les limites, assez fluctuantes, d'un genre. Le sens du mot évolue, en effet, considérablement avec le temps dans les sociétés occidentales qui le créent. Avec sa première apparition, en France, dans la langue (1830) et sa diffusion dans les premiers ouvrages (1850), le terme « sport » désigne un ensemble composite de pratiques qui concernent non pas ce que l'on appelle aujourd'hui un « sportif » mais ce que l'on nommait alors, un « sportman ». Dans l'ouvrage d'Eugène Chapus (publié en 1854) il rassemble tous les passe-temps chics de la classe aristocratique, dite « de loisir » ; distractions mondaines et réservées de *Jockey club* à la mode anglaise. Turf, échecs, whist, billard, boule, pêche, chasse et tir y voisinent avec les activités de salles d'armes, de canotage, d'équitation, et s'étendent jusqu'à la lutte, la boxe et la gymnastique, etc. Toutes ces activités constitueront, jusqu'à la Seconde Guerre mondiale, la matière de l'élégante Revue illustrée *La Vie au grand air* qui représente, pour les historiens, un document irremplaçable.

A. Emprunts et échanges franco-anglais

C'est évidemment sous l'influence anglaise que le terme est ainsi importé dans notre pays. Il marque la puissante attraction que les modes de vie de la classe dominante anglaise exercent sur notre « élite sociale ». Ainsi, la nation la plus puissante et économiquement développée de l'époque voit, à son corps défendant, se diffuser ses modèles culturels aux autres pays du Continent. C'est la preuve qu'un phénomène nouveau et important s'est produit en Angleterre dans le courant du XIXe siècle. Il est aussi indéniable que cette influence s'en fait sentir dans les phases d'accélération de la modernisation industrielle de la France et de la montée en puissance de la classe bourgeoise (monarchie de Juillet et Second Empire), etc.
Pour satisfaire au besoin des dictionnaires avec la diffusion des pratiques et l'apparition d'une nouvelle catégorie « d'experts » (éducateurs, historiens, philosophes, sociologues, etc.), appelée à les promouvoir ou à les commenter, bien des auteurs s'emploient aujourd'hui à définir le terme

« Rendez à César »

Cependant les érudits nous apprennent que le terme « sport » est une anglicisation des termes du vieux français *desport*, *disport* qui signifient « divertissement », « amusement » et turbulence corporelle dans la langue de Rabelais. Il n'en va pas autrement du terme « tennis » que les Anglais ont forgé pour qualifier, un nouveau jeu, à partir de l'interjection d'engagement (*Tenez*) des gentilhommes français passés maîtres, à la Renaissance, dans l'art du Jeu de courte paume. On notera que ce jeu d'emprunts se fait sous l'effet des influences culturelles qu'une civilisation exerce sur ses voisines du fait de la force de son développement. C'est ce qui fait son pouvoir attractif. On pourrait parler de la création d'une « différence de potentiel » entre les cultures guidant les emprunts, au gré des circonstances historiques dans l'ère culturelle, bien définie, des sociétés occidentales.

« sport », en dénotation et en connotation. Définir un terme, une notion, c'est, en effet, lui faire subir, un double mouvement terminologique :

– en réduction de son sens (**dénotation**) correspondant à la définition restrictive qui désigne la classe des objets possédant les mêmes caractéristiques et qui exclue, donc, tous les objets qui ne lui appartiennent pas ;

– en élargissement de son sens (**connotation**) par les significations que le mot peut prendre selon les différents contextes où il est employé et qui dévoilent ses attributs.

On peut percevoir cette double propriété de « compressibilité » et « d'élasticité » de la notion en comparant, par exemple, le sens les deux expressions suivantes : « sport de compétition » (dénotation) et « soyez sport » (connotation).

B. Une définition synthétique provisoire

Différents auteurs se sont ainsi essayés à définir ce qui spécifie, à leurs yeux, « l'essence du sport », d'abord, comme pratique dans ses formes les plus modernes. Pierre de Coubertin, son plus actif promoteur, avait défini le sport, dès la fin du XIXe siècle, comme : « Le culte volontaire et habituel de l'effort musculaire intensif, appuyé sur le désir de progrès et pouvant aller jusqu'au risque. » Constatant le développement du phénomène, en France, dès avant la Première Guerre mondiale, Georges Hebert avait, vers 1920, défini le sport comme : « Tout genre d'exercice ou d'activité physique ayant pour but la réalisation d'une performance et dont l'exécution repose essentiellement sur l'idée de lutte contre un élément défini, une distance, une durée, un obstacle, une difficulté matérielle, un danger, un animal, un adversaire, et, par extension, contre soi-même. »[1] À travers cette définition, cet auteur avait déjà perçu que l'estimation de ses propres performances peut s'effectuer de deux manières : dans la comparaison sociale systématique (avec les autres) et dans une logique d'accomplissement, toute personnelle, que les psychologues de la motivation appellent aujourd'hui « maîtrise » (se comparer dans ses propres performances successives et se mesurer, à soi-même).

Dans son acception large et humaniste, on a pu dire que : « Le sport est un jeu dont le but est la culture du corps par des exercices de tel ordre qu'il contraint l'homme à une triple lutte : contre soi-même, contre les autres

(1) G. Hebert, *Le Sport contre l'éducation physique*, Paris, Vuibert, 1925.

et contre la nature des faits. » (P. Garcin, 1940.) Mais ses ardents promoteurs défendront bientôt une définition plus restrictive. Pour Gilbert Prouteau par exemple « sans compétition contre des adversaires et sans championnat organisé il n'y a pas de sport possible » (1950) (2). On défend ainsi la définition fondatrice des sports athlétiques, institutionnellement contrôlés.

C'est à une sorte de « purification » progressive que l'on assiste, visant à couper le sport de ses racines, notamment des fêtes commémoratives et autres activités avec lesquelles il entretenait originellement des relations (kermesses, jeux et fêtes carnavalesques, combats ou joutes spontanées paris, etc.), et pour le réduire à ses dimensions institutionnelles. À la suite de ce processus, un consensus semble se dessiner aujourd'hui autour d'une définition dominante — assez restrictive — dont on a reconstitué la synthèse dénotative, et que l'on considérera comme tout à fait provisoire :

« Le sport est un système de compétitions organisées dans un temps autonome ("calendriers") et dans des espaces urbains structurés (stades, piscines, gymnases, etc.) permettant, à ceux qui s'y sont engagés et spécialement préparés, de réaliser une prouesse ou de rechercher une performance individuelle, dans la comparaison (et/ou la confrontation) avec les autres ; ce sont là des productions "athlétiques", des "résultats" et des "records", réalisés dans des conditions bien définies (normalisées, standardisées) auxquels les adeptes du sport accordent de la valeur et auxquels le grand public trouve du sens. »

Cette comparaison interindividuelle socialisée porte donc, à la fois, au dépassement de ses propres possibilités et à l'affirmation valorisante d'une certaine **excellence** ou « supériorité ». L'inscription des records sur les « tablettes » permet, à la fois, de mettre en mémoire la gloire des recordmans et de situer leurs performances dans le progrès indéfini des possibilités humaines dans le registre dit « physique ». Mais ce dernier qualificatif paraît ici bien étroit et restrictif tant les sports peuvent élargir leur palette, dans l'infinité des registres où la motricité humaine peut pousser ses excellences. Vitesse, force, adresse, résistance, ingéniosité, etc., avec ou sans l'aide d'instruments adjuvants. En effet, par extension, s'affronter individuellement — et en solitaire — à une difficulté, un obstacle, un danger peut élargir considérablement la définition du sport s'il existe une entente préalable sur les conditions dans lesquelles ceux-ci doivent être surmontés et si l'exploit annoncé peut être *a posteriori* socialement sanctionné. Ici, les appareillages (skis), les machines véhiculantes (bateaux, kayak, planches, planeurs, autos, motos, traîneaux, etc.) et les technologies les plus avancées, peuvent être requises pour prolonger les corps, démultiplier (ou « extérioriser ») les énergies, pour s'asservir aux motricités elles-mêmes perfectionnées de leurs pilotes. Recherchant, dans sa phase de plein développement, la signification du sport tout en intégrant cette der-

compléments renforçant.

dominer

(2) G. Prouteau, *L'Équipe de France*, Paris, Plon, 1972.

nière dimension, Michel Bouet (1968) estime que le sport est : « une recherche de compétition et de performance dans le champ des activités physiques, intentionnellement affrontées à des difficultés » [3]. Ainsi, dans une acception large, cet auteur ne fait pas de l'intensité de l'investissement énergétique ou même physique du sportif dans sa performance, un critère discriminant. Il peut donc inclure, dans sa définition, la dimension aventureuse et véhiculée du sport qui repose sur ces défis difficiles que l'on se lance à soi-même — pour le plaisir de les surmonter — dans des exploits performatifs, libres et solitaires, qui pourront être socialement reconnus et sanctionnés. Ce sont des dimensions qu'un éminent « vélivole » (compétiteur de vol à voile) ne pouvait évidemment exclure du champ de la définition du sport.

C. Entre jeux et sports ; des limites fluctuantes

La question de l'Institution de contrôle et de gestion des activités étant au centre de ces débats terminologiques, des auteurs ont tenté de distinguer les **sports*** jugés « sérieux, performatifs, contrôlés, rationnels, institués », des **jeux*** réputés « spontanés, turbulents, festifs, volatils, enfantins ». Pour des motifs différents, d'autres auteurs se sont, au contraire, attachés à estomper les frontières entre le jeu et le sport. Ainsi Roger Caillois (1958), analysant les divers types de jeux [4] avait qualifié de *ludus* une forme intermédiaire et transitoire entre les deux pôles opposés qu'il avait préalablement distingué dans les activités ludiques à dominante corporelle :

- celui (qualifié de *paidia*) propre aux jeux de joie, de surexcitations et de plaisirs intenses que l'on puise dans la libre expression de sa turbulence corporelle, dans l'improvisation créatrice et la spontanéité gestuelle débridée, pouvant aller jusqu'à la transgression de l'ordre établi ;
- celui (nommé « compétition ») correspondant à la production d'une performance dans une compétition instituée qui exige la conformation à une règle, imposée de l'extérieur, et qui porte à une certaine soumission à l'ordre établi.

Selon cet auteur, le *ludus* qualifie la volonté individuelle qui se fixe personnellement des difficultés à résoudre ou des obstacles à surmonter selon des règles autonomes et des conventions arbitraires et provisoires. Cette forme occupe donc bien une place centrale entre les deux pôles définis, ci-dessus, en se rapprochant de la définition de Michel Bouet.

Ainsi, quelle que soit la force du contrôle que l'Institution peut faire peser sur lui, dans le spectre extrêmement élargi de ses formes, le sport ne peut

(3) M. Bouet, *Signification du sport* (1968) et *Les Motivations des sportifs* (1969), Paris, Éditions Universitaires.

(4) R. Caillois, *Les Jeux et les Hommes ; le masque et le vertige*, Paris, Gallimard, 1958.

totalement se soustraire à une **anthropologie des Jeux**. On pourra donc avancer, en bref, que le registre du **sport** et celui du **jeu** dessinent des frontières floues et fluctuantes :

– floues en ce qu'il y a toujours une part irréductible de jeu dans l'activité sportive, assurant une « fonction ludique » évidente, pour ses adeptes ; qu'ils soient amateurs ou professionnels. C'est ce qui fait une part importante de son pouvoir attractif. N'a-t-on pas dit que « le sport c'est ce qui nous empêche de grandir » ?
– fluctuantes en ce que les compétitions les plus instituées subissent, selon les périodes de l'histoire, des appréciations plus ou moins favorables (voire même des dépréciations) de la part du public qui porte certains pratiquants à créer, parallèlement, des formes d'activités plus « libres », festives, auto-organisées, etc. assimilables aux jeux récréatifs qui échappent — au moins provisoirement — aux institutions et qui n'en revendiquent pas moins la dénomination d'activités « sportives ».

D. Les enjeux des définitions

Comme cela a été avancé, le sport présente donc bien, en première analyse, un double versant : **motivationnel** et **institutionnel**, traversant ses définitions et dessinant une ligne de partage entre les théoriciens qui s'attachent plutôt à commenter et à privilégier l'un ou l'autre de ces aspects. La **phénoménologie** des pratiques et l'**analyse socio-politique** des organisations, les **motivations** des sportifs et la **sociologie des institutions**, offrent aux chercheurs matières à réflexions et définissent leurs objets spécifiques de recherches. Sous ces préférences, il y a évidemment des enjeux idéologiques qui peuvent échapper à ces auteurs mêmes, mais que les étudiants ne manqueront pas de reconnaître. Ainsi, des théoriciens critiques ont stigmatisé l'influence aliénante, répressive, « totalitaire », perverse, etc., des institutions qui réglementent et contrôlent les activités sportives (J.M. Brohm). Des socio-éducateurs ont souligné, de leur côté, la richesse culturelle et la valeur éducative des jeux à dominante corporelle (P. Parlebas). On comprend qu'il y a, sous les diverses appréhensions qui guident ces définitions, des enjeux sociaux et idéologiques importants.
Un enjeu plus subtil encore se fait jour lorsqu'on interroge les sportifs sur leurs goûts sportifs et sur ce qu'ils entendent par « sport ». On est frappé par la variété des réponses dans le panel structuré des enquêtés et par leur remarquable partialité. Interrogeant un athlète, lanceur lourd de l'INSEP, à propos du *jumping*, il nous déclarait : « Le jour où le cavalier prendra son cheval sur le dos alors ce sera du sport ! » Des controverses d'une autre nature que théorique apparaissent ici. Leurs raisons sont à rechercher dans les enjeux socioculturels singuliers, sous-jacents aux goûts sportifs, et au

sens, très particulier, que prend la **mise en jeu du corps** dans le sport. Ces hostilités et ces « dégoûts » dévoilent une lutte permanente pour la **définition sociale du sport,** légitime et dominant, engageant aussi les *habitus* corporels des adeptes (voir le chapitre « Sociologies du sport »).
Dans une phase fondatrice qui voulait valoriser culturellement et promouvoir l'innovation sportive, en rénovant les Jeux olympiques (vers 1890), le Baron Pierre de Coubertin annulait les différences et soulignait les analogies entre les sports athlétiques modernes et les jeux de l'Antiquité grecque et même avec la nature des jeux « spontanés » (auto-organisés) des adolescents qu'il avait observés, vers 1870, dans les collèges anglais. Les historiens aujourd'hui construisent, au contraire, une radicale différence entre les « sports modernes » et les « Jeux » de l'Antiquité. Par ailleurs, tous les cent ans, à peu près, on peut observer un renouvellement, à la fois technique et symbolique, du système des pratiques. Les années 1880 et 1980, par exemple, ont marqué deux ruptures importantes dans le champ des pratiques d'exercice, en France. Ceci justifie l'approche historique des jeux sportifs. Il nous faut voir maintenant ce que représentent ces conjonctures socio-historiques, comprendre le changement des réalités du sport et des jeux sportifs et, en même temps, saisir l'évolution du contenu des mots pour le dire.

Définitions

Jeux : se dit d'un ensemble d'activités physiques et mentales purement gratuites qui n'ont d'autre fonction, pour celui qui s'y adonne, que le plaisir physique ou intellectuel qu'elles procurent. Le jeu est l'activité, par excellence, de l'enfance, mais on le perçoit aussi chez les jeunes animaux. Les jeux s'élargissent dans une immense quantité et variété d'activités organisées par un système de règles fixant leur but, guidant leur déroulement et définissant leurs gagnants de même que les gages ou les prix qu'ils peuvent recevoir, des autres joueurs, pour prix de leur victoire.
Dans son ouvrage célèbre (*Les Jeux et les Hommes*), Roger Caillois, propose une très intéressante classification des jeux. Cet auteur distingue les jeux de luttes (qu'il appelle *agon*), les jeux de vertige (*ilinx*), les jeux de simulacres ou de masques (*mimicry*) et les jeux de hasard (*aléa*).
Sport : outre les restrictions de sa définition que ses promoteurs veulent lui imposer afin de le distinguer des jeux spontanés (de l'enfance) et des activités — plus ou moins festives — (de l'adulte), le sport veut imposer l'existence d'un cycle d'activités (alternance de « compétitions » et « d'entraînements »), souligner les particularités de ses « performances » et enregistrer la progressivité de ses records. Les sports définissent, de manière très minutieuse, les conditions réglementaires et standardisées

(spatiales, temporelles) dans lesquelles les activités doivent se dérouler et leurs résultats se produire, pour être reconnues comme tels.

Bibliographie

HEBERT G., *Le Sport contre l'éducation physique*, Paris, Vuibert, 1925, réédité par la Revue EPS, 1993.

CAILLOIS R., *Les Jeux et les Hommes ; le masque et le vertige*, Gallimard, 1958.

BOUET M., *Signification du sport* et *Les Motivations des sportifs*, Paris, Éditions Universitaires, 1968.

DURRY J., *Le Vrai Pierre de Coubertin*, CFPC, Maison du sport français, 1994.

Questions

1. Quelle est l'origine du mot « sport » ?
2. Définissez son changement de sens au moment et après son importation en France.
3. Quelle précaution doit-on prendre pour définir, de manière complète et rigoureuse, un terme, une notion quelconque ?
4. Rappelez l'une des définitions classiques proposées par les auteurs cités (de Coubertin, Hébert, Bouet, etc.)
5. Montrez l'intérêt sociologique et anthropologique des distinctions introduites par R. Caillois, dans les variantes du jeu (*paidia*, *ludus*, compétition).

2 Approche protohistorique des jeux sportifs

A. Les domaines de l'histoire

1. L'histoire

C'est la connaissance des événements du passé, ordonnés selon un ordre chronologique rigoureux, associée à une réflexion qui s'efforce de rendre intelligible leur succession (ou leur apparition). En un sens, l'histoire peut être considérée comme la « science des transformations » si elle souligne, l'effet déformant du temps sur un même phénomène et si elle s'interroge sur les facteurs et les enjeux de ces transformations. En effet, cette mise en ordre chronologique et le repérage des grandes fluctuations du phénomène doivent se faire en relation avec **l'ensemble des conditions** dans lesquelles ces changements se sont opérés. C'est ce que l'on appelle le **contexte** (culturel, social, éducatif, industriel, technique, etc.). Celui-ci dessine des **configurations** c'est-à-dire des agencements particuliers d'éléments existants (qu'ils soient nouveaux ou préexistants). Le kaléidoscope pourrait servir de paradigme pour rendre compte des « objets » de l'historien et du processus intellectuel qu'il met en œuvre pour les saisir : description précise du phénomène à un moment donné de l'histoire (à l'aide des sources de toute nature), analyse des « mouvements » (événements politiques, géopolitiques, guerriers, culturels, sociaux), qui font bouger la structure, enfin mise en relation explicative et description de la nouvelle configuration.
L'histoire s'appuie sur le rassemblement, le recoupement et la critique de **sources documentaires** ou des **témoignages** (pour la période la plus contemporaine). Si elle attache beaucoup d'importance aux contextes sociaux et culturels de production des phénomènes, elle devient « histoire sociale ».

2. La protohistoire

Événements concernant l'humanité qui se sont trouvés oralement relatés, transmis par les récits, inscrits dans les mémoires ou dans les mythes, avant l'apparition de l'écriture susceptible de les décrire et de les structurer. Bref, c'est l'histoire avant que l'histoire des historiens ne l'appréhende (voir chapitre « L'approche socio-historique des jeux sportifs »). C'est sans doute le grand historien, Fernand Braudel qui, en concevant **l'histoire de la longue durée**, montre de manière, très convaincante, combien le passé lointain des peuples continue de peser sur leurs rapports aux choses, aux espaces et aux autres et de s'inscrire profondément dans leur culture. Bref, cette appréhension de l'histoire permet de dégager de longues accumulations, des répétitions, des rémanences et de révéler ainsi le poids considérable d'un héritage, toujours vivant, quoique le plus souvent oublié et inconscient.

persistance rémanence

3. L'histoire des sports et de l'éducation physique

Le sport et « l'éducation physique et sportive » qui sont deux réalités initialement distinctes, vont entrer lentement en relations lorsque l'on conçoit, en France, les « fonctions éducatives » du sport. Tardivement (par rapport à l'Angleterre), on s'avise de la possibilité d'en faire officiellement « un moyen privilégié d'éducation physique » (1967). Il convient de ne pas les confondre. On examinera ici les principales phases historiques de **l'histoire du sport**.

L'histoire permet de comprendre les courants d'évolutions qui traversent ces deux domaines et s'efforce de comprendre sous quelles influences ces transformations se sont opérées ; elles peuvent être de nature culturelle, sociale, technique (ou technologique), économique, politique, administrative, etc.

Bien souvent l'histoire du sport dissipe les illusions qui font croire que l'état contemporain du sport « est mieux », « plus élaboré », que l'ancien état (ce qui correspond à un présupposé « évolutionniste » dont on doit se prémunir), et elle permet de voir parfois que ce que l'on pensait être des « innovations » ou des inventions du présent ont été déjà largement esquissées voire réalisées dans le passé. En tout cas, en examinant les phases archaïques, « protohistoriques » des jeux sportifs, cette science sociale peut dégager des traits persistants de notre imaginaire, sinon de notre « inconscient » collectif.

B. Le problème de l'éloignement dans le temps

Une incursion dans l'histoire des jeux sportifs — qui font, depuis très longtemps, partie intégrante de l'éducation et de la socialisation de la jeunesse et procurent, depuis toujours, des plaisirs et des stimulations aux adultes qui s'y livrent volontiers (ou qui les regardent) — présente, pour nous, plusieurs sortes d'intérêts. L'histoire permet, d'abord, d'en relever la constance — mais non l'universalité — et d'en repérer les importantes variations de formes, définissant des « configurations » différentes à travers la longue durée. Dans notre civilisation judéo-chrétienne, on voit, en effet :

– d'une part, une permanence des épreuves « athlétiques » et des combats singuliers de « champions-délégués », comme occasions d'affrontement des pays ou des cités et comme comparaisons sociales, signes d'élection ou modèles d'excellence individuelle, etc.
– d'autre part, des modes et des degrés, éminemment variables, d'investissement de la violence physique, à travers le temps, qui vont d'affrontement sanglants et meurtriers, hérités de la guerre, jusqu'aux formes sportives actuelles, très « euphémisées » (adoucies, atténuées) dont les « assauts » d'escrime, au fleuret, ou les combats de la mêlée de rugby offrent aujourd'hui les exemples.

C'est vrai pour les **jeux de l'Antiquité grecque** qui mettent en lice des athlètes dans des compétitions d'une violence inimaginable qui n'a d'égale que celle que l'on met en jeu dans les batailles. Mais la mise en perspective historique des jeux sportifs fait apparaître, dès l'origine, de profondes transformations de sens. Les jeux d'affrontements de la période archaïque sont d'abord associés à d'étranges rituels chamaniques, de vie, de mort et de renaissance, qui dégagent leur importance cérémonielle et un sens mythique très ancien. C'est une autre période hellénique qui voit des **champions** recrutés pour leur force et leur bravoure, totalement pris en charge par la cité et spécialement entraînés, pour la représenter dans des combats périodiques qui prolongent la guerre par d'autres moyens. Des enjeux de prestige et de prévalence des cités-nations prennent ainsi le pas sur des motifs d'ordre religieux, où il était question de vie, de risques physiques réels, de mort et de renaissance symboliques, etc.

C'est aussi vrai pour le **Moyen Âge de la chrétienté occidentale** qui construit, pour longtemps, avec les **tournois** et les **joutes**, un idéal chevaleresque d'affrontements risqués et un cadre spectaculaire sensationnel de luttes bien réglées. Ainsi, la chevalerie va-t-elle trouver, en France, du Xe au XIIe siècle, un terrain culturel électif et précoce de développement. Cela mérite d'être souligné tant cette prévalence marquera, pour longtemps, nos relations xénophilophobiques* avec les Anglais. Mais ces mêmes temps historiques ravivent aussi, par ailleurs, avec les **soules** plébéiennes, une longue tradition populaire des jeux de combats collectifs à mains nues.

Cette incursion historique permet d'abord de dissiper le halo de mystère sur d'insolites pratiques du passé lointain et de lever une série de contresens commis par les commentateurs du fait de l'étrangeté de ces comportements, de l'éloignement dans le temps et de l'incertitude des sources.

Il nous faut surtout éviter les anachronismes consistant à rabattre, sur les pratiques du passé, le sens des activités du présent sous le prétexte d'une similitude de formes. Les historiens permettent, aujourd'hui, de rectifier ces erreurs en contextualisant ces phénomènes c'est-à-dire en les mettant en relation avec les cultures qui les produisent et les sociétés qui les exploitent. C'est ainsi que l'on peut saisir des significations très différentes sous la similitude formelle des pratiques.

C. Origines historiques et fondements culturels des jeux sportifs

Mais la mise en perspective protohistorique, retournant à de très anciennes périodes, devrait permettre de saisir, malgré tout, la partie ténue — mais bien réelle — « d'invariants » (c'est-à-dire de traits qui persistent jusque dans nos pratiques d'aujourd'hui) et peut-être de révéler des structures mentales immuables qui se réfractent dans tous les jeux sportifs de l'homme occidental. Ainsi, des jeux de combats qui ont pu être assimilés à la guerre elle-même [1], permettent d'entrapercevoir une certaine permanence de quelques significations et phénomènes immémoriaux dans les sports actuels.

Il y a, dans ce raisonnement, une contradiction répondant à l'exercice raisonné du « sens — déjà signalé — de la dialectique. C'est le moment de rappeler qu'un objet quelconque peut être perçu différemment si on le voit sous plusieurs angles. Ainsi l'histoire et l'anthropologie du sport ne le voient pas pareillement :

- **l'histoire** jouant, sur le temps long, s'efforce de souligner des transformations, décrit des configurations différentes et repère les moments forts de changements (appelées « ruptures ») dans l'évolution de nos jeux. Norbert Elias est un bon représentant de cette histoire des configurations soulignant les changements progressifs et les « ruptures » [2].
- **l'anthropologie** (dite « structurale ») soumet ces mêmes objets à un tout autre regard. Attachée à l'étude des mythes et sensible aux symboles sur lesquels reposent les jeux sportifs, elle s'attache, quant à elle, à dégager une certaine permanence dans la manière de penser, de sentir et d'agir de l'*homo ludens* (l'homme jouant), de dégager les fondements inconscients — relativement stables — de la vie sociale et les traits — relativement invariants — de notre culture. Bernard Jeu a consacré des ouvrages intéressants à la recherche de ces permanences dans les imaginaires sportifs [3].

(1) Johan Huizinga, *Homo ludens. Essai sur la fonction sociale du jeu*, Paris, Gallimard, 8e éd., 1951 (1re éd., 1938).

(2) Norbert Elias, « Sport et violence », *Actes de la recherche en sciences sociales*, n° 6, 1976.

(3) Bernard Jeu, *Le Sport, la Mort, la Violence*, Éditions Universitaires, 1972.

C'est le grand historien Fernand Braudel qui est parvenu, le premier et le mieux, à réduire cette tension entre le « changement » et la « continuité » dans l'histoire, en soulignant la « pesanteur des origines », les répétitions, les tendances lourdes, les continuités dans cette histoire profonde, « sous-jacente, obscure, dure à mourir » d'un pays et de sa culture. Il le fait remarquablement dans, *L'Identité de la France* :
« C'est une autre forme d'histoire, inscrite dans les plus longues durées, qui permet de dégager les invraisemblables accumulations, les amalgames et les surprenantes répétitions du temps vécu, les responsabilités énormes d'une histoire multiséculaire, masse fantastique qui porte en elle-même un héritage toujours vivant, le plus souvent inconscient, et que l'histoire profonde découvre, à la façon dont la psychanalyse, hier a révélé, le flux de l'inconscient. » Il n'hésite pas, dans son projet de « totalisation historique », à considérer l'histoire comme une « sociologie rétrospective » [(4)].
De ce double point de vue (historique et anthropologique), deux phases protohistoriques ont été jugées cruciales dans cette longue mise en place : les origines grecques de la civilisation occidentale et la période (méconnue mais pertinente) du Moyen Âge français. Beaucoup d'auteurs ont fait l'impasse sur ces deux phases lointaines que l'on peut pourtant considérer comme fondatrices d'une culture où le sport enracine son imaginaire.
On s'y attarde particulièrement à travers des séquences d'images comme dans un essai de reconstitution cinématographique des événements.

Guerriers et chevaliers

La première phase grecque, réputée constitutive de notre civilisation, ouvre, au maximum, dès la prime consécration culturelle des Jeux, des exploits, des travaux*, le spectre des figures d'héroïsme et des modèles d'excellence : dans la lutte civilisatrice contre les animaux, dans l'affrontement violent, d'inspiration guerrière, et dans l'idéal de conquête du monde par l'aventure maritime. Les récits fondateurs de la tradition homérique : l'*Iliade* et l'*Odyssée* définissent bien ces deux pôles — et ces deux phases — que l'on retrouvera transformés, mais bien présents, dans l'éventail des sports modernes : la faveur pour les sports de combats collectifs (conservant intact le schéma fondamental de la bataille) et le goût de l'aventure soutenant, l'exploration et la conquête sportive du monde.
La seconde phase européenne voit, dans les formes tardives de la chevalerie, à la fois, l'invention d'affrontements individuels violents, mais réglés (joutes), d'une caste de « guerriers-champions », à cheval, et la production des règles déontologiques inspirant une éthique, une morale, (comme une « loi » de la guerre) que l'on pourra retrouver dans les duels de défis et d'honneur, à l'épée, des aristocrates, puis dans le *fair-play* sportif.
Dans les deux cas (grec et européen), on pourrait invoquer une même civilisation, en quête de son identité, à travers des héros-civilisateurs, des guerres de prévalence et des conquêtes territoriales.

D. L'assimilation du jeu à la guerre

C'est sans doute le célèbre historien néerlandais Johan Huizinga qui a le plus clairement assimilé le jeu à la guerre et la guerre à un jeu. Les **batailles** comme les **tournois**, les luttes sanglantes et mortelles, assujetties à des règles strictes, comme les affrontements sportifs, qui en sont des simulacres tardifs, présentent un certain nombre d'analogies qui permettent à cet auteur d'affirmer que le combat guerrier est immémorialement assimilable à un jeu.

(4) Fernand Braudel, « L'identité de la France », *Espace et Histoire*, Paris, Arthaud-Flammarion, 1986, tome I, p. 12.

Il rappelle que les fêtes d'Olympie, en Grèce, connaissaient des **duels à mort** et il observait, en même temps, que les guerres les plus dures, supposent toujours des **règles restrictives**. Elles peuvent s'interrompre, parfois, pour faire place à des défis et à des batailles de **champions**. Et il apparaît assez clairement au profane que les tournois médiévaux étaient des combats simulés et des spectacles (donc des **jeux**) qui pouvaient aller jusqu'à l'issue fatale (voir *infra*).

Suivant une tradition, une guerre entre deux cités grecques fut entièrement conduite, au VIIe siècle avant J.-C., sous la forme d'un « championnat ». Huizinga indique qu'une convention solennelle, stipulant toutes les **règles du combat**, avait été préalablement déposée au temple d'Artémis. Le lieu et le moment de la bataille y étaient précisés ; toutes les armes de traits (javelot, arc et fronde) étaient proscrites, seules l'épée et la lance de contact étant admises. Autre exemple : lors de batailles livrées par Mahomet, il est arrivé qu'un groupe de trois de ses guerriers lance un défi à un groupe ennemi correspondant, les combattants se présentant et se reconnaissant mutuellement la qualité de valeureux adversaires. Des combats singuliers — très proche des duels judiciaires appelant le « jugement de Dieu » — ont pu remplacer des batailles massives. Huizinga cite l'exemple de la guerre, livrée entre Vandales et Alamans, en Espagne, qui fut finalement réglée par un combat singulier. « Mieux vaut, disait-on, la perte d'un seul homme que celle de toute l'armée. » On peut dire que cette économie considérable d'hommes marque un recul de la sauvagerie de la guerre et une avancée significative du « processus de civilisation ». Il n'en fut pas autrement dans la bataille entre Philistins et Hébreux qui s'est conclue, on le sait, par la victoire, en combat singulier, de David sur Goliath. Observons, qu'en la circonstance, l'arme de jet (fronde), utilisée par le petit David a (intelligemment) prévalu sur l'arme du combat de près (épée) que maniait, avec dextérité, son colossal adversaire. Ce célèbre combat — fondamentalement inégal — est devenu « paradigmatique » en ce qu'il constitue un facteur puissant de dramatisation de tous les jeux d'affrontements en introduisant, dans les duels sportifs, une différence ou mieux, une dissymétrie (voir chapitre « Images, symboles et représentations des sports »).

Dans la partie : « Le jeu et la guerre » de son ouvrage, Huizinga énumère les nombreuses occasions de l'histoire guerrière où se mesurèrent, selon les règles, des groupes réduits, numériquement équivalents, de guerriers auxquels sont délégués le soin d'éprouver le destin et de décider du sort des armes.

Par ailleurs, dans les développements consacrés aux « Tournois, joutes et pas d'armes », de son remarquable livre [5], J.-J. Jusserand montre que les jeux favoris, au Moyen Âge, étaient ceux qui se rapprochaient le plus de la guerre et, parmi eux, pour l'aristocratie française, celui de tous qui ressem-

(5) Jean-Jules Jusserand, *Les Sports et Jeux d'exercice dans l'ancienne France*, Paris, Genève, Champion-Slatkine, 1986 (1re éd., 1901).

blait le plus à la bataille : le **tournoi collectif à cheval**. Le temps a fait progressivement glisser ce modèle du **tournoi** à celui de la **joute** ; c'est-à-dire de charge collective à cheval à celle, plus ordonnée, des **duels** d'affrontements individuels des chevaliers.

Plus près de nous, pendant la guerre 1914, des aviateurs des deux armées, adoptant, dans leurs duels aériens et dans leur style de vie, une éthique chevaleresque (*aristeia*), se sont lancé des défis au moyen de billets, lancés de leurs appareils, par-delà les lignes ennemies. Ces combats singuliers ont, ainsi, été imprégnés d'un « ethos » aristocratique dès les débuts de la guerre aérienne (c'est ce que relate assez bien le film de Jean Renoir : *La Grande Illusion*). Un ethos sportif s'est dégagé, de même, pendant la bataille d'Angleterre, chez les jeunes pilotes anglais de vingt ans, placés devant le danger mortel. Ces défis et combats singuliers, glorieux et solennels, de champions, réglés d'avance dans tous leurs détails, comprennent donc une morale et un sens aigu de l'honneur, parce qu'ils engagent du prestige, à la mesure des risques encourus. S'ils font songer à des comportements sportifs ils n'en sont pas moins meurtriers. Ils sont à peine séparables du « duel judiciaire » organisé pour résoudre un différent de droit. Les duels à l'escrime visaient, naguère (on en connaît en France jusqu'au XXe siècle), à vider des querelles ou à régler des affaires d'honneur. Observons qu'ils ont toujours été proscrits par les pouvoirs centraux.

En tout cas, pour Huizinga, l'origine de la guerre se situe clairement « dans la sphère primitive agonale dans laquelle jeu et combat, justice et coups du sort, se trouvent encore confondus ». La recommandation d'Homère exaltant les vertus guerrières des héros grecs : « Être toujours meilleur en surpassant les autres » exprime ce même idéal, valable aussi bien en sport, qu'il le fut dans la guerre de Troie.

Vigueur corporelle, courage combatif, sens de l'honneur et goût du spectacle sont des propriétés que la chevalerie française a remarquablement incarnées dans le passé. Ces qualités sont mises en œuvre — et mis en scène — dans des tournois, dans lesquels se manifeste, selon des règles de régulations, une violence plus ou moins débridée en face à face. Elle a pu servir de modèle éducatif et de figures d'édification de la jeunesse jusqu'à une période récente. Les scouts catholiques, par exemple, s'y réfèrent largement. En Angleterre — où l'on a, à la fois, envié et détesté ces traits culturels initiaux de la chevalerie française — les « chrétiens-musculaires » procèdent de ce même idéal.

De son côté, le Baron Pierre de Coubertin s'est employé à assimiler les jeux sportifs de l'Antiquité (dont les Jeux olympiques offrent le célèbre exemple), aux sports modernes qu'il voulait promouvoir. L'érudit le faisait pour des raisons idéologiques de valorisation culturelle et pour cerner une première aire culturelle d'expansion (dont il était assuré qu'elle concernerait toutes les nations occidentales) et dans un souci évident d'universalisme. On se propose de procéder à ce « retour aux sources » pour apprécier ou réfuter le bien-fondé de cette assimilation.

E. L'Antiquité grecque : entre la guerre des cités et l'aventure maritime

On veut tenter de comprendre, en effet, les mythes et les rites qui fondent les jeux et les exploits sportifs de notre propre civilisation en se reportant à sa plus lointaine antiquité.

L'*Iliade* et l'*Odyssée* sont deux récits légendaires de guerres et d'aventures, attribués à Homère, autour des IXe et VIIIe siècles avant notre ère. Repris à maintes reprises, par plusieurs auteurs, ils constituent ce que l'on nomme la **tradition homérique**. Tout en reprenant des récits de la période ancienne, ils traduisent les éléments essentiels de la culture grecque et jouent un rôle de premier plan dans l'éducation classique de la jeunesse. L'*Odyssée* est une épopée plus tardive que l'*Iliade* qui a traversé les âges et qui continue de stimuler nos esprits alors qu'il fut conçu dans la plus lointaine antiquité. Qu'est-ce qui peut expliquer cette persistance de l'intérêt qu'il suscite jusque dans la société moderne ? Karl Marx, lui-même, s'étonnait de ce mystère. Cet auteur — qui soulignait combien « les œuvres sont le produit de leur époque » — se posait la question de savoir : « qu'est-ce qui fait qu'Homère nous passionne toujours ? » (*Introduction à l'Économie politique*). Ces récits qui renferment de vieux mythes ont inspiré, en Occident, de nombreux romans d'aventures qui stimulent les imaginations adolescentes et produisent encore leur retentissement chez les adultes. Les aventures de Gulliver, de Robinson Crusoë (et les multiples « robinsonnades » de livres pour enfants), en ont décliné, pour longtemps, et jusqu'à l'épuisement, le fond thématique (départ sur l'océan, tempêtes, naufrages, découvertes de terres nouvelles, survie sur une île, retour glorieux au pays, etc.). Les aventures océaniques de nos plus modernes skippers en procèdent-elles toujours ?

Tandis que l'*Iliade* raconte les épisodes héroïques et tragiques d'une guerre (la guerre de Troie), l'*Odyssée* relate les aventures d'une équipée par mer du héros et de ses compagnons. Homère y raconte les (més)aventures d'Ulysse (*Odysseus*) ballotté, errant, sur des mers inconnues, en bute à de multiples dangers et tout tendu par la volonté de retourner au pays. Mais ce désir ardent de retour est contrarié par les dieux, les éléments, les monstres, le destin, la magie, etc. Ulysse parvient à surmonter toutes les embûches et à échapper aux dangers mortels qui jalonnent son parcours,

grâce à l'intelligence et à la ruse (« l'Homme aux mille tours ») mais aussi grâce au soutien de nombreuses figures féminines providentielles.
Est-ce, entre ces deux histoires, l'effet d'un changement radical de régime culturel dans les références privilégiées et dans la célébration de vertus héroïques, traduisant un changement de civilisation ? Les deux poèmes semblent, en tout cas, mettre en scène deux formes distinctes d'héroïsme :

- d'une part, l'héroïsme qui exalte les **valeurs guerrières** (combativité, force, bravoure, mépris des blessures et de la mort) ; qualités qui font l'honneur et le prestige des guerriers. Le récit de l'*Iliade* conserve, en outre, du passé lointain, le thème immémorial de la vengeance entre groupes ou de la *vendetta*, entre familles, à la suite d'un enlèvement (d'un rapt) qui l'exige, en réaction, impérieusement ;
- ce « vieux » ressort dramatique contraste avec, d'autre part, l'héroïsme aventureux de **découverte et de conquête du monde**, servi par la science de la navigation et la débrouillardise foncière des conquérants, face aux dangers, et par la dissimulation, l'habileté et le sens diplomatique aiguisé des commerçants en sociétés étrangères, etc. Ce récit est étroitement lié à la grande épopée de la mer qui est le lieu, par excellence, de l'aventure « éternelle » et le meilleur support imaginaire de la liberté individuelle mais aussi celui de la création des colonies lointaines.

Ulysse chez les Phéaciens

L'extrait se situe à la suite de l'épisode où Ulysse quitte l'île de la nymphe Calypso qui voulait le retenir.

« Calypso lui accorde une brise clémente et lui recommande de garder la Grande Ourse à sa gauche et Orion en face. Ainsi atteindrait-il cette île où vit en paix le peuple phéacien. Personne ne saurait mieux l'aider à retourner chez lui que ces marins splendides qui secourent toujours les pauvres naufragés.

Ulysse partit sur l'océan tranquille ; mais brusquement la mer se déchaîna et des vagues géantes ballottèrent le radeau comme une coque de noix. Une vague plus forte l'emporte dans un tourbillon, l'ouragan déchire les voiles, casse le mât, et retourne l'embarcation. Au prix d'un effort surhumain, Ulysse surnage et s'accroche au bateau désemparé. Il sent ses forces décliner. Mais une figure féminine providentielle lui conseille de se ceindre des voiles ; ce qui lui donne des forces neuves et il prend la direction de la terre entrevue. Après deux jours et deux nuits de nage, il atteint épuisé et blessé la berge où il perd connaissance. Revenu à lui il contemple les lieux et sombre dans un profond sommeil.

Nausicaa, fille du roi Alkinoos joue à la balle (boule) sur la plage avec ses servantes. Leurs cris réveillent Ulysse qui implore leur pitié. Restauré, le corps huilé, joliment vêtu, il séduit Nausicaa qui voudrait le retenir et le prendre pour époux.

Présenté au roi et à la reine, Ulysse (qui ne fait pas connaître sa véritable identité) implore leur pitié : "Année après année j'ai erré, par le monde, subi les pires sorts, avant qu'une horrible tempête me jette sur vos cotes. Exaucez, s'il vous plaît, le plus cher de mes vœux : rentrer dans mon pays le plus vite possible." Alkinoos ordonne de préparer un banquet en son honneur et souhaite faire son possible pour l'aider à retourner chez lui.

Le lendemain le roi somme cinquante de ses meilleurs rameurs de préparer un navire rapide et d'y charger des provisions pour un très long voyage. Tous les chefs phéaciens, nobles et capitaines, jeunes et vétérans, furent conviés à un banquet en son palais. Ce fut un grand festin, on immola deux vaches, huit porcs et douze moutons. Après avoir mangé et bu à satiété, Démodocos, l'aveugle musicien, prit sa cithare et se mit à louer, en un chant émouvant, les hauts faits des héros. Tous les Phéaciens écoutaient en silence, tremblant (.../...)

d'émotion ou d'horreur : la colère d'Achille — brave parmi les braves — qui voulu punir Pâris de ses actes éhontés et lui reprendre Hélène. Le vieil aède chante le récit des exploits des Grecs contre Troie (relaté dans l'Iliade) et notamment les ruses inventées par Ulysse pour vaincre les Troyens. Démodocos ayant achevé ce récit des scènes terrifiantes de batailles et de guerre, la plaine ensanglantée sous les remparts de Troie, et les épisodes auxquels Ulysse lui même avait participé, celui-ci ne put cacher son émotion. Afin de dissiper son chagrin le Roi frappe par trois fois dans ses mains et proclame :

"Doges et conseillers du royaume, ces mets de choix nous ont tous rafraîchis et nous avons écouté, avec joie, Démodocos et sa cythare. Je propose à présent quelques jeux et concours. Voyons quel sera, parmi vous, le meilleur des lutteurs, le coureur le plus prompt, celui qui lancera le disque le plus loin ?

"Ces épreuves plairont, sans doute, à notre hôte, qui répandra partout notre réputation." Les Phéaciens se montrèrent enthousiastes et se précipitèrent dans l'arène ; tout le monde attendant avec grande impatience, de voir rivaliser la fleur de la jeunesse.

Les jeux furent splendides. Klytoneus, au pied léger, fut le meilleur à la course. euryale vainquit tout le monde à la lutte ; quand le fils préféré d'Alkinoos, le beau Laodamas, eut triomphé au poing, il défia Ulysse de montrer sa vaillance. Car pour un homme véritable n'est-il rien de plus beau que la force physique, la souplesse des muscles et l'agilité du bras ?

Mais Ulysse hésita. Il répondit :

"Mon cher Laodamas, je n'ai pas l'âme aux jeux. Je ne suis pas remis de toutes mes souffrances. En outre, par l'esprit je suis déjà en mer, de retour chez moi."

Léodamas se serait contenté d'une telle réponse mais Euryale triomphant à la lutte et ivre de gloire se montra déplaisant :

"Ne cherche pas d'excuses étranger ? Qui sait ? Peut-être es-tu simplement un marchand qui écume les mers en cherchant le moyen d'alourdir sa bourse ?"

Ces paroles irritèrent Ulysse...

"Tu es bien prétentieux, jeune ami, et je vois que les dieux qui t'ont fait belle allure et visage avenant ne t'ont pas accordé beaucoup d'intelligence. Ignores-tu qu'être modeste est une qualité dont s'honorent les grands ? Dois-je faire le compte de tous les adversaires que j'ai vaincu par le passé ? Je ne suis pas en bonne condition mais je vais te montrer de quoi je suis capable."

Alors, tel qu'il était, sans quitter son manteau, il empoigna un disque et le plus lourd de tous. Le tournant plusieurs fois dans sa main il l'envoya haut par-dessus les têtes des Phéaciens surpris. Le disque siffla dans l'air et atterrit, très loin, battant, d'une bonne distance, tous les autres concurrents. La foule admirative murmura des louanges et le roi présenta des excuses à son hôte.

"Tu nous as convaincus que tu es un grand homme. Tu n'es pas seulement brillant ; tu es aussi bon athlète..."

Le festin se prolongea. Le vieux chanteur charma cette fois l'assistance d'un récit plein de verve sur les amours d'Aphrodite. Ulysse apprécia cette chanson légère et le complimenta devant tous les convives ? Ensuite il applaudit les exploits des danseurs, disant qu'il n'avait jamais vu tant de grâce et d'adresse.

Puis Ulysse demanda au musicien de lui chanter l'histoire du cheval de bois que les Grecs ont bâtis pour pénétrer dans Troie.

"Dis-nous comment Ulysse et les meilleurs guerriers se sont cachés dedans et sont entrés, par ruse, dans la ville."

Tandis qu'il chantait Ulysse revivait ces années et, une nouvelle fois, l'émotion le vainquit. Le roi lui demanda pourquoi ces plaintes ?

Ulysse répondit : "Pour te remercier de ce divin accueil, je m'en vais tout te dire. Je suis Ulysse ; celui qui a fait faire ce grand cheval de bois pour pénétrer dans Troie et c'est moi, le roi d'Ithaque, la plus douce des terres que je connaisse au monde. Je vais vous décrire les endroits innombrables par où je suis passé. Malgré leur beauté et la grâce des femmes qui voulaient me garder, pas un jour je n'ai pu oublier mon île, ma femme Pénélope et mon fils Télémaque."

Et Ulysse entama le récit de ses pérégrinations et des épreuves que Zeus lui avait infligées, après que le siège de Troie fut terminé. »

L'Odyssée, d'Homère, Paris, Librairie Gründ, coll. « Les grands classiques de tous les temps », 1989, (pp. 59-82).

Les récits poétiques d'aventure comme l'*Odyssée* ont, en tout cas, une base historique en ce qu'ils sont contemporains des grandes explorations, par les marins grecs, de l'ensemble du bassin méditerranéen. La mer et les îles y jouent un grand rôle. On notera aussi l'importance discrète du personnage féminin de Pénélope ; figure d'indéfectible fidélité, qui attend au pays, dévidant inlassablement le fil de sa tapisserie. L'extrait de l'*Odyssée* que nous avons retenu combine les deux thématiques. C'est le moment où Ulysse est appelé à se mesurer à de jeunes athlètes, selon les règles de la provocation et du défi, et à se remémorer ses anciens exploits guerriers.
Cet épisode mérite notamment d'être étudié car il rapporte, assez précisément, les habitudes de défis de jeux athlétiques et de concours « sportifs » dans la plus ancienne antiquité grecque, tout en rappelant le contexte social dans lequel ils se déroulent et les pratiques qui les accompagnent traditionnellement. On voit bien que ce sont des récits qui ont pu être très longtemps utilisés pour l'édification de la jeunesse.

F. Les jeux sportifs dans l'éducation du jeune Grec

H.I. Marrou, le grand historien, spécialiste de l'éducation dans l'Antiquité, souligne l'importance du rôle d'Homère dans l'éducation et l'édification culturelle des jeunes Grecs. Son ouvrage princep [(6)] s'ouvre sur le chapitre consacré à « L'éducation homérique ». La structure politique et sociale décrite par Homère (qui a fait parler à ce sujet, d'une « chevalerie homérique »), présente, en effet, des analogies formelles avec notre Moyen Âge occidental. Au sommet, le roi, entouré d'une aristocratie de guerriers, commande à de jeunes guerriers nobles eux-mêmes opposés à la « piétaille des vilains ». Le tout dominant un peuple d'esclaves auxquels sont dévolus tous les labeurs astreignants.
Ces jeunes chevaliers (*kouroïs*) des temps homériques, en étroite relation avec leurs maîtres, vivent en communauté, et ce compagnonnage de guerriers a des conséquences importantes sur l'histoire de l'éducation. Les usages pédérastiques notamment sont, alors, jugés comme une composante éducative de portée générale. Ce modèle idéal du cavalier parfait, aux mœurs raffinées, suppose une éducation appropriée comprenant l'acquisition d'une **technique** (maniement d'armes, jeux sportifs et chevaleresques, mais aussi chants, danses et musiques) associés à l'inculcation d'une **éthique** (préceptes moraux, une certaine vision du monde, idéal d'homme, critères et degrés excellence…).
C'est la **figure d'Achille**, modèle du parfait chevalier homérique, qui en dessine la figure idéale. Il incarne l'excellence au combat et l'extrême bra-

(6) Henri-Irénée Marrou, *Histoire de l'éducation dans l'Antiquité*, Paris, Seuil, coll. « L'Univers historique », 1948.

voure que confère ce sentiment aigu d'immortalité. Mais elle le dispute à la **figure d'Ulysse** qui incarne l'art de se débrouiller en toutes circonstances ; intelligence qui va jusqu'à la ruse et la dissimulation.
L'éducation corporelle en est une partie intégrante et même essentielle. La gymnastique et la fréquentation du gymnase sont l'élément caractéristique de la formation du jeune Grec. Le goût des sports athlétiques et l'habitude de s'exercer nu sont des traits dominants du mode de vie des Grecs qui les distinguent des peuples barbares. Les activités « sportives » sont non seulement des divertissements appréciés mais restent une pratique très sérieuse qui relie tout un ensemble de préoccupations hygiéniques et médicales, esthétiques et éthiques. D'autres auteurs soulignent leurs significations politiques tant la beauté corporelle va devenir un élément capital dans le prestige social des dirigeants.
« L'éducation physique occupe donc une place prépondérante dans le programme de "l'éphébie" qui constitue l'échelon supérieur de l'éducation aristocratique » (H.-I. Marrou). On comprend qu'elle a pu servir de modèle pour les classes sociales moins prestigieuses avant qu'elle ne marque, pour longtemps, l'idéal éducatif de la jeunesse en Europe occidentale. Les révolutionnaires français s'y sont volontiers référé.

G. Les significations de la nudité athlétique

L'athlète grec s'exerce complètement nu, pieds nus et tête nue (*gymnos*). Et cette nudité intégrale est présentée comme un progrès par rapport à l'usage du « caleçon » qui facilitait pourtant l'effort athlétique des hommes tous tendus vers la célérité… C'est une première surprise pour ceux qui sont les plus spontanément portés aux interprétations en terme d'efficience technique.
Le sol sur lequel on s'exerce doit être sablonneux. Soigneusement désherbé et ameubli à la pioche, il est recouvert d'une épaisse couche de sable. L'étonnement nous saisit devant le rite de l'onction d'huile, préalable à tout exercice. On se perd en conjectures pour trouver une raison fonctionnelle ou technique de cet usage. On a prétendu qu'il s'agissait d'une opération des lutteurs pour échapper à la prise de l'adversaire.
Mais ceci entre en contradiction avec le fait que, dûment massé et frictionné d'huile, l'athlète se recouvrait ensuite d'une mince couche de poussière : « qu'il laissait tomber sur sa peau, en fine pluie, main ouverte ». Déconcertés, les commentateurs invoquaient alors, une nouvelle fois, des raisons utilitaires (protection du soleil ardent) ou hygiéniques (provoquerait la sudation ?) ou enfin techniques, permettant aux lutteurs de mieux assurer leurs prises…

Stérilisation du sol, onction d'huile et pluie de poussière sur le corps nu, orientent, plus sérieusement, l'interprétation sur le plan symbolique, vers l'existence de rituels religieux ou chamaniques initiaux qui donnent à ces usages athlétiques de toutes autres significations. Jean Amsler a proposé de plus convaincantes interprétations de ces phénomènes que les explications, étroitement fonctionnelles, ou naïvement techniques qui ont pu être imprudemment avancées. Empruntant, sans doute, à de très anciens rituels d'initiations (dits « archaïques »), ces rites de l'athlète grec semblent renvoyer à une cérémonie évoquant le cycle immuable de la vie, de la mort, et d'une renaissance, après l'épreuve douloureuse, risquée et mortifère. Une épreuve difficile propice à une radicale métamorphose. Là, la nudité du corps trouve son sens en inspirant la toute petite enfance. L'huile, assimilable au liquide amniotique dans lequel baigne le fœtus, symbolise le passage du nouveau-né, à la vie. La poussière est, en toute civilisation, symbole de la mort (comme la cendre). La stérilisation du sol renvoie à un rite de purification du lieu. Un décapage énergique, au moyen d'une étrille, de la croûte qui recouvre finalement la peau, devait avoir lieu à l'issue de l'exercice athlétique mettant fin, ainsi, à une cérémonie qui marque, littéralement, un « changement de peau ». Le fait d'avoir placé les Jeux olympiques sous un double patronage corrobore bien cette thèse « expérimentalement invérifiable ». En effet, si Heraklès incarne bien ce héros civilisateur, arrachant l'homme à la sauvagerie, et invariablement soumis à des épreuves initiatiques (ses « douze travaux »), son patronage conjoint avec un dieu chamanique (Pelops) donne à cette interprétation, des rituels athlétiques, toute sa vraisemblance.

En tout cas les discussions sur l'interprétation des pratiques, dans la recherche de leur sens, montrent que les réponses spontanées, en termes d'efficacité technique, ne sont pas toujours — et n'est pas, en l'occurrence — adéquats. Il y a lieu, bien souvent, de se garder de cette tendance à tout ramener à une « fonctionnalité technique » des pratiques ; et l'on cherchera toujours à s'interroger sur leurs **dimensions symboliques.**

H. Les cinq épreuves athlétiques de l'excellence en Grèce

On connaît l'importance, en Grèce, des concours athlétiques à travers la mémoire des Jeux olympiques : trêve quadriennale qui interrompt la guerre, quasi permanente, des cités, mais qui la prolonge par d'autres moyens. Y sont, en réalité, alignés des « sportifs » professionnels, spécialement préparés, bénéficiant de liturgies* qui les font représentants d'une cité aux Jeux. Ces « champions » sont distincts, de l'athlétisme amateur et de l'éducation gymnique (éducative) de l'éphébie. Bien qu'ils soient un peuple de marins, les Grecs n'ont pas développé la pratique des sports nautiques. Bien qu'ils connaissent les jeux de balles sous diverses formes, ceux-ci n'étaient considérés que comme des amusements. Apanage d'une minorité de propriétaires fonciers, disposant de haras, les exercices hippiques, rejoignant l'idéal de la chevalerie homérique, trouvent une faveur égale aux exercices des armes et de la gymnastique. Mais rien ne surpasse en prestige, en excellence corporelle et en pouvoir éducatif, la pratique de **l'athlétisme pur**. Celui-ci est composé des sept épreuves-reines : la course à pied, le saut en longueur, le lancement du disque et celui du javelot ainsi que les trois « sports » de combat (boxe, lutte et pancrace).

- Les Grecs ne connaissent que **la course à pied sur piste plate**, meuble et rectiligne. **La course du stade** est la plus prestigieuse qui qualifie à la fois le lieu où elle se déroule et la distance parcourue (autour de 200 mètres). Le programme des jeux comprend aussi la course en armes, casqué, comportant des distances variées, qui sont des multiples de « stades ».
- De même les Grecs ne (re)connaissent qu'une espèce de saut : **le saut en longueur avec élan**, dans lequel, curieusement, le sauteur tient, en mains, des haltères, sans doute destinées à accroître les effets de mise en tension élastique des muscles d'impulsion ; haltères qui seront ensuite projetés vers l'arrière, au sommet de la suspension. C'est une technique supposée allonger la longueur du saut qui exige, on le comprend, une très rigoureuse coordination et de très longs apprentissages. Mais cet usage aurait-il une signification symbolique perdue ?
- **Le lancement du disque**, en bronze, plus lourd que le nôtre, s'opère, en force, sans mouvement de rotation. **Le lancer du javelot** (qui est une arme de jet), est une déclinaison directe de la chasse et de la guerre. Le concours retient seulement la distance atteinte par le lanceur projetant un engin, très léger, à l'aide d'un propulseur à lacet.
- « La lutte l'emportait peut-être en popularité sur la course à pied ». Comme pour les sauts, **la lutte** se déroule sur un terrain ameubli au pic. Le but du concours est de projeter son adversaire à terre sans y tomber soi-même. Les prises de bras, de cou et de corps sont de règle. Le croc en jambe seul est autorisé.
- Les cinq exercices précédents sont combinés pour former l'épreuve prestigieuse du **pentathlon** qui couronnait le vainqueur, de trois des cinq épreuves, comme « l'athlète complet », par excellence.
- **La boxe** pratiquée avec des cestes ou les mains garnies de lanières de cuir, aux arêtes aiguës, de manière à aggraver les effets des coups portés, est une épreuve de courage extrême autant que de force et d'endurance. On combat jusqu'à l'épuisement ou l'effondrement de l'adversaire. Celui-ci peut reconnaître sa défaite en levant le bras.

– À l'extrême violence du combat de boxe, **le pancrace** ajoute un degré supplémentaire. Tous les coups y sont autorisés. Torsion des membres, coups de pied au ventre, morsures et étranglements. N'est interdit que de fait d'enfoncer les doigts dans les yeux de son adversaire ou dans les orifices de son visage. Le terrain ameubli et arrosé devient boueux. Les combattants sanglants, recouverts de boue, sortent blessés — parfois moribonds — de l'épreuve. Le « ressuscité » de l'épreuve, lavé d'eau lustrale, est couvert de gloire…

Ce que l'on est enclin aujourd'hui à qualifier d'activité grossière et sauvage était normalement pratiqué, ne suscitait aucune réprobation morale et son spectacle soulevait la surexcitation et l'enthousiasme indescriptible du public.

I. La culture et les pratiques de la chevalerie du XIe au XIIIe siècle

Le Xe siècle français voit la création d'une nouvelle catégorie de guerriers d'élite, à cheval, qui s'est mis au service d'un châtelain duquel il tient son équipement et son statut [7]. Ces **milites** portant les armes, par exclusive — et très ostensiblement (comme insigne de la force et délégation d'un pouvoir) — se distinguent des paysans (**inermes**) qui en sont démunis et auxquels il est fait défense d'y recourir. Ils monopolisent ainsi la seule manière honorable de se déplacer et de combattre (à cheval), et ils sont munis d'un équipement offensif et défensif raffiné et très coûteux. Mentalement, ils conjuguent des traits culturels d'origine différentes. Ils ont, d'une part, le culte du cheval et de l'épée dont on trouve l'origine dans la cavalerie lourde des « barbares » des steppes, d'autre part, ils adoptent des traits de fidélité indéfectible et de dévotion personnelle au **roi-chef** de tribu issu de la culture germanique. Ces cavaliers peuvent être initialement issus du peuple pour leur force, leur vigueur, leur dextérité et leur courage, mais ils tiennent leur promotion du seul seigneur qui leur fournit publiquement et solennellement les armes pour les mettre à son service. Dotée d'une grande force physique et de la puissance des armes, cette classe de guerriers est portée à les exercer abusivement à l'encontre des populations désarmées : paysans et même moines sans défense (pillages). De plus, le sort des batailles et des sièges (où ils occupent des positions marginales) ne dépendent pas d'eux mais des « piétons » et des serveurs de machines. Le coût même de leur équipement (armes et protections) les conduit à capturer leurs adversaires pour récupérer le cheval, le matériel (haubert, armes) et l'homme lui-même (rançon) plutôt que de le tuer. Du fait de leurs protections, eux-mêmes courent objectivement moins de

(7) L'essentiel des données historiques reprises dans ce chapitre sur la chevalerie a été donné par Jean Fiori dans son remarquable « petit » ouvrage (*La Chevalerie*, Paris, Édition Jean-Paul Guisserot, 1998), dont on recommande vivement la lecture.

risques mortels que la **piétaille**. Dans l'Occident chrétien médiéval, la chevalerie française semble en avance sur les autres pays et c'est la Normandie et les pays de Loire qui voit l'essor de la chevalerie comme groupe de guerriers spécialisés, à cheval, très bien cuirassés et pourvus d'une longue et lourde lance. C'est là dit-on, l'un des éléments décisifs de la conquête de l'Angleterre par Guillaume. Tandis que les Anglo-saxons combattent à pied et lancent des projectiles, de nombreux guerriers normands combattent à cheval et leurs charges compactes et perforantes de chevaliers, produisent débandades et sentiments d'effrois chez les Anglais. La tapisserie de Bayeux porte témoignage de ces manières de combattre des Normands et souligne la noblesse des combattants, venus du continent, face à la « couardise » de la « piétaille » anglo-saxonne. Depuis lors, les autochtones — qui ont eu à subir l'affront de cette conquête — vont être enclins à stigmatiser ce goût immodéré, que les chevaliers normands (« français ») semblent manifester, en toutes occasions, pour la parade et le panache — assimilés à l'arrogance ; stéréotypes issus du souvenir lointain des comportements chevaleresques des conquérants, jusqu'à la bataille d'Azincourt incluse. Mais les chevaliers français sont partout redoutés en Europe avant d'être imités. Ce qui renforcera l'impression d'une communauté d'armes (puisque l'on ne peut s'affronter qu'entre soi), productrice d'une morale spécifique. Conscients d'appartenir à cette fraternité d'armes, les chevaliers des deux camps, ne sont guère enclins à s'anéantir mutuellement. Au contraire, « ils se ménageaient » volontiers (respect des adversaires valeureux), ils adoptent « la merci » (consistant à laisser la vie sauve à un ennemi qui se rend). À la bataille de Brémules (en 1119), sur 900 chevaliers engagés, seuls trois d'entre eux y trouvent la mort (cité par J. Flori). Cette antériorité et ce prestige des chevaliers français ne furent sans doute pas sans effet sur le travail historique de J.-J. Jusserand, reconstituant patiemment les *Sports et jeux d'exercices dans l'ancienne France* au moment où, en sens inverse, la première vague des sports anglais déferle précisément sur notre propre pays (vers 1900).

En tous les cas, du XIe au XVe siècle, se déroule un long processus de transformations culturelles — et mentales — marquées par l'euphémisation progressive de la violence des chevaliers et par leur adoption d'une éthique particulière, le tout, corrélatif de la constitution d'une caste, par sa fermeture sociale. La création, le développement et l'évolution des tournois sont les indices directs de ces transformations.

L'Église, la première menacée par cette violence débridée, s'était employée d'abord à la dériver (croisades), à la tempérer (condamnation des tournois), pour finalement tenter de mettre la chevalerie au service de Dieu en l'exhortant à se préoccuper de son salut. L'éthique chevaleresque visant à défendre les faibles, les femmes, les opprimés et… les hommes d'église, en découle logiquement. Le *Roman de Renart*, qui met en scène la

baloourdise du Loup Ysangrin aux prises avec la malice de Renart traduit bien, dans sa structure dramatique, cette situation sociale. Écrit par un clerc, le roman à clé, stigmatise évidemment la force brutale des chevaliers, surpassée par l'intelligence des clercs.
« La chevalerie est d'abord une confrérie honorifique, par adoubement, qui marquait, initialement, l'entrée promotionnelle dans une profession, l'accès à une corporation des guerriers d'élite devenue auxiliaire du pouvoir. » C'est une ascension sociale pour des gens qui peuvent être issus du peuple mais qui peuvent y retourner s'ils déchoient de leur fonction ou manquent à leurs devoirs. Bientôt, seuls des nobles pourront y accéder. Ouverte jusqu'à la fin du XIIe siècle, la caste des chevaliers se ferme au début du XIIIe siècle (J. Flori). Quatre quartiers de chevalerie sont désormais requis dans l'ascendance du postulant et le caractère professionnel de la chevalerie s'estompe. Ses traits techniques dominants (force, dextérité) diminuent au profit des traits symboliques (décoration, magnificence, héraldique) et éthiques (courtoisie, merci, économie de blessures et de morts). Enfin, de la guerre réelle, on passe à des formes plus adoucies et ludiques de combats réglés (tournois, joutes, duels), savamment mise en scène, dans des cérémonies solennelles. La présence des femmes y devient indispensable. Les plus valeureux d'entre eux peuvent espérer y gagner le cœur des dames…
Le « chevalier errant » en est une figure plus tardive. Courant le monde dans l'errance, force inemployée qui cherche son emploi dans des actions dérisoires. Pour conquérir un pont, garder symboliquement une clairière, ou se réserver un passage, le chevalier cherche querelle à un adversaire à sa taille. Il attendait parfois, avec impatience, la mort de son père pour en recueillir l'héritage. La conquête d'un *Graal*, donne plus de noblesse à cette errance aventureuse qui obligeait à parcourir le monde : « là où nul chemin ne s'ouvre », pour une cause salutaire… Mais le célibat forcé et la concentration du pouvoir dans les mains du seigneur entraînent bientôt des frustrations décuplées et donne parfois au chevalier le fantasme de la couche de la princesse (ou même celle de la reine) ; fantasme qu'exploitent abondamment les troubadours dans leurs poèmes. Par leur présence aux joutes et tournois, les femmes deviennent, en effet, fantasmatiquement ou réellement des enjeux sexuels (8).
Les tournois apparaissent d'abord, en France, au XIe siècle, dans les pays de Loire. Avant le XIIIe siècle, les tournois ne diffèrent pas de la guerre dont ils constituent une propédeutique, « une répétition générale et un substitut codifié » (J. Flori). Ils ont lieu parfois entre deux batailles et c'est, au début, une bataille à cheval, masse contre masse, au cours de laquelle de nouvelles tactiques collectives sont mises au point. On pourrait dire que c'est une sorte de « sport collectif » dans lequel la cohésion d'ensemble des cavaliers joue un rôle prépondérant. **Tournoi** vient du verbe « tournoyer » qui désigne le fait de tourner simultanément pour préparer une

(8) Une lointaine réminiscence de ces enjeux apparaît encore dans le baiser rituel qu'offre, avec les félicitations du Crédit Lyonnais, deux jeunes filles en fleur, au vainqueur de l'étape du Tour…

Figure 1.
Joute sans barrières par Lucas Cranach le Vieux.

nouvelle charge collective de cavaliers. Puis ils se transforment progressivement en joutes individuelles. Les lices apparaissent tardivement pour contenir les écarts malins des chevaux. Enfin le jeu de la **quintaine** achève le processus d'adoucissement de la violence en s'exerçant contre une machine simulant l'adversaire.

En dépit des condamnations de l'Église, la faveur des tournois ne s'est pas démentie parce que les seigneurs qui les organisent y mettent d'importants enjeux. Les assemblées s'organisent, les défis se lancent et les tournois se transforment en rencontres mondaines tout en conservant une certaine violence d'où les spectateurs puisent de fortes sensations. Les jongleurs attitrés chantent les prouesses guerrières des **héros**. La fermeture des heaumes ne permettant plus de reconnaître les combattants. De loin, les dames procèdent préalablement à l'inspection des **timbres** et des **bannières** qui les personnalisent. Privés de guerres ou de rapines, par l'accroissement du pouvoir central, les chevaliers ont besoin de ces défoulements et de ses emplois. Les seigneurs se dotent, à leurs frais, d'équipes de chevaliers habiles et valeureux pour les aligner dans des tournois afin d'y déployer leur puissance et y gagner du prestige. Aussi les jeunes chevaliers de rang modeste aspirent-ils à ces emplois stables et parfois prestigieux, en tout cas professionnels. Ainsi, « les tournois offrent-ils aux chevaliers, modestes mais valeureux, toute une hiérarchie d'espérances d'ascension sociale ou de promotion économique ». Ils peuvent même « rêver d'attirer, par leurs exploits, les regards d'une princesse ou d'une riche héritière », dont on porte ostensiblement les **couleurs**. Les champions se constituent en **sociétés de tournois**. Celles-ci « mettent l'accent sur les traits festifs de la chevalerie, développent la mystique de l'exploit, du geste chevaleresque, des rites relatifs aux joutes et aux duels et valorisent les faits d'armes ». Mais bientôt, noblesse, pouvoir et chevalerie se confondent. La concentration du pouvoir royal associé à l'accroissement du pouvoir de l'Église parviendront à supprimer les tournois et à interdire les duels. Le XVIIe siècle verra le processus signalé d'euphémisation s'achever par l'invention des **carrousels** dans lesquels la fonction professionnelle et guerrière à totalement cédé le pas à la magnificence et à l'ordonnancement théâtral des parades de cavaliers aristocrates à la Cour à Versailles…

J. Jeux de mains, jeux de vilains

Comme dans d'autres pays d'Europe, il se jouait, en France de l'Ancien Régime, jusqu'à la fin du XIXe siècle (pour ses formes régionales les plus résistantes), un jeu populaire réunissant les hommes des villages dans des affrontements collectifs très vigoureux, au corps à corps. Ce jeu, qui ressemble à une sorte de rugby très violent, sans limites ni règlements, est désigné sous des noms divers (*sole*, *chole*, *choule* ou *soule*) indiquant que l'on joue (aussi) du pied. Observons que les paysans « inermes » auxquels

(9) Les textes repris, ci-dessous, ont été retrouvés par Daniel Denis dans les archives de sa région natale. Ils sont longuement cités dans : « Aux chiottes, l'arbitre ; ces footballeurs qui nous gouvernent », *Politique-Aujourd'hui*, n° 5, suppl., non daté.

Une coutume « barbare »

Le jeu est observé et décrit, par les témoins étonnés, venus de la ville, comme « une coutume tenant de la barbarie » (9)*. Prenant possession, en 1844, de sa cure, dans un village du Calvados, un certain Abbé Jamet pouvait décrire, avec l'extrême précision de l'observateur direct, le jeu de la soule, les événements coutumiers qui le déclenchent et les rites qui l'accompagnent.*

« Lorsque j'arrivai à Saint-Hilaire, il y avait, dans cette paroisse, une coutume qui tenait en quelque sorte de la barbarie. Quand une jeune fille quittait le pays par suite de son mariage, le dimanche qui suivait ses noces, elle devait revenir dans sa paroisse à la grand-messe, apportant avec elle une "soule" c'est-à-dire une boule en cuir, remplie intérieurement de diverses choses, et même de quelques pièces de monnaie ou d'argent. Après la messe, le mari sortait avec sa jeune femme. Tous les jeunes gens de la paroisse divisés en deux camps les entouraient aussitôt. La femme alors remettait la "soule" à son mari qui, d'un bras vigoureux, la lançait par-dessus le faîte de l'église. Tous à l'instant de se précipiter sur la soule, se culbutant, se frappant même, pour l'arracher des mains de ceux qui l'avaient saisie les premiers. C'était à qui triompherait, et ferait triompher son parti. Rien ne les arrêtait ! Ils renversaient les croix dans le cimetière, démolissaient les barrières qu'ils rencontraient, détruisaient tout dans les jardins, dans les champs, et se précipitaient même, au besoin, dans la rivière. Et ce combat ne finissait que lorsque le plus fort et le plus agile avait pu pénétrer, avec la soule, sur un terrain hors la commune. Alors la partie était gagnée et il y avait un banquet auquel tous les jouteurs étaient invités ; mais, hélas ! plusieurs ne pouvaient y prendre part à cause de leurs blessures. Un jour même, un jeune homme fut écrasé, dans la mêlée, sous les pieds de ses camarades, et mourut peu de temps après. Lorsque le mari qui lançait la soule, n'avait pas la force et l'adresse de la faire passer par-dessus le faîte de l'église et qu'elle retombait du même côté, les hommes mariés avaient le droit de concourir et alors il s'ensuivait une mêlée qui n'avait plus de nom. Les fils se battaient avec acharnement contre leurs pères. » (Extrait n° 1)

La soule : une fête...

Dans un autre village, à peu de distance de là, on souligne les réjouissances auxquelles le jeu de soule donne lieu.

« On jette ordinairement la soule le deuxième dimanche après les noces, c'est-à-dire le dimanche où les jeunes époux retournent dîner chez les parents de la femme. Il n'y a que les filles quittant la paroisse qui apportent leur soule ; celles qui se marient dans la commune et y restent n'en jettent pas. À la sortie de la messe, les nouveaux mariés accompagnés de leurs parents et amis, et aussi de la plus grande partie des hommes, passent par-derrière l'église c'est-à-dire du côté nord. Alors la jeune femme remet la soule à son mari qui la lance de toute sa force par-dessus l'église. Un cri de joie retentit parmi les garçons aussitôt que l'objet de leur attente a dépassé le faîte de l'église. Si la soule retombait du côté où elle a été jetée, les garçons n'auraient pas le droit d'y toucher et les hommes seuls s'en empareraient, à moins (et cela est arrivé plusieurs fois) que l'un d'eux ne la rendit au marié. Ce dernier la lance une seconde fois en tâchant de lui faire franchir l'obstacle en question. Malheur à lui, si elle retombe de son côté ! Les éclats de rire, les quolibets et les plaisanteries de toutes sortes s'entrecroisent et ne lui font pas défaut : Il est éreinté ! Il n'a plus de sang dans les veines, il n'a plus de nerfs dans les bras ! Il faut le mettre dans un van et le porter au soleil et cent autres du même genre. Le plus souvent, le nouveau marié, ayant fait un bon repas, et s'étant réconforté d'un coup de maître cidre, suivi d'un copieux café, bien arrosé de vieille eau-de-vie du cru, ne manque pas son coup et la soule tombe jusque de l'autre côté de la place. Aussitôt, les garçons se portent tous à l'endroit où elle est tombée et s'y bousculent jusqu'à ce que le plus adroit ou le plus fort s'en empare et se sauve à toutes jambes. Il faut qu'il la porte hors la commune ; s'il est attrapé un autre s'empare et se sauve à son tour, mais généralement plusieurs garçons s'entendent ensemble et quand la soule est une fois entre les mains de l'un d'entre eux, les autres facilitent sa course autant que possible jusqu'à la limite de la commune. Une fois parvenu sur le territoire voisin, le vainqueur coupe une branche de coudrier et revient vers les poursuivants avec ce trophée qui est la preuve de son triomphe. S'il y avait des contestations, il faudrait retourner à l'endroit où a été coupé le rameau de coudre, puis vérifier s'il peut bien s'ajuster sur la branche mère, et enfin si celle-ci est bien au-delà de la limite de la commune. » (Extrait n° 2)

La soule : un affrontement de quartiers

Au sujet de la division des combattants et des enjeux de la soule, un témoignage recueilli, en 1885, évoque, non des oppositions de « groupes de statuts » (hommes mariés contre célibataires), mais la lutte vigoureuse entre deux camps constitués par l'habitat au sein de la paroisse.

Il en va de même des célèbres « batailles aux poings » ou « combats de bâtons » livrés, jusqu'au XVIIIe siècle, opposant, en furieux affrontements, sur les ponts de jonction, les habitants et les travailleurs des deux quartiers situés, de part et d'autre du Grand Canal de Venise.

« La paroisse se divisait en deux partis : le premier comprenait le côté du Hazé et le second celui du Bois ; deux zones séparées par la grand-route qui fait le partage de la commune. C'était le Mardi gras qu'elle était disputée. Les deux partis attendaient impatiemment sur la place publique. Tout à coup, une longue rumeur se faisait entendre, la soule lancée au loin décrivait une courbe gracieuse et tombait au milieu des groupes. Une lutte indescriptible s'engageait alors. Tous se pressaient et cherchaient à se diriger vers le point où devait être la soule. Ceux qui l'avaient reçue essayaient de la passer aux champions de leur parti ; les combattants adverses cherchaient à l'enlever et à l'entraîner de leur côté. La mêlée devenait générale et la lutte si belle, si intéressante, que des curieux qui étaient présents prenaient de suite part à la bataille. Quelquefois, à la suite d'une poussée vigoureuse, le point d'appui venait à manquer et trois à quatre cents individus roulaient les uns sur les autres. C'était l'instant favorable. Un lutteur adroit, habile, vigoureux essayait de saisir la soule et de se sauver avec son précieux fardeau. Mais d'autres veillaient. Deux ou trois heures se passaient ainsi, puis la soule circulait au dehors du bourg. Quand le Hazé l'emportait, les gens du Bois tâchaient de la diriger vers un étang voisin du bourg et situé au bord de la route. Elle traversait la mare poussée par les plus hardis, qui avaient de l'eau jusqu'au cou. C'était un moyen héroïque d'éliminer la majeure partie des « souleurs ». Ceux qui n'avaient osé d'entrer dans la pièce d'eau étaient exclus du jeu pour le reste de la journée. Après avoir bien soulé, les combattants entraient à la chute du jour dans le village le plus proche. La soule n'était gagnée que quand elle avait pénétré à l'intérieur d'une maison. Cet honneur de recevoir la soule était fort recherché des plus riches propriétaires de Bellou qui devaient mettre aussitôt un tonneau de cidre à la disposition des joueurs. » (Extrait n° 3)

Quand le jeu dégénère…

Ailleurs enfin, ce sont deux communes (ou deux paroisses) qui se disputent la soule avec un enthousiasme communicatif sur les hameaux voisins. La partie n'est interrompue que par l'arrivée des gendarmes.

« Une soule a opposé les jeunes gens de Saint-Pierre à ceux de Montsecret (unis à ceux) de la Bazoque : deux fois prise par les Montsecrets, la Soule avait été reprise deux fois par les Bazoquins. Ces derniers recevaient sans cesse des renforts de tous les hameaux voisins, et la petite armée de la Mouture, ainsi engagée en pays ennemi courait un danger réel, malgré sa valeur digne de tous éloges, lorsqu'elle reçut elle-même un secours inattendu. Deux bataillons de troupes fraîches arrivèrent simultanément, l'un d'Entremont, l'autre de Montsecret, lesquels, il faut le dire, avaient perdu un temps précieux pendant le chemin à débattre, suivant le procédé ordinaire, la question de préséance. Ce fut alors que le combat prit les proportions d'une véritable bataille, ce fut alors que tout le monde s'en mêla, jusqu'aux femmes, et Dieu sait ce que peut (faire) une femme en colère. À ce moment, la fureur, l'enthousiasme, le délire étaient à leur comble.

À la nuit tombante, au moment le plus ardent de la mêlée, un cri retentit : “Les gendarmes ! Sauve qui peut !” La brigade voisine arrivait en effet au grand galop de ses chevaux. Elle trouva le champ de bataille désert. Seulement les représentants de la force publique purent y ramasser, ô vanité des ambitions humaines ! l'objet même du combat, la soule écrasée, la soule déchirée, un monceau de chiffons ! » (Extrait n° 4)

on a toujours interdit de porter des armes — et évidemment d'y recourir — respectent, dans le jeu, cet interdit immémorial, s'y comportent comme dans les batailles assignées à la « piétaille » et font, en quelque sorte, de nécessité vertu.

Les jeux de soule connaissent, dans le Nord-Ouest de notre pays (Anjou et Normandie, etc.), des foyers particulièrement actifs de développement. Dans les quatre variantes décrites *supra*, on peut repérer des significations culturelles différentes au sein de cette même aire. À l'origine elles semblent avoir une relation avec le **coût social** que représente, pour la communauté villageoise, le départ exogame d'une de ses jeunes filles, puis elles s'inscrivent dans un **campanilisme** exacerbé que l'on a déjà défini. En dépit des efforts déployés par Jusserand pour en faire un jeu, aussi bien aristocratique que plébéien, la soule, pratiquée à mains nues et au corps à corps, reste électivement un « jeu de vilains » (désignant les paysans libres au Moyen Âge).

K. Des jeux toujours interdits mais jamais arrêtés…

Les jeux de soule ont fait partout et toujours l'objet d'interdictions réitérées durant des siècles, mais sans obtenir d'effets réels sur leurs déroulements saisonniers ou solennels. Le jeu traditionnel oublié de la soule a plus longtemps résisté dans le Nord-Ouest du pays (Normandie, Anjou et jusqu'en Picardie) où il a connu une intensité et une rémanence particulières [10]. Le jeu paraît s'éteindre progressivement dans nos campagnes entre 1860 et 1880. Décline-t-il avec l'arrivée des sports anglais en France ?

(10) Cette vaste zone géographique présente cependant une unité culturelle que F. Braudel a remarquée. Elle marque électivement l'aire d'expansion et d'implantation de la culture franque.

La fin d'un jeu de combat collectif plébéien

« Le Maire de Saint-Hilaire de Briouze, vu l'art. 46 de la loi du 22 juillet 1791, l'article 3, titre II, de celle du 24 août 1790. Considérant qu'il existe dans cette commune, un abus qui trouble la tranquillité publique, compromet la vie des personnes et la décence qui doit régner dans les édifices du culte, et détruit le respect dû aux lieux destinés à la sépulture [...] Des jeunes gens de la commune, réunis à cet effet se disputent cette soule, ce qui occasionne des bouleversements, des querelles, des luttes, des coups et autres inconvénients de ce genre ; dans ces instants, on ne respecte ni les lieux, ni le jour ; on va même jusqu'à défaire la clôture du cimetière, renverser les signes religieux placés par les familles sur la tombe de leurs ancêtres, Arrête :

Art I : À partir de ce jour, l'usage de jeter la soule en la commune de Saint-Hilaire est abrogé.

Art. 2 : Toute personne qui se permettra de la jeter, ou de courir après pour s'en emparer ou pour autre cause, sera poursuivie devant les tribunaux comme troublant l'ordre public, la sûreté des personnes et des propriétés.

Arrêté en Mairie, le 20 janvier 1828, et signé après lecture, J.-F. JAMES, Maire. »

L'année 1850 fut la dernière où la soule fut librement courue dans les communes de Bellou et Sainte-Honorine (voir l'extrait n° 3). En 1851, quatre brigades de gendarmerie — dont deux à cheval — vinrent passer le Mardi gras à Bellou. La soule fut jetée, en cachette, le dimanche suivant, mais sans entrain. Deux ou trois années se passèrent ainsi, puis le jeu cessa. Les choses se passèrent de la même manière à Saint-Pierre-d'Entremont où, à la suite d'un arrêté pris par le sous-préfet de Domfront (inappliqué pendant vingt ans), la force publique vint « mettre un terme à ces excès » à l'occasion d'une « soule » opposant les jeunes gens de Saint-Pierre à ceux de Montsecret et de la Bazoque.

Dès le milieu du XIVe siècle, des ordonnances royales avaient fermement prohibé tous les jeux de soule que l'on trouve florissants pendant tout l'Ancien Régime. Ce fut le cas en Angleterre. Ces interdictions devenaient plus forte encore lorsque le souverain, parti en guerre à l'étranger, ne pouvait tolérer, sur ses arrières, un tel désordre. C'est le sens du décret affiché, en sa ville, par le Lord-Maire de Londres, en 1314 : « Alors que notre seigneur le Roi s'en va vers le pays d'Écosse, dans sa guerre contre ses ennemis, et nous a recommandé particulièrement de maintenir strictement la paix, nous interdisons, sous peine de prison, que de tels jeux soient pratiqués dans la cité de Londres. »

En France, un arrêt du Parlement de Paris renouvelle, en 1781, ces prohibitions : « Il est défendu à toutes personnes de jeter aucunes boules de cuir le jour de Noël, ni aucun autre jour, de s'attrouper pour courir la boule sous quelque prétexte que ce soit, à peine de cinquante livres d'amende. »

Les raisons invoquées par les autorités pour proscrire les jeux de soule — qui passionnent les villageois — sont qu'ils représentent une « menace constante pour l'ordre public », un « gaspillage inutile d'énergie » des travailleurs et — plus anciennement — « détournent les paysans de l'entraînement militaire au tir à l'arc » ; technique rigoureusement assignée, à la piétaille, dans les guerres. Surtout pratiqué en Angleterre, le tir à l'arc trouve, dans la légende de Robin-des-Bois, chef des paysans révoltés, une certaine noblesse. Sur la longue durée, on peut estimer que les débordements de violences de la soule populaire — qui laissent sur le terrain, des morts, des blessés et des estropiés — sont devenus, de moins en moins tolérables, aux pouvoirs centraux, au fur et à mesure qu'ils parviennent à s'assurer, selon Norbert Elias, du « monopole de la violence physique ».

L. Était-ce bien aussi un jeu de « gentilshommes champêtres » ?

Dans son ouvrage, déjà cité, J.-J. Jusserand soutient que « contrairement aux idées reçues, les gens de qualité, eux-mêmes avaient pu se livrer à ces jeux de soule. Mais ce sont les "gentilshommes champêtres" (gens de petite noblesse et seigneurs vivant à la campagne) qui, à la Renaissance, se mêlant volontiers aux gens du peuple ne dédaignaient pas de prendre part à la soule en compagnie de leurs domestiques et des paysans du village ». Jusserand mentionne que le Sire de Gouberville, seigneur normand, avait consigné dans ses mémoires rédigées en 1550, les nombreuses parties auxquelles il a participé et qui comptent parmi les événements les plus marquants de sa biographie. Il y note « avoir mobilisé ses domestiques, envoyé un messager pour battre le rappel des amis, parents et capitainerie du fort, en vue de participer à une partie de soule pour le jour de la Saint-Maur ». Il raconte comment, au cours de cette partie mémorable qui traverse tout le pays jusqu'à la mer, il est à ce point percuté par un adversaire qu'il s'évanouit, perd la parole et la vue, trois jours durant, contraint de s'aliter « dans les souffrances ».
Ce sont là des marques de la sociabilité particulière de ces petits « gentilhommes » de la campagne conduits, par nécessité sociale évidente, à se mêler, assez ostensiblement, aux gens du peuple, mais c'est aussi une preuve de courage dont ceux-ci pouvaient se prévaloir tant il peut arriver que la rusticité de l'affrontement, au corps à corps, avec les hommes du peuple présente des risques importants et se solde souvent par des blessures. C'est tout autre chose lorsqu'on pratique une soule euphémisée entre soi, dans la meilleure aristocratie. Le poète Ronsard lui-même, fut requis, par le roi Henri II, pour participer à une partie de soule, dans son équipe, sur la pelouse du Pré-aux-Clercs « où il prenait souvent son plaisir ». Certes, cet exercice est alors considéré : « comme le plus approprié pour fortifier les corps et dégourdir la jeunesse », dans ce renouveau de la Renaissance, mais on observera l'importance des bonnes manières pour s'y livrer aristocratiquement. « Le Roi avec sa troupe était habillé de livrée blanche, et M. de Laval, chef de l'autre parti, de rouge. Là, Ronsard qui tenait le parti de Roi, fit si bien que Sa Majesté disait tout haut qu'il avait été cause du

gain obtenu en la victoire. » On peut imaginer combien, en la circonstance, la violence, inhérente au jeu populaire, a complètement disparu dans sa variante aristocratique.

M. Des conflits de priorité et de prévalence culturelle en 1900

Au moment où son ouvrage — à l'érudition éblouissante — est rédigé (1901), les sports anglais commencent leur diffusion, en France, mettant en porte-à-faux tous les intellectuels, érudits, historiens et pédagogues nationaux, qui préconisent l'intégration des jeux traditionnels français dans les écoles. On cherche à défendre, dans un contexte patriotique prononcé la culture française face à toute « invasion » culturelle venue d'Angleterre. Aussi Jusserand multiplie-t-il les exemples pour démontrer que les gens de qualité, gentilhommes, nobles, princes — et jusqu'au Roi lui-même — ne dédaignaient pas de s'adonner aux jeux d'exercices dont la soule et la paume sont les fleurons en France. De plus, il indique : « qu'il n'existe aucune preuve certaine d'un emprunt de ce jeu par l'Angleterre à la France ou réciproquement », (mais) il estime que des probabilités fortes prêchent en faveur de la première hypothèse, car il lui apparaît clairement que : « presque tout ce qui était jeu, amusement, délassement, en Angleterre, était, au Moyen Âge, d'origine normande ou angevine ». Sans doute était-ce, là, un effet d'attraction de la culture des conquérants français. Aussi s'oppose-t-il à l'idée, à ses yeux trop répandue et jugée erronée « que le jeu offrirait des particularités et un caractère spécialement anglais ». Et il insiste sur le fait que « tous ces jeux de soule et assimilés étaient populaires anciennement, en tous pays et notamment en pays latins, aussi bien qu'en pays anglo-saxon ». Les Italiens s'y livraient aussi en effet, avec ardeur, depuis la Renaissance sur les recommandations de Mercurialis, en se servant du pied (*calcio*) comme chez nous, et comme partout ailleurs en Europe.

Sans que l'on puisse en tirer des conclusions assurées sur les relations entre tournois (ou joutes) chevaleresques et soules plébéiennes, il semble bien cependant que ces dernières aient connu une plus grande vitalité et une meilleure résistance à l'extinction, dans les mêmes régions de France (Pays de l'Ouest, Normandie, Anjou, Picardie...) dans lesquelles Jean Fiori situe précisément le foyer d'origine de la chevalerie en France (*cf. supra*). Les derniers points développés montrent assez bien, en tout cas, que les joutes des chevaliers, d'une part, et les soules populaires, de l'autre, constituent les bases, très anciennes, de la différenciation sociale des jeux de combats. En effet, on pourrait considérer **les développements dits protohistoriques** qui précèdent comme une sorte d'**inconscient collectif** des sports modernes en ce qu'ils semblent constituer les couches (culturelles) successives déposées par l'histoire de notre civilisation. Ils décrivent des éléments distincts : fonctions religieuses ou mythiques des jeux archaïques, spectacles excitants de combats de **champions**, modèles d'excellence de l'éducation physique des jeunes Grecs, ethos de vaillance et de risque extrême de la chevalerie, vigueur virile des affrontements populaires, mythe éternel de l'aventure maritime, etc. qui sont autant d'éléments préexistants à partir desquels les sociétés différentes — et notamment les sociétés modernes développées — vont composer des configurations particulières. Voyons maintenant comment et pourquoi les Anglais ont composé leur propre configuration de **jeux sportifs** pour inventer les **sports modernes** ?

Définitions

Xénophilophobie, xénophilophobique : concept introduit par Daniel Denis dans sa problématique socio-pédagogique pour qualifier l'existence, dans le jeu complexe des relations internationales (géosymboliques), de ce sentiment de haine des étrangers pour des traits admirables qu'on apprécie chez eux, plus ou moins inconsciemment, et l'imitation que l'on fait de leurs propriétés caractéristiques qui font leur force réelle ou supposée. Ce sentiment et ce mouvement sont à l'origine de l'emprunt de modèles et de l'importation de pratiques éducatives, notamment, entre la France, l'Angleterre et l'Allemagne.

Travaux : les « travaux d'Hercule ». Connu pour sa force et admiré pour ses exploits, ce héros-civilisateur, par excellence, est soumis à des épreuves dangereuses (comme autant d'épreuves initiatrices) qui ont rapport avec l'anéantissement des monstres ou des animaux ; c'est-à-dire qui se livre à une lutte implacable contre la sauvagerie, contre sa propre sauvagerie, et qui pourrait marquer un passage décisif à la civilisation. Observons que la tauromachie, par exemple, en représente aujourd'hui une très lointaine réminiscence. Les Jeux olympiques de l'Antiquité sont placés notamment sous le patronage d'Héraklès.

Liturgies : impôt spécialement retenu, sur les grandes fortunes de la cité grecque, afin de pourvoir à l'entraînement de ses athlètes, leur assurant la meilleure préparation pour les Jeux.

Bibliographie

JUSSERAND J.-J., *Les sports et Jeux d'exercices dans l'ancienne France*, Paris, Slatkine, 1986.

FIORI J., *La Chevalerie*, Paris, Éd. Jean-Paul Guisserot, 1998.
DENIS D., « Au Chiottes, l'arbitre ; ces footballeurs qui nous gouvernent », supplément à *Politique-Aujourd'hui*, n° 5, non daté.
ELIAS N., DUNNING É., *Sport et Civilisation ; la violence maîtrisée*, Paris, Fayard, 1994.

Questions

1. Argumentez, puis discutez, l'assimilation des jeux sportifs à la guerre.
2. Quelles significations voyez-vous dans la nudité gymnique et les rituels accompagnant les jeux athlétiques, du jeune Grec, dans l'Antiquité ?
3. Quels changements culturels peut-on repérer dans les récits légendaires de l'*Iliade* et de l'*Odyssée* de la tradition homérique ?
4. Voyez-vous quelques analogies — et rapports de sens — entre les joutes chevaleresques du haut Moyen Âge et les combats sportifs actuels ?
5. Décrivez les différentes modalités d'affrontement de la soule qui dégagent des enjeux et des significations différentes.

3 Esquisse d'une histoire sociale des sports modernes

Au moment où le sport s'institutionnalise en France et en Europe à la fin du XIXe siècle, c'est-à-dire lorsque les jeux sportifs s'organisent en compétitions régulières et réglementées, sous le contrôle d'une bureaucratie spécialisée, la grande majorité des sports (boxe, aviron, football, rugby, athlétisme, tennis...) nous « viennent » d'Angleterre. Mais si d'autres activités corporelles peuvent trouver, ailleurs, leurs origines (natation, lutte, cyclisme, arts martiaux...), elles vont se trouver très fortement transformées sous l'influence culturelle puissante, « structurante », des pratiques forgées par notre puissant et envié voisin. Il faudrait pouvoir expliquer, à la fois, la naissance des sports modernes en Angleterre, cette force de diffusion qu'ils contiennent, ainsi que la puissance de transformations qu'ils exercent sur les jeux autochtones.

A. Les transformations radicales des jeux sportifs en Angleterre

Plusieurs formes d'interprétations ont été données, selon l'importance que leurs auteurs accordent respectivement aux dimensions économiques, industrielles, scientifiques, culturelles ou politiques, propres à l'Angleterre de l'époque, susceptibles de l'expliquer, autant qu'aux Écoles sociologiques auxquelles ces théoriciens se rattachent. Jacques Defrance a donné un excellent recensement critique de ces théories interprétatives dans son « petit » ouvrage qui se révèle indispensable aux étudiants en formation [1]. Avancée du capitalisme industriel, éthique protestante, révolution scientifique, puissance de l'Empire britannique, particularités éducatives... sont tour à tour invoquées pour rendre compte de la production de ce phénomène inédit Outre-Manche. On retiendra l'interprétation, la plus convaincante, qu'en donne Norbert Elias, reprise par J. Defrance [2]. Observons que les transformations initiales s'opèrent dans les « passe-temps » (loisirs) de l'aristocratie anglaise, dès le XVIIIe siècle ; chasse au renard, cricket et courses de chevaux. Remarquons aussi que cette aristocratie fut la première à abandonner le port de l'épée comme insigne de son statut. Ces deux phénomènes concomitants se développent avec l'apogée

(1) Jacques Defrance, *Sociologie du sport*, Paris, La Découverte, Repères, 1995, pp. 10-23.

(2) Norbert Elias, Éric Dunning, *Sport et Civilisation ; la violence maîtrisée*, Paris, Fayard, 1994.

d'un nouveau système politique : **le parlementarisme**. Celui-ci correspond à l'affrontement social de deux partis, placés face à face, pour y disputer une sorte de *match* politique, sur la base des échanges verbaux, et d'arguments idéologiques, plutôt que sur des assassinats politiques, des vengeances meurtrières, des violences de toutes sortes… Ce système assure au vainqueur (provisoire) le pouvoir, et au vaincu, la vie sauve… et à tous la tranquillité que donne l'assurance que le vainqueur n'abusera pas de son nouveau pouvoir. Ainsi on pourrait dire que la structure de la Chambre des Communes, *Whigs* et *Tories*, en face à face, offre le modèle de l'agencement spatial que l'on retrouvera, par exemple, au tennis ; paradigme des échanges sportifs distancés et courtois, dans lequel les joueurs, dûment arbitrés, sont tenus de contenir la violence des coups et de garder une certaine distance au rôle. Mais ce même système politique est aussi à l'origine du *fair-play* sportif qui est fait de modestie dans la victoire et de dignité dans la défaite, en une exacte transposition…

Dans toutes les observations qui précèdent, il s'agit bien d'une **euphémisation de la violence.** C'est le cas dans la chasse à courre au renard (qui se substitue à la chasse-à-tir) ; tradition dans laquelle on laisse, à la meute de chiens, le rôle assassin. C'est aussi le cas de l'abandon de l'arme blanche meurtrière, à laquelle on substitue une escrime des poings (appelée « boxe »), pour vider les querelles entre gentlemans. C'est vrai de la réglementation progressive des sports collectifs du type rugby, visant à réduire la violence débridée et à défendre les joueurs contre ses débordements toujours possibles. C'était déjà vrai, antérieurement, lorsque se sont imposés les gants rembourrés dans les combats de boxe sous l'influence du Marquis de Queensburry.

Grâce à ses travaux préalables sur le **processus de civilisation** et sur l'affinement progressif des mœurs et des sensibilités, Norbert Elias a pu replacer la transformation des jeux en sports dans ce processus général de pacification de la vie politique et sociale, et dans l'intériorisation de ces nouvelles règles et éthiques par les individus. Ces processus se développent, selon cet auteur, corrélativement à « la monopolisation de la violence physique par les États-nations modernes » à mesure de leur création. Mais l'auteur s'attache aussi aux conditions spécifiques qui caractérisent le parlementarisme anglais pour comprendre, à la fois, l'antériorité de la création des sports Outre-Manche, et leur force de diffusion dans les pays du Continent qui adoptent ces mêmes types de relations politico-sociales.

B. Le sport par procuration des « *sportmen* »

Les premiers combats de boxe à mains nues, directement dérivés des manières populaires de vider les querelles (à la campagne comme en ville) ont d'abord été organisés, en Angleterre, dès la fin du XVIIIe siècle, sous la forme de *challenge* (défis) par les aristocrates anglais mettant en lice leurs plus robustes domestiques. Férus de courses de chevaux (*turf*) sur lesquelles s'exerce la passion des paris et qui supposent un art de l'élevage et une science de « l'entraînement », les propriétaires terriens, n'auront aucun mal à en transposer directement les pratiques (*training*, *sweating*) à l'homme. Puis une caste de professionnels, recrutés dans le peuple, en découlera logiquement, associée à une catégorie d'entraîneurs compétents qui imposeront à leurs « poulains » des pratiques d'une extrême sévérité, sur la base du partage des bénéfices. Il n'en fut pas autrement, en effet, de la course à pied. La codification de ces affrontements et de ces courses se fait alors sur la base de l'égalisation des chances entre les adversaires et afin de préserver les spectateurs-parieurs contre les tricheries. S'en suit un formidable engouement populaire pour de telles rencontres — parfois interdites — mais qui trouvent, dans les tavernes, le lieu adéquat pour la montée collective de l'excitation. Les organisateurs de tels combats ne tarderont pas à percevoir l'importance sociale que revêt une telle mobilisation populaire ne serait-ce que pour la pacification des rapports sociaux dès la fin du XVIIIe siècle, avec le peuple. Ce sont en effet, les nobles conduits ou contraints à vivre sur leurs terres et donc au contact direct d'une plèbe, parfois secouée par des accès rituels de menaces et de séditions, qui en sont les premiers promoteurs. On ne dédaignera pas chez les « gentilhommes campagnards » (qui sont ici *gentlemen-farmers*), de se mêler aux jeux populaires ou à les doter de prix. Une hégémonie culturelle, marquée par ces traits de culture rurale, découlera de ces pratiques — insolites mais durables — dans la gentry agrarienne…

C. Les compétitions sportives dans les collèges (*Public schools*)

Les fils de l'aristocratie et de la grande bourgeoisie anglaise, contraints à un long et austère internat, dans leurs collèges, se livrent bientôt à des pratiques roboratives qui expriment leur relative autonomie vis-à-vis des Maîtres et toujours marquées par un idéal de vie à la campagne (*outdoor*).

Des jeux de paume, de cricket, de *rackets*, des courses à pied, des compétitions d'aviron, etc., s'organisent à leur initiative. Le football — décliné de la soule — y trouve d'autant plus une place de choix que l'établissement est construit à la campagne et qu'il dispose d'un espace ouvert suffisant. C'est sur la base des conditions spatiales propres à chaque collège que se structurent les jeux de football, toujours joués au pied, comme gagne-terrain, mais offrant, dans leurs mêlées confuses, les occasions réitérées et réjouissantes d'exercer *mauling* (mailloche) et *hacking* (crocs-en-jambe ou coups de pieds dans les tibias), sur la masse compacte, en progression, des adversaires.

Chaque collège est fier des sports qui s'y pratiquent bientôt, spécifiquement : *cross-country* et *cricket* à Eton, *squash* à Harrow, aviron (*rowing*) à Cambridge, *football* à Rugby, etc. Le football se développe et se structure surtout, sur le grand *big-side* du collège de Rugby sur lequel les élèves peuvent librement innover.

Bientôt vont s'organiser des rencontres entre établissements qui sont prétextes à déplacements festifs — sinon occasions réitérées « d'expéditions punitives » — souvent associées à des excès de boisson. On comprend qu'il devient indispensable de normaliser et de réglementer le jeu pour permettre aux rencontres de se développer le plus largement possible. 1870-1880 est la période de forte réglementation qui voit, par exemple, s'imposer les règles, forgées à Rugby, pour les rencontres scolaires et universitaires de football.

Les collèges sont, à ce point, attachés à la pratique des sports qu'ils leur attribuent bientôt des vertus formatrices et éducatives de première importance. Ne dit-on pas que la victoire sur Napoléon avait été obtenue sur les terrains de jeux d'Eton ? Formation d'hommes d'initiative, autonomes et entreprenants, la puissance même de l'Empire britannique leur est aussi attribuée avec quelque emphase. Bientôt les collèges d'Oxford recrutent une partie de leurs élèves chez les meilleurs athlètes et attribuent des bourses sur une base purement sportive à partir de 1890 [3].

Les anciens élèves, devenus étudiants, statuent sur les règlements, fondent des clubs et organisent des championnats. Des tournois internationaux suscitent même un grand retentissement.

D. La lente importation des sports anglais en France

De la même manière, ce sont les élèves internes des lycées parisiens (Saint-Louis, Condorcet, École Alsacienne), bridés dans leurs internats, mais disposant, à proximité, d'un espace libre (parc, hall de gare, jardins

(3) Cité par D. Denis, « La pédagogie tentée par le grand large ; l'attraction ambiguë du modèle éducatif anglais dans l'œuvre d'Edmond Demolins » ; Études sociales, 1999.

publics) qui vont se livrer, à la mode anglaise, à des parties échevelées de courses à pied. Ces nouveaux sports au « grand air », pratiqués par quelques adolescents de la classe dominante, provoquent ainsi une manière de scandale, mais ils ont ici le sentiment d'une triple libération. Ces **sports athlétiques** recouvrent en effet un nouveau mode d'organisation, une nouvelle gestualité et un nouveau cadre d'exercice. Soumis à une discipline scolaire stricte, placés sous le contrôle soupçonneux de Maîtres tatillons, exercés dans le cadre austère et cloîtré du Lycée napoléonien, ces lycéens sont astreints à la gymnastique des moniteurs de Joinville à laquelle il cherchent, par tous les moyens, à échapper. Les mouvements d'ensemble, manifestations patriotiques de la masse disciplinée ne siéent pas à leur conscience d'appartenance à une élite sociale. La force musculeuse — qui fait volontiers la caractéristique des hommes du peuple — ne correspond pas à leur constitution physique, plutôt longiligne et gracile. La vélocipédie s'inscrit mieux dans un nouveau style de vie. Et cette sorte discrète de « darwinisme sportif » que semblent promouvoir ces nouvelles activités n'est pas pour leur déplaire. La course de vitesse ne dégage-t-elle pas spontanément ces qualités innées de l'aristocrate. L'embrigadement enfin les répugne. Ils vont bientôt s'organiser en clubs démocratiques et turbulents, totalement maîtres de leurs activités qui vont déboucher logiquement sur des défis, des rencontres et des compétitions, à la mode anglaise. Ces clubs éditent des brochures et définissent en effet, la manière de procéder, les lieux et les calendriers des rencontres d'athlétisme, en été, de sports collectifs en hiver.

Les lycéens et collégiens de la rive droite de la Seine, jeunes gens issus de la haute bourgeoisie économique (banque, finance, industries, commerce, etc.), se réunissent au Racing-Club de France. Ceux de la rive gauche (quartier Latin), issus de la bourgeoisie intellectuelle (professeurs, avocats, médecins, etc.), trouvent, au café Procope, dans le VIe arrondissement, le siège logique du Stade français. Ainsi les rencontres au Bois de Boulogne, entre les deux clubs vont-elles revêtir des significations sociales et culturelles comme luttes de prévalence entre les deux fractions opposées (bourgeoise et intellectuelle) de la classe dominante. Ce fut là l'un des puissants amorçages de la pompe du recrutement social initial des jeunes « sportifs ».

Afin d'harmoniser les règlements (jusque-là forts souples et variables), les dirigeants des deux clubs parisiens décident alors de regrouper leurs forces et de fusionner à travers la création, en 1888, de l'Union des Sociétés Françaises de Sports Athlétiques (USFSA) ; première fédération sportive omnisports constituée en France. Georges de Saint Clair (RCF) et Jules Marcadet (SF) avait fondé, l'année précédente, l'Union des Sociétés de Courses à pied qui avait réussit une première et modeste réunion sportive interscolaire (École Monge et École Alsacienne) à Ville-d'Avray.

Mais à ces enjeux, récréatifs, sociaux et souplement organisationnels vont se surajouter d'autres enjeux, de plus grande portée. C'est le moment où Pierre de Coubertin rejoint le « Mouvement sportif » (1888-1889) et s'y distingue bientôt.

E. Pierre de Coubertin : un idéal pacifique et social

Les effets conjugués de la défaite de 1870, de la perte désastreuse de l'Alsace-Lorraine, et de l'épisode tragique de la Commune de Paris, ont diffusé dans les classe sociales dirigeantes, le sentiment d'une « catastrophe sociale » dramatique et imminente (Daniel Denis, 1997). Le spectre de la guerre civile est encore accru par la montée du socialisme dans le mouvement ouvrier. C'est en homme politique, féru de « science (de la paix) sociale », fort de sa connaissance du système politique britannique — connu pour son extraordinaire stabilité et pour l'évidence de sa puissance impériale — que Pierre de Coubertin va concevoir et mettre en œuvre sa vaste entreprise. Elle se décompose en deux volets essentiels : interne et externe, national et international. Mais elle prend, d'abord, la forme « limitée » d'un plan de **réforme de l'éducation**. C'est en tacticien habile, en propagandiste talentueux… et en tant que pratiquant multisport… qu'il va réussir dans sa tâche organisationnelle en France. Il dit avoir découvert en Angleterre, un objet caché sous le couvert des « simples » sports scolaires de la jeunesse ; à savoir les vertus essentielles d'une **pédagogie sportive**. Les collèges anglais attribuent aux sports, on l'a vu, des propriétés qui font, à la fois, leur prestige propre et qui sont réputés avoir contribué à la force de l'Empire britannique (dans lequel les activités diffusent électivement). Il faut donc propager, en France, dans les établissements scolaires secondaires, les jeux sportifs, à la façon des Anglais ; activités qui doivent servir de base fondamentale à l'éducation physique de la jeunesse. Parce que la libération de « l'instinct sportif » permet l'expression vivifiante de la « lutte pour la vie » (*struggle for life*), dans cette

Pierre de Coubertin : réforme de l'éducation, réforme sociale et idéal de paix universelle

Issu d'une famille aristocratique déclinante, Pierre de Coubertin reçoit, chez les Jésuites, une solide formation scolaire qui l'imprègne d'une importante culture hellénistique. Il cumule les baccalauréats es Lettres (1880) et es sciences (1881). Menacé par le déclassement social*, il se détache de son milieu d'origine (dont il reçoit pourtant un important capital de relations sociales dans les milieux aristocratiques). Il renonce à la carrière militaire qui lui était assignée, voyage et « s'exile », puis se rallie à la République. Point essentiel de sa formation, il s'inscrit, en 1882, à L'École libre des sciences politiques où il reçoit une formation politique basée sur la science sociale de Frédéric Le Play. Il décroche le bac en droit (en 1885) avant de faire des séjours prolongés en Angleterre (1886). Dès l'année suivante, il se rallie solennellement au régime républicain ; preuve que s'est opéré, chez lui, une reconversion idéologique réfléchie, en même temps qu'a muri un projet ambitieux. Fort des ressources sociales dont il dispose à l'Université, dans les milieux politiques (grâce à la fréquentation de « Science Po ») et dans les milieux aristocratiques d'appartenance, il va pouvoir mener à bien son projet visant, à travers une réforme de l'éducation (surtout de l'enseignement secondaire), une réforme sociale (initiée par la classe dirigeante) ; le tout soutenu par une recherche de stabilité politique et de paix sociale.

jeunesse, il favorise le succès des « débrouillards » et des hommes d'initiatives, qu'appellent l'ère industrielle et l'Empire français. En devenant, en 1890, Secrétaire général de l'USFSA, de Coubertin parvient à neutraliser les initiatives concurrentes (Grousset, Tissié, etc.) et à concentrer, sur son action et sa personne, toute l'énergie sociale du champ sportif naissant.
Ce but n'a pas été atteint sans mal en raison de fortes oppositions qu'il suscite, d'emblée, dans les autres forces sociales. En effet, les initiatives de Pierre de Coubertin auront à compter avec les résistances qu'oppose la culture de la gymnastique républicaine, patriotique, militaire et revancharde, visant à gagner les populations paysannes aux idées républicaines, à travers l'École primaire. Les forces de gauche, républicains, radicaux-socialistes, francs-maçons, se rallieront à la « gymnastique pour tous » (et pour les faibles) que Georges Démenÿ appelle **éducation physique** et qu'il a soumis à une remarquable rationalisation scientifique (physiologique et biomécanique) (4), démarche vivement soutenue par la puissante Union des Sociétés de Gymnastique de France (USGF). Tous seront évidemment hostiles à ce sport « d'aristocrates », « anglomane » et « cosmopolite », et tous seront sensibles aux enjeux de contrôle idéologique de la jeunesse que recouvre le développement des sociétés sportives.
Le Baron Pierre de Coubertin ouvre alors le deuxième volet de son action ; celui, d'ampleur internationale, visant à la création, en quelque sorte, d'une « Société des nations sportives » assurant, avec l'organisation internationale du « Mouvement sportif », un projet de paix universelle. Fort du mouvement d'opinions favorables qu'il a su créer, en France, dans les cercles intellectuels et politiques et dans les instances dirigeantes de l'Université, il propose (après d'autres), en 1892, dans le Grand Amphithéâtre de la Sorbonne, le rétablissement des **Jeux olympiques**. Il s'emploie alors à tisser un réseau serré de relations internationales favorable à ses idées : « Le rétablissement des Jeux olympiques, sur des bases et dans des conditions conformes aux nécessités de la vie moderne, mettrait en présence, tous les quatre ans, les représentants des nations du monde et il est permis de croire que ces luttes pacifiques et courtoises constituent le meilleur des internationalismes. » Des représentants de douze pays occidentaux répondent favorablement à son appel dont on voit qu'il est explicitement lié à une volonté de paix universelle. Il est particulièrement attaché à la défense de l'amateurisme sportif.
« Avant toute chose il est nécessaire que nous maintenions, dans le sport, les caractéristiques de noblesse et de chevalerie qui l'ont distingué dans le passé, de sorte qu'il continue à faire partie de l'éducation des peuples d'aujourd'hui ainsi qu'il l'a si admirablement servie dans les temps de la Grèce ancienne. L'humanité a tendance à transformer l'athlète olympique en gladiateur payé. Ces notions sont incompatibles. » En adressant cette circulaire aux organisations du sport amateur du monde entier, de Coubertin

(4) Christian Pociello, *La Science en mouvements ; Marey et Demenÿ*, Paris, Presses Universitaires de France, 1999.

affine ses arguments idéologiques, souligne ses références culturelles, et révèle aussi combien est vivace **l'inconscient collectif** du sport amateur, structuré par la **protohistoire** que nous avons analysée.
Si les Anglais n'ont rien fait pour diffuser leurs sports hors de leurs frontières (élargies cependant aux limites d'un vaste empire), ce sont, une nouvelle fois, les Français, forts de leur culture universaliste, qui vont contribuer à leur diffusion planétaire.

F. Le spectacle sportif

En se structurant, le mouvement olympique international acquiert une croissance continue, objectivée par le nombre grandissant de pays engagés aux « Jeux », par la demande pressante des différents sports de figurer à leur programme officiel et par le succès croissant de ces rencontres dans les publics nationaux. Installé à Lausanne, le Comité International Olympique (CIO) enregistre, à la mort de son créateur, en 1937, l'adhésion de près de 50 disciplines sportives, tandis que les jeux de Berlin avaient réuni, l'année précédente, près de 4 000 athlètes, venus de 55 pays. Le développement vigoureux, durant l'entre-deux-guerres, des média de masse (radio, presse et cinéma) va donner, aux Jeux et aux compétitions internationales (championnats), un très grand retentissement et leur assurer, après la Seconde Guerre mondiale, une nouvelle impulsion. Avec la présence, en pleine guerre froide, de l'Union Soviétique, en 1952, aux jeux d'Helsinki, et le retour en grâce de l'Allemagne et du Japon, les Jeux olympiques rassemblent, à ce moment, la quasi-totalité des pays de l'hémisphère Nord qui avait déjà monopolisé tous les lieux de rencontres.
En s'élargissant, aux pays, non encore concernés, au sud, les compétitions sportives internationales, vont devenir les représentations symboliques de la force des nations concurrentes, en temps de paix. En sorte qu'elles seront considérées comme de plus en plus importantes par les gouvernants et les États qui vont commencer à définir des programmes de grands équipements, des plans de soutien aux associations sportives et engager des politiques, plus déterminées, d'éducation physique, dès les années 1930. Ceci s'opère dans les grands pays industrialisés (Defrance, Harvey, Beamish, 1991).
Mais, à ce moment, l'engouement populaire grandissant pour les spectacles des deux grands sports collectifs (football surtout, et rugby), appelle, en France, la construction de stades monumentaux à l'initiative des municipalités des grandes villes (Bordeaux, Lyon, après Paris...). De plus, les premiers succès des champions français remportés contre leurs adversaires britanniques [(5)] — qui avaient, jusque-là, outrageusement dominés nos représentants nationaux dans toutes les grandes compétitions — donnent

un surcroît d'intérêt public pour ces types d'affrontements. Une passion populaire s'accroît pour le spectacle sportif et la pratique sportive, elle même, en tire, en retour, bénéfice. On peut dire que l'implantation réelle du sport, dans les mœurs, en France, est corrélatifs de cet impact spectaculaire au moment de l'accroissement de ces **enjeux géosymboliques** des rencontres durant l'entre-deux-guerres.

Au cours des années 1960-1970, la télévision devient, dans les pays occidentaux, le médium dominant, avec l'équipement accéléré des ménages en postes de télévision. S'en suit, avec l'accroissement de l'audience, l'augmentation des **enjeux socio-politiques** attachés aux compétitions internationales et à leurs résultats. Puis, plus tard (1975-1980), s'enclenche un accroissement exponentiel des droits de retransmissions payés, par les chaînes, au CIO, dépositaire de la célèbre marque aux six anneaux entrelacés. Les chaînes américaines, qui se révèlent les plus puissantes, ont versé, en 1988, 300 millions de dollars (Séoul) et 400 millions pour retransmettre, en 1992, les jeux de Barcelone. Ces profits colossaux — qui ne sont pas tous redistribués aux pays pauvres de l'hémisphère Sud — constituent les instances olympiques et les fédérations internationales organisant des championnats du monde, à forte audience, comme des puissances avec lesquelles les États — leurs obligés — doivent négocier. Elles sont devenues, au fil du temps, selon l'économiste Jean-Loup Chappelet, « techniquement parlant, une entreprise multinationale de la branche du spectacle » [(6)].

G. Les phases ultimes de la structuration du sport en France

Comme cela a été dit, au niveau national, le sport a connu une pénétration très lente, comme sous l'effet d'une résistance culturelle à l'importation de modèles étrangers. De plus, les enseignants d'éducation physique, traditionnellement attachés à l'École de Demenÿ et favorables à une éducation physique, humaniste et scientifique, pour tous, resteront longtemps hostiles à toute forme de sélection, et demeureront, au moins réticents à l'irruption d'un sport « élitiste », de compétition, à l'École (1945-1960) [(7)]. Mais le développement du sport mondial et l'accroissement des enjeux socio-politiques attachés aux résultats de l'élite, vont accélérer le processus de prise en charge, par l'État, du niveau sportif de la nation — qu'il concerne la masse ou l'élite. La Ve République s'en donne les moyens financiers, administratifs et humains (recrutement de cadres sportifs et de professeurs d'EPS en grand nombre). Des équipements standardisés (stades, piscines et gymnases, etc.) vont assurer une couverture serrée du

(5) Georges Carpentier en boxe, Suzanne Lenglen puis les « Quatre Mousquetaires » du tennis français, les équipes nationales de rugby puis de football, parviennent à battre leurs homologues anglais, dans leurs sports respectifs, durant l'entre-deux-guerres.

(6) J.-L. Chappelet a analysé avec précision l'évolution des droits de retransmission versés par les grandes télévisions nationales, depuis 1976. *Le système olympique*, Grenoble, Presses Universitaires de Grenoble, 1991, pp. 147-188.

(7) « La santé d'un enfant vaut-elle une médaille ? » dit, en guise de critique, Jacques Personne, au nom de ses collègues enseignants.

pays et répondre aux besoins scolaires et fondamentaux de la population. Par ailleurs, le pouvoir va impulser très vigoureusement l'aménagement du territoire et l'équipement des littoraux, de la montagne, etc., à des fins sportives ou touristiques (1960-1978).
Puis le désengagement budgétaire de l'État, le vote des lois de décentralisation — donnant aux communes une plus grande marge d'initiative — le développement du loisir sportif, hors des institutions, vont définir et accuser les traits d'une nouvelle donne (1980-1995).
Ceci va ouvrir, enfin, une nouvelle période, dite « stratégique » (1995-2010), dans laquelle les différents acteurs, différenciant leurs actions, doivent innover et se positionner par rapport aux sports, équipements ou services concurrents.

Définition

Déclassement social : mobilité sociale caractérisée par une trajectoire descendante par rapport aux ascendants familiaux (parents directs), qui occupaient une position socioprofessionnelle plus élevée. Ses effets sont aggravés par un déclin — enregistré, par les sociologues mais ressentis par les intéressés — sur plusieurs générations. Ceci est, en effet, accompagné par un sentiment rudement ressenti « de chute » dans « l'espace social ». Les agents concernés mettent en place, avec plus ou moins de succès, des stratégies de lutte contre ce déclassement.

Bibliographie

DEFRANCE J., *L'Excellence corporelle ; la formation des activités physiques et sportives modernes (1770-1914)*, Rennes, PUR, 1987.
ELIAS N., DUNNING É., *Sport et Civilisation ; la violence maîtrisée*, Paris, Fayard, 1994.

Questions

1. Comment explique-t-on la naissance des sports modernes en Angleterre ? Après avoir énuméré quelques facteurs de cette innovation, donnez votre avis sur l'explication, à vos yeux, la plus convaincante.
2. Sous quelle(s) influence(s) les activités sportives sont-elles réglementées en Angleterre ?
3. Précisez le double niveau d'actions de Pierre de Coubertin.

4 Éléments de démographie sportive

A. Le concept de démographie

1. La discipline démographique

La démographie est la science qui prend pour objet, l'étude des populations humaines dans leur dimension (grandeur), leur structure (composition par âge, sexes…) et leur évolution (croissance, stabilité, déclin…), envisagées d'un **point de vue quantitatif**. Elle procède, en effet, à une **description** (au sens que les statisticiens donnent à ce terme) numérique précise des populations sous leur double aspect : **statique** (état, structure, composantes) et « dynamique » (évolutions générales, mouvement internes). Aussi, la démographie utilise-t-elle les ressources de la mathématique, de la statistique et des probabilités (effectifs, pourcentages, taux…). Tous ces phénomènes sont dûment comptabilisés par des recensements, des enquêtes et des sondages périodiques…
La population est examinée sous l'angle des naissances, des mariages, des nouvelles naissances qui en découlent et des morts. Ceci définit des taux de « natalité, » de « nuptialité », de « fécondité », de « mortalité », et s'attache aussi aux phénomènes d'immigration ou d'émigration ; tout ceci conditionnant évidemment l'état et les mouvements de la population étudiée.
Mais comme toute science, la démographie ne se contente pas de décrire les phénomènes, elle tente de les expliquer et de découvrir les lois qui les régissent. Aussi la démographie s'articule-t-elle avec les sciences comme la sociologie pour autant que les fait observés — relevant de conduites et de comportements humains — ont des ressorts de nature sociale.
Parmi les techniques et les méthodes démographiques intéressantes et directement utilisables, on retiendra : la « pyramide des âges » et le « diagramme de Lexis ».

2. La démographie sportive

La démographie sportive est la plus récente des sciences sociales appliquées. Elle se scinde logiquement en deux branches :

- d'une part, une analyse des **stocks** recensant, annuellement, les effectifs globaux de pratiquants licenciés, et observant leur évolution dans le temps. Ceci permet, par la construction d'un histogramme simple, sur plusieurs années, de dessiner la courbe du **cycle de vie** du sport considéré ou celui de l'ensemble du sport licencié, toutes fédérations confondues ;
- d'autre part, une étude des **mouvements internes** d'une population de sportifs affiliés (à un club, une fédération, une salle privée, etc.) ; c'est-à-dire des « flux d'entrées » (adhésions annuelles) et de « sorties » (abandons annuels). Ces flux dont l'importance a été récemment mise en évidence, à l'intérieur de l'ensemble des populations sportives, peut être appelés *turn-over*.

C'est à partir des données que fournissent, annuellement, au ministère de tutelle (ministère de la Jeunesse et des Sport), les fédérations sportives sur leurs effectifs de pratiquants que l'on peut observer les stocks de licenciés et leurs évolutions dans le temps. C'est à partir des fichiers — soigneusement remplis et conservés — des clubs, les plus sensibles aux problèmes de fidélisation de leurs adhérents, que l'on peut dresser un **diagramme de Lexis** qui se révèle être une méthode de visualisation de ces flux très instructive. Les notions démographiques comme la « naissance », la « mort », « l'émigration » et « l'immigration » sont utilement transposables aux sports comme autant de métaphores désignant des processus complexes mais reconnus : naissance (première adhésion) à l'activité ; morts (abandons, reconversions pour d'autres sports ou associations) ; arrivée de transfuges venus d'autres activités ou renouvellements d'adhésion, après interruption (renaissance).

B. Les enjeux institutionnels, économiques et scientifiques des dénombrements

Si la démographie sportive, comme science, est si récente, cela tient à plusieurs facteurs retardants : l'incertitude des sources ; l'absence d'intérêt pour des phénomènes dont on n'avait pas perçu, jusqu'ici, l'importance ; l'absence d'une « demande » de la part des administrations ; enfin la réticence — sinon de l'hostilité — qu'éprouvent les instances gestionnaires, placées face à l'évidence du déclin de leurs effectifs, et ne pouvant masquer l'extrême volatilité de leur « public » d'adhérents. Aussi ceux qui détiennent les sources ne sont-ils pas très enclins à les livrer. La mise en évidence de cet important *turn-over* ne manquant pas d'être déplaisant pour tous. Il est pourtant fait obligation aux fédérations habilitées de produire annuellement les recensements de leurs effectifs (stocks) à leur ministère de tutelle. Ils sont classiquement livrés par catégories (cadets, juniors, seniors, etc.) et par sexes, puis totalisés. Observons que ce n'est qu'en 1963 que l'on a éprouvé le besoin de distinguer les effectifs licenciés des deux sexes. Preuve que des changements significatifs s'étaient déjà opérés dans la composition sexuelle des publics d'adhérents.

Comment en est-on venu à une réflexion de nature démographique dans un champ d'acteurs aussi généralement réticents à cette exploration ?

L'accroissement des enjeux économiques et marchands dans le sport a conduit à s'interroger sur l'état et les évolutions possibles de la demande sociale qui n'est pas limitée, loin s'en faut, aujourd'hui, à la pratique licenciée. D'où la nécessité de mettre à jour ces tendances par d'autres moyens et sur d'autres sources. Certaines activités, par exemple, échappent complètement aux dénombrements en terme d'affiliation associative parce que leurs pratiquants, précisément, ne s'affilient pas. Ainsi ce sont les fabricants et les commerçants de chaussures de marche et de sacs à dos qui ont pu, les premiers, percevoir la croissance, très rapide, de la pratique de la randonnée pédestre, en France, au cours de ces dernières années. De même, tandis que l'on recense 130 000 licenciés à la Fédération de tennis de table, il est vendu, annuellement, en France, un million et demi de raquettes. Là une demande démographique se manifeste plus nettement en raison des enjeux commerciaux que recouvre la pratique des loisirs à caractère sportif. Elle débouche sur la réalisation de sondages par des organismes spécialisés. De plus, cette pratique, hors des institutions fédérales, a suscité le financement d'enquêtes nationales (INSEP, 1985, INSEE, 1987) pour tenter de la cerner ; enquêtes qui ont permis d'importantes avancées.

Les chercheurs en sociologie urbaine et en urbanisme ont éprouvé, de leur côté, la nécessité d'appuyer l'aménagement urbain (ou touristique) et la construction d'équipements sur des bases solides concernant la **demande sociale réelle** d'activités des citadins. La nécessité d'adapter ces équipements à leurs besoins et attentes (ratios) se fait particulièrement sentir au moment d'une forte urbanisation et d'une assez nette évolution des goûts sportifs. C'est donc une préoccupation, à la fois scientifique et pratique, émanant de sociologues, de géographes et d'aménageurs, qui a déclenché un processus de recherche démographique en sport. V. Chevalier aidée et soutenue par A. Haumont, en sont les pionniers. Ils ont pu trouver, dans les sports équestres, le soutien et les sources qui manquent souvent dans d'autres cadres fédéraux ou associatifs.

Une « banque de données en socio-économie du sport », constituée au ministère de la Jeunesse et des Sports (direction des Sports), a produit, grâce à la détermination et la compétence de ses initiateurs, des sources

inédites. En raison du poids des demandes de l'administration à l'égard de ses divers informateurs ou obligés (services extérieurs, fédérations, collectivités locales), des sources crédibles ont pu être ainsi rassemblées, recoupées et traitées. Les « conventions d'objectifs » qui lient les fédérations sportives au ministère comprennent, en effet, une clause visant le développement de la masse des pratiquants et non pas seulement les résultats de l'élite, appréciés au nombre et à la valeur des titres sportifs remportés. Les subventions accordées étant soumises au respect de ces contrats, les fédérations ont intérêt à « gonfler » artificiellement leurs effectifs qui semblent croître, ainsi, indéfiniment… Ainsi, la crise des affiliations fédérales, traduite par la stagnation ou le déclin de leurs effectifs a-t-elle été parfois masquée par la création de nouvelles catégories de licences (poussins, vétérans, etc.), par l'amalgame de pratiquants et des dirigeants. Mais, placé face au déclin, net, jugé rigoureusement — et suivi dans le temps — des effectifs licenciés, dans la plus grande partie des fédérations, le ministère des Sports a renoncé à publier ses statistiques en 1998.
Il convient donc de surmonter ces obstacles par l'établissement d'une science rigoureuse, détachée de ces enjeux institutionnels, et que les chercheurs de l'université s'emploient à constituer.

C. Les données de base de la démographie sportive nationale

Relativisés par les sondages et les enquêtes nationales « lourdes », les bilans annuels des fédérations peuvent être exploités avec pertinence. Il convient d'abord de ne pas confondre le **nombre total de licences** avec le **nombre total de sportifs** licenciés, car la plupart d'entre eux disposent de plusieurs licences (multi-adhérents). Certaines sources ont donné une moyenne de 1,26 licence par licencié (INSEP, 1987) ; d'autres estiment que la moyenne se situe entre 1,4 et 1,5 licence par adhérent (R. Thomas, 1993). Ainsi dans la population des licenciés, un licencié sur cinq est titulaire de plusieurs affiliations.
Depuis la distinction opérée entre les sexes dans une fédération donnée (1963), il serait intéressant de construire la **pyramide des âges** afin de visualiser la structure de son public, par âges et par sexes. Il s'agit de placer, en ordonnée, l'âge croissant des adhérents, et de répartir, sur les deux abscisses, symétriquement, les effectifs des deux sexes, pour chaque catégorie d'âge. Combien recense-t-on d'hommes de 18-20 ans — à gauche de l'axe — et de femmes du même âge — à droite de l'axe ?
On peut voir ainsi se dessiner la forme caractéristique de la pyramide des âges de telle ou telle fédération et relever ses déformations avec le temps

(figure 1). Dispose-t-on d'une bonne base de jeunes ? L'institution a-t-elle avantage à présenter une pyramide dissymétrique ? Un « vieillissement » ou un « rajeunissement » statistique, ou encore une féminisation, très marquée, des effectifs, par exemple, ne manqueraient pas d'alerter les responsables sur la nécessité d'ajustements politiques, stratégiques ou pédagogiques de l'institution pour s'y adapter ou pour contrecarrer une tendance…

Figure 1. *Pyramide des âges des adhérents d'un club d'athlétisme.*

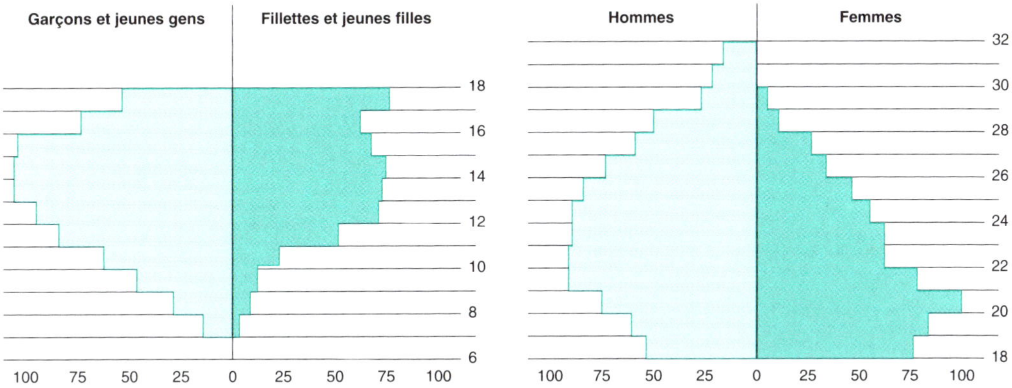

Pyramides construites à partir des adhésions et des licences

Les pyramides construites en 1995-1996 font apparaître une majorité de garçons dans le recrutement des cadets, suivie d'une forte déperdition de juniors masculins. On observe une certaine féminisation de l'effectif sénior, puis une chute rapide des effectifs féminins avec l'entrée dans la vie matrimoniale.

La « banque de données » de la direction des Sports a publié, en 1995, à l'instigation de D. Charrier, la courbe récapitulative du nombre de licences sportives en France. Tout en les distinguant (fédérations scolaires organismes nationaux multisports, fédérations olympiques et non olympiques), l'auteur a dressé le diagramme des totaux cumulés de leurs effectifs annuels de 1949 à 1992. La courbe obtenue qui dessine l'évolution générale du pouvoir attractif des institutions fédérales sur le public français (figure 2) présente la forme caractéristique, en S italique, du **cycle de vie** du sport fédératif.

On peut classiquement distinguer plusieurs périodes dans ce cycle :

- une phase de croissance très modeste jusqu'en 1960 ;
- un démarrage lent de 1960 à 1968 ;
- une phase de croissance rapide dans les années 1970-1980 ;
- la croissance reste soutenue jusqu'en 1987 ;
- elle fait place à une phase de ralentissement jusqu'en 1992.

Certaines sources avancent, aujourd'hui, une phase de déclin de la pratique sportive licenciée antérieurement à cette date.

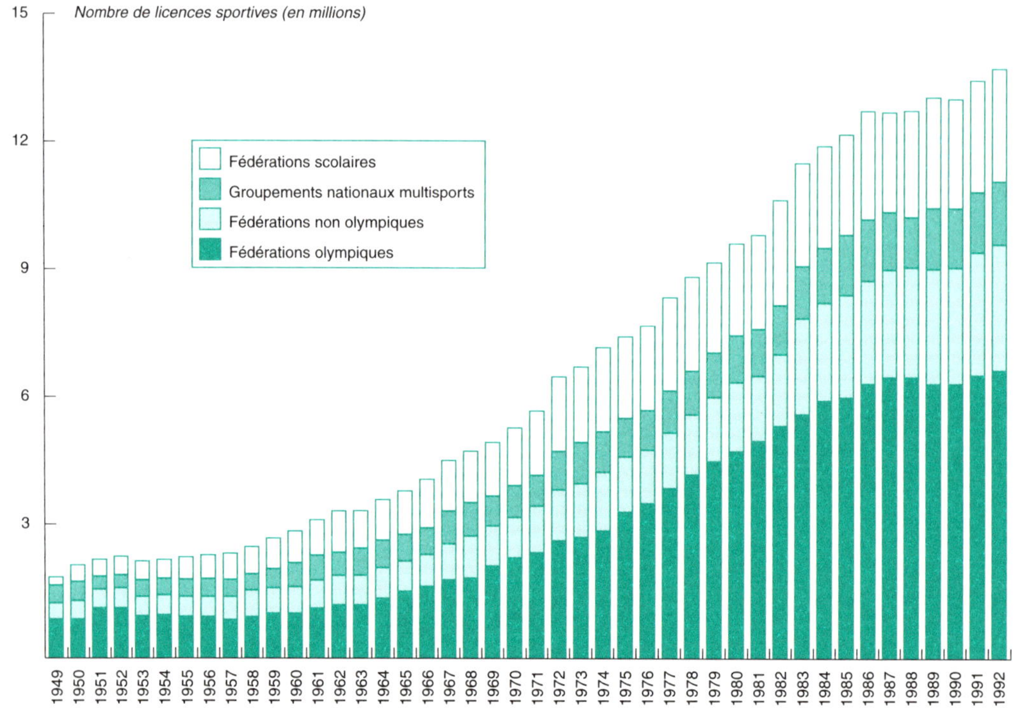

Figure 2. *L'histogramme du sport licencié*. Sources : Dominique Charrier, Financement du sport par les collectivités locales, banque de données de la direction des Sports, MJS, avril 1995.

Les sociologues se sont interrogés sur les facteurs conditionnant cette évolution qui semble obéir aux lois régissant les cycles de vie des divers produits industriels et commerciaux, tels qu'ils sont décrits par les économistes. En terme de « prix coûtant » de la pratique, il y a, en effet, ce que l'on nomme des **économies d'échelle** ; à savoir que la grande diffusion d'un produit, diminuant ses coûts de production, permet, à plus de gens de l'acquérir. La modicité d'accès aux pratiques et aux équipements publics est alors de règle entre 1960 et 1980. Les dépenses engagées par les pratiquants ou leur famille n'ayant aucune commune mesure avec le coût réel des services rendus.

Selon certains auteurs, l'accélération de la pratique licenciée, avec les années 1970, est due aux effets conjugués :

- de la **politique volontariste** de la Ve République (nombreux équipements réalisés et encadrements sportifs qui appellent ou exigent l'affiliation) ;
- de la **sportivisation de l'éducation physique** (1967-1970) ;
- **des forces d'imitation** (de « contagion ») au sein de la population concernée.

D'autres invoquent un effet « mécanique » du *baby-boom* qui voit se constituer une masse importante de jeunes dont on sait qu'ils représentent toujours une part très importante de la population sportive. Pour cette dernière, la **compétition**, « douce » ou « dure », non seulement ne pose pas problème mais procure, au contraire, des plaisirs (notamment dans les sports collectifs exigeant l'affiliation) et se trouve, elle-même, porteuse d'espoirs individuels dans un contexte général d'émulation sociale. En effet, la compétition scolaire produit, alors, des effets très favorables et évidents sur la mobilité sociale des élèves et des étudiants, grâce à la vigueur soutenue de la croissance économique. Elle se reflète dans l'adhésion des jeunes aux valeurs de la compétition sportive.

En ce qui concerne la phase de ralentissement (nommée « saturation ») et/ou de déclin, de la pratique licenciée, observée à partir des années 1985-1990, on peut invoquer le vieillissement statistique de la population sportive (non renouvelée) ; « anciens » licenciés ayant épuisé les joies de la compétition et aspirant à « autre chose ». Ce vieillissement se trouve coïncider avec un fort développement de la pratique de loisir, hors des institutions fédérales, ou captée par les services privés. On peut aussi rapporter ces « tassements » à des facteurs culturels ; à savoir : le développement d'une humeur anti-institutionnelle chez les jeunes et d'une aspiration, beaucoup plus large, à l'indépendance et à l'autonomie dans le grand public français. Ces nouvelles aspirations ayant été habilement captées par le secteur marchand, l'affiliation ne s'impose plus dans ces nouvelles modalités « libre », « familiales », « amicales », etc., de pratique qui s'inaugurent plutôt dans des comportements d'achat. On observera le succès, depuis les années 1975-1980, des expressions qui comprennent le qualificatif de « libre » (« vol libre », « course libre », « escalade libre », « voile libre ») qui expriment certes ce sentiment de **liberté** que procurent les activités de **plein air**, mais révèlent aussi ce souci, de certains agents, de se soustraire aux contraintes pédagogiques ou bureaucratiques de tous ordres.

Ce déclin du nombre de licences — qui est variable selon les fédérations mais reste incontestable dans leur ensemble — appelle des réajustements organisationnels après objectivation de leurs causes spécifiques, particulières ou générales.

D. Les mouvements internes d'une population sportive

C'est par une analyse démographique, centrée sur les phénomènes d'abandons, assez marqués dans la population des cavaliers, que s'est réalisée une première et remarquable expérience de démographie sportive en France [1]. Des circonstances favorables ont permis de disposer de sources, suffisamment précises et suivies, pour permettre une description mathématisée de ces sources qui débouche sur une interprétation sociologique en terme d'**itinéraire** et de **carrière** des sportifs amateurs. Nous retiendrons, d'abord, l'utilisation particulièrement intéressante d'une méthode et d'un instrument bien connu des démographes : **le diagramme de Lexis**. Celui-ci consiste à dresser le tableau « triangulaire » des effectifs d'une population donnée (ici les cavaliers), en fonction de deux axes auxquels on les rapporte : sur l'axe horizontal on indique les **années de recensement** et d'observations (ici de 1975 à 1989) ; sur l'axe vertical, porté à droite, on marque, par degrés, les **années d'ancienneté** croissante (de 0 à 15 années) des cavaliers dans ce club. L'ancienneté 0 permet d'indiquer, sur toute la ligne horizontale, les effectifs, année par année, des nouveaux arrivants (appelés « novices »). On peut ainsi noter le nombre de cavaliers (12) qui ont acquis, en 1989, quatorze années d'ancienneté. On remarquera que la somme des effectifs d'une colonne annuelle (placés verticalement) indique le total des licenciés de cette même année. Ceci donne le diagramme représenté figure 3 (ci-dessous) que l'on observera avec attention.

Figure 3. *Diagramme de Lexis d'une population de cavaliers.* Source : Veren Chevalier, cité en bibliographie, 1994.

Ancienneté (année)	1975	1976	1977	1978	1979	1980	1981	1982	1983	1984	1985	1986	1987	1988	1989
14															12
13														15	1
12													17	3	3
11												19	2	3	5
10											19	5	7	2	6
9										25	4	5	5	6	3
8									27	5	7	9	8	6	6
7								29	4	9	9	13	6	6	7
6							33	6	9	13	13	10	13	11	3
5						38	8	11	19	14	18	15	18	6	11
4					47	14	16	20	18	23	18	22	9	10	19
3				56	17	21	30	19	25	19	31	17	14	24	22
2			75	22	28	39	33	32	38	43	31	24	28	35	24
1		106	33	45	56	54	58	66	61	42	40	53	58	44	49
0	165	98	119	120	130	123	123	136	110	96	119	119	98	102	89

Années d'observation

(L'année 1975 est atypique car elle est l'année de mise en service des registres de population : les cavaliers sont considérés comme nouveaux alors qu'ils ont des anciennetés différentes.)

Afin d'en simplifier la lecture, on a dressé le diagramme de Lexis d'un club fictif, observé simplement sur ses quatre premières années d'existence et sur les trois années d'ancienneté de ses adhérents (figure 4). Il est ensuite aisé de construire la courbe de croissance des effectifs, ainsi obtenus, pour

(1) Veren Chevalier, *Démographie sportive : itinéraires et abandons dans les pratiques de l'équitation*, thèse de doctorat, Université de Paris VII, 1994, et « Une population de pratiquants sportifs et leurs parcours : les cavaliers titulaires d'une licence », *Population (INED)*, n° 3, 1996.

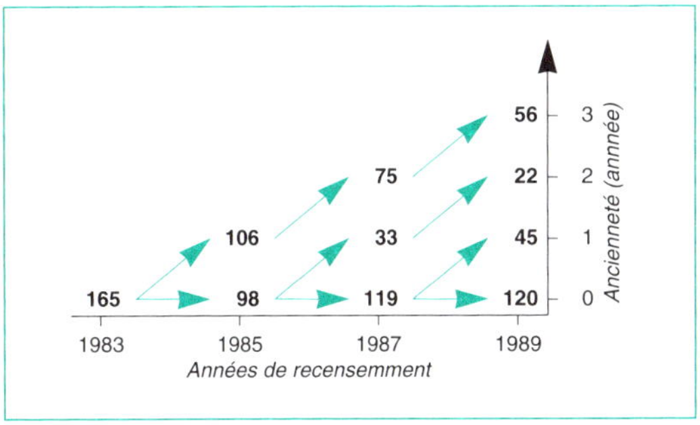

Figure 4. *Diagramme de Lexis des licenciés d'un club fictif.*

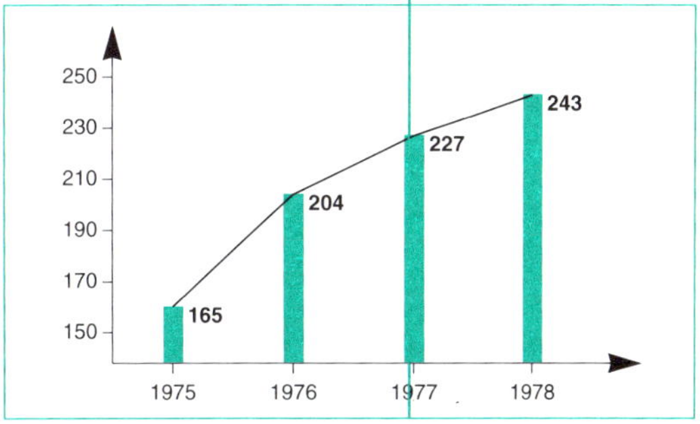

Figure 5. *Courbe de croissance des effectifs licenciés du club correspondant.*

la même période afin de la mettre en correspondance avec le précédent diagramme (figure 5).

Dans ce club imaginaire, son président doit rendre des comptes à l'Assemblée générale des adhérents, à sa Ligue ou à sa Fédération sportive sur les effets de sa politique de développement. Il a donc décidé de distinguer deux nouvelles fonctions au sein du club, assignées à deux responsables : celui du **recrutement** et celui de la **fidélisation** des adhérents.

En examinant le diagramme de Lexis du club, le responsable du recrutement relève qu'au cours de ses quatre années d'activité : 98 nouveaux adhérents se sont affiliés en 1976, s'ajoutant aux 165 qu'il était parvenu à mobiliser l'année précédente. 119 nouveaux adhérents ont été recrutés en 1977, puis 120 en 1978. C'est un bilan positif que l'on peut mettre à son actif, et encore améliorer en lui octroyant des moyens supplémentaires pour affirmer la publicité en faveur de la pratique ou soutenir la politique de communication du club.

Devant le même tableau, le responsable de la fidélisation relève que 59 adhérents de 1975 n'ont pas renouvelé leur licence, l'année suivante (en 1976). Cette observation résulte d'une soustraction (165 – 106) des effectifs, pris sur la diagonale. Pour quelles raisons sont-ils partis et que sont-ils devenus ? Ont-ils abandonné l'activité ou le club ? L'examen de leurs fiches permet de voir quels sont les traits dominants des novices qui ont abandonné. Était-ce surtout les filles ? Les plus jeunes ? Les fils de cadres supérieurs ou bien ceux qui résident le plus loin du club ? On peut déplorer aussi que 65 des néophytes de 1976 ont abandonné en 1977 (98 – 33), enfin qu'en 1978, il ne reste plus que 56 adhérents sur les 165 de la « première heure ». Ce qui représente un taux important d'abandons. Qui sont, a contrario, les adhérents les plus fidèles ?

Si on peut considérer, en la circonstance, que le responsable du recrutement remplit assez bien sa fonction, ses efforts sont peu payants du fait de l'évaporation importante des licenciés recrutés. On serait mal venu d'accabler la personne chargée de « fidéliser » les adhérents ; tant on peut comprendre que c'est l'ensemble de l'institution, avec ses habitudes, ses méthodes, son style d'accueil ou d'encadrement, sa culture, etc., qui est concernée. Mais c'est aussi, pour partie, le sport lui-même, avec ses représentations initiales et ses contraintes propres (par rapport à d'autres activités jugées plus attrayantes) qui sont en cause. Que faudrait-il faire pour éviter cet abandon des novices dès la première année ? Sont-ils insatisfaits par le sport ou par le club ? Les rites « d'initiation » imposés ou les méthodes d'apprentissage utilisées sont-elles appropriées à leurs attentes ? Peut-on savoir où sont partis les « zappeurs » ? Vers d'autres sports ? D'autres loisirs ? D'autres modalités, plus « libres », de la même pratique ? Le président du club, quant à lui, ne manquera pas de faire un bilan, globalement positif, de son action, dans son rapport d'activité à l'AG en 1979. N'a-t-on pas obtenu une croissance régulière, pendant ses quatre années de présidence ? Ceci même si : « l'on peut noter un léger fléchissement dans la croissance des effectifs entre 1977 et 1978 ».

La démographie, ainsi considérée, attire l'attention sur l'importance des flux d'entrées et de sorties qui affectent la plupart des organismes et services sportifs. On connaît, par exemple, l'extraordinaire *turn-over* qui affecte les clientèles des salles de mise en forme, obligeant leurs gestionnaires à tenter d'abonner cette « clientèle de passage », à multiplier les activités offertes, à changer de décor, à intensifier leurs démarches publicitaires, etc., en bref, à s'adapter en permanence, dans une course en avant au recrutement…

Les renseignements portés sur les fiches d'adhérents des clubs sportifs, leur conservation et leur classement systématique, constituent un *corpus* de données, aujourd'hui indispensable, permettant d'orienter la réflexion et l'action de leurs responsables. Grâce aux techniques informatiques modernes, on peut raffiner, sur les grands nombres, et sur plusieurs « variables » combinées, le questionnement à propos des raisons de ces inévitables déperditions d'adhérents.

C'est à partir de ce constat « douloureux » et de ce questionnement sur la démographie du sport considéré, que peut se construire une stratégie et une politique adaptées de l'organisation. Deux méthodes principales sont à la disposition de leurs responsables : le cycle de vie du produit et le diagramme de Lexis des affiliations. Il leur revient de raffiner la collecte et le stockage des données complètes et crédibles. De curieuses — et fâcheuses — habitudes pourtant dominent dans les milieux sportifs : c'est la disparition ou la destruction des archives et une assez mauvaise tenue des fichiers. Il faut s'en préserver en partant sur des bases nouvelles de rationalisation du recueil et de la conservation de ces informations.

E. L'interprétation des processus d'adhésion et d'abandon

V. Chevalier a livré ses interprétations sur les processus complexes d'adhésion qui marquent l'entrée dans « une carrière » de cavalier (et, par extension, de pratiquant sportif amateur) et ceux — non moins complexes — d'abandons qui peuvent brusquement l'interrompre. Ce sont les interviews des personnes concernées qui fournissent les éléments d'explication. Dans tous les cas, il est souligné que « la carrière sportive est structurée par un double processus : d'acculturation et de socialisation » (V. Chevalier, déjà citée).

- **L'acculturation** se définit par une rupture brutale des représentations que les jeunes pratiquants (« profanes » par définition) se faisaient de l'activité avant leur entrée au club qui leur impose, d'emblée, des techniques et des compétences culturelles spécifiques, légitimées, de longue date, par l'institution. En bref, le club cherche à leur inculquer une « culture » ; produit de son histoire, et présentée, avec plus ou moins de force et de tact, comme « rite de passage ». Les images et les représentations majoritaires des sports que se forgent les jeunes avant l'expérience de la pratique réelle peuvent être étudiées par les méthodes de la psychologie sociale. L'exploration du **halo sémantique** du terme utilisé pour les désigner, comme le « Jeu des sept familles sportives » administré aux tout jeunes enfants permettent de cerner ces images préalables.
- **La socialisation** désigne le processus par lequel une longue fréquentation du club, assidue, continue, profonde… permet d'assimiler des manières de penser, de sentir, de parler, de se tenir, communes à l'ensemble de ses membres et assurant une intégration. C'est l'acquisition, par imprégnation, d'une sub-culture. Les pratiquants apprennent ainsi à participer à cette **sous-culture spécifique**, organisée autour d'une activité particulière. Les pratiquants chevronnés, techniquement expérimentés et compétiteurs de bon niveau, depuis longtemps « socialisés », représentent, pour les initiés de fraîche date, des modèles et des référents. Les prestiges sociaux qu'ils ont acquis, au sein du club, par leur niveau technique, et le capital de prestige dont ils peuvent faire montre aussi, hors du club (dans la société), jouent un rôle capital dans cette socialisation. Elle s'opère dans une interaction permanente entre initiés et non initiés au sein du club et se traduit notamment par le vocabulaire utilisé (et appris) au cours de ces interactions avec les autres pratiquants. Ce vocabulaire se marque directement quand on procède à des interviews des cavaliers. La socialisation va de pair, en effet, avec l'acquisition d'un langage spécifique qui assure la transmis-

sion « des techniques du corps », « l'incorporation d'un programme, l'acquisition d'un savoir traditionnel et légitime », etc. Les cavaliers débutants et persévérants vont, dans les centres équestres, se construire ainsi une identité de cavalier en intégrant les éléments de la culture équestre légitime. Cette identité toutefois est sans doute très éloignée de celle qu'ils avaient imaginée sur la base de leurs premières représentations de la pratique équestre. Aussi, le processus de sa construction

Parcours de cavaliers dans les clubs d'équitation

« Les recherches de Pierre Bourdieu (1965, 1979, 1980) sur la sociologie des pratiques d'amateurs ont mis en évidence les systèmes de dispositions, socialement acquises, qui orientent les individus vers des activités définies : le piano ou l'accordéon, le dessin réaliste ou la figuration abstraite, le football ou le golf. Dans le droit fil de ces recherches, C. Pociello (1981) a lui aussi montré que les positions sociales intervenaient largement dans le choix de pratiquer un sport plutôt qu'un autre, et élaboré un espace social des sports. Sans nier le rôle des déterminants sociaux dans le choix des pratiques, il semble que l'on doive aussi s'intéresser aux aspects dynamiques. On ne peut exclure en effet qu'une partie des mobilités intervenant dans les pratiques provienne, pour les entrées, de la volonté des individus d'accumuler les codes et les signes d'un capital culturel éventuellement convertible en capital social, et, pour les sorties, de leur déception à cet égard, l'activité choisie ne fournissant pas un capital assez aisément ou rapidement convertible. Une des questions qui se posent est donc de savoir si les positions dans cet espace sont stables, c'est-à-dire si le choix d'une pratique (caractérisé par l'événement initial de l'entrée dans l'activité) n'est pas un événement parmi d'autres qu'il conviendrait alors de repérer. Il y a donc là une dimension de l'espace des sports qui s'ajoute à celle des choix initiaux, c'est la dimension dynamique de la pratique dans laquelle se jouent la continuation ou l'abandon de l'activité.

Du point de vue quantitatif, il semble que la proportion respective des « zappeurs » et des « instables » de chacune des pratiques culturelles et sportives informe sur leur signification sociale. Nul doute d'ailleurs que si les enquêtes relevaient les caractéristiques d'ancienneté et de stabilité des pratiquants, le croisement avec les caractéristiques socio-démographiques informerait sur les processus de sélection sociale de ces pratiques au-delà du choix initial. Ce serait également un moyen de mesurer, plus précisément, les mécanismes de diffusion ou de démocratisation d'une pratique. On peut imaginer en effet que l'augmentation, au cours du temps, des effectifs de pratiquants conjuguée à la diversification de leurs positions sociales, identifiées comme critères de « démocratisation » de la pratique, résulte en fait en partie de l'augmentation du nombre des « zappeurs », et conserve un effectif constant de pratiquants stables ayant des caractéristiques socio-démographiques elles-mêmes stables. Dans le cas de l'équitation par exemple, on ne peut savoir si l'atténuation observée entre 1967 et 1987 de la sur-représentation des catégories les plus dotées (en diplômes, en revenus et en CPS) plaidant pour une diffusion de cette pratique ne correspond pas, en fait, à une augmentation du nombre des « zappeurs », donc à une diffusion conjointe de l'instabilité.

D'un point de vue plus qualitatif, les caractéristiques longitudinales de la pratique individuelle (ancienneté, étape) s'avèrent essentielles pour comprendre la signification de l'activité, mais aussi pour comprendre que le statut de pratiquant est dans la réalité toujours en construction (processus d'acculturation) alors que la définition statistique le donne comme un fait établi.

L'intérêt de l'approche dynamique de pratiques non contraintes comme les pratiques culturelles est que l'abandon peut venir sanctionner les différentes étapes (comme le résultat de processus d'acculturation réussis ou non au cours d'une carrière) et rendre directement lisible chacune de ces étapes. Nous pensons en effet que le modèle de la carrière, avec ses étapes successives et hiérarchisées, est une configuration centrale de la plupart des pratiques culturelles, même en concevant qu'il y ait, ici ou là, des variantes et des modulations de ce modèle. L'approche longitudinale de ce domaine de pratiques peut donc contribuer à étayer le champ de l'analyse dynamique des pratiques sociales. »

Source : Vérène Chevalier, Université de Paris-VII, LASMAS-IdL, CNRS UPR, 32û, 1996.

peut-il s'avérer coûteux en nombre de pratiquants pour l'institution. Les **images dominantes** du sport auxquelles adhèrent les pratiquants chevronnés — et qu'ils diffusent pendant le processus de socialisation — peuvent être aussi objectivées et analysées.

Quels sont les **profanes** qui peuvent supporter de telles contraintes et quels sont les **novices** qui ne peuvent pas les surmonter ? Dans le cas où, dans cette deuxième phase (dite de « socialisation ») de la carrière, d'une part, les attentes et les stratégies personnelles, d'autre part, les référents, les modèles et les techniques sont à peu près conformes, on peut espérer une certaine stabilité. Chez les adultes, ils doivent être, en outre, congruents à l'idée des profits sociaux que l'on escompte tirer de la pratique. Dans le cas contraire, il faut s'attendre à une certaine « volatilité ». Observons qu'il peut exister, dans certains clubs sportifs, des « mécanismes » de sélection financière et de parrainage social qui s'ajoutent aux postures sociales, assez hautaines, de la communauté des « titulaires », visant à écarter les agents sociaux jugés indésirables. D'autres savent mettre en œuvre des techniques éprouvées pour dissuader les indécis parmi les « prétendants ».

En tous les cas, la proportion des pratiquants volatiles (nommés « zappeurs ») et des fidèles chevronnés, informe sur la signification sociale de la pratique considérée.

On voit ici combien la démographie du sport apporte à la sociologie sportive en introduisant de la **dynamique** là où la sociologie s'attache surtout à décrire la stabilité des **structures**. Au résultat final de la répartition sociale des sports, la démographie introduit l'examen attentif et très minutieux des processus complexes d'adhésions ou de reniements dans les différentes étapes des carrières. Aussi, les deux disciplines ont-elles avantage à s'articuler et à s'épauler l'une, l'autre.

F. La controverse sur les taux de pratique sportive des Français

Les années 1985-1990 ont été marquées par la publication d'une série d'enquêtes sur le niveau de pratique sportive des Français dont les résultats se sont révélés significativement différents. S'en sont suivies des controverses entre chercheurs ou enquêteurs, visant à légitimer leurs propres résultats, en même temps que les méthodes qui ont permis de les obtenir. Mais, comme cela a été dit, l'enquête n'obtiendra pas les mêmes résultats selon la définition — restrictive ou large — que l'on donne à l'activité sportive [2]. L'enquête INSEE-Garrigues de 1985 sur les *Évolutions des pratiques sportives depuis 67*, l'enquête de l'INSEP, réalisée en

(2) Voir le chapitre « Des définitions à géométrie variable ».

1987, sur les *Pratiques sportives des Français*, le sondage de l'IFOP-*L'Équipe*, publié la même année, sur *Les Français et le sport*, enfin l'enquête INSEE sur *Les pratiques de loisir* (publiée en 1989), se sont succédé rapidement, dans cette courte période, au cours de laquelle la courbe d'intensité du sport institué a connu un début de ralentissement. C'est aussi le moment où la définition sociale du sport s'est considérablement élargie dans le public. À la question : « Pratiquez-vous personnellement une activité sportive ? » l'IFOP obtient 31 % de réponses positives. Le sondage SOFRES de 1990 donne 39 % de participation. En 1991, *L'Équipe* situe ce taux à 16 % sur la base d'une définition restrictive référée à la compétition. À l'inverse, l'enquête INSEP de 1987 estime à près de 73 %, le pourcentage de Français qui s'adonnent à une activité quelconque. Comment expliquer ces disparités dans les résultats ?

Les sondeurs et enquêteurs n'échappent pas à des présupposés ne serait-ce que parce qu'ils ont, eux-mêmes, une définition *a priori* de ce qu'est le sport et de ce qu'il doit être. La position des commanditaires de la presse écrite (*L'Équipe*, *Le Figaro*, *Le Parisien Libéré*, *La Croix*) est encore moins neutre, qui défendent une idéologie et doivent s'ajuster aux attentes et aux préjugés de leur propre lectorat. Ici, une optique moralisante et incitatrice, le dispute à l'attitude pessimiste qui voudrait que la « France ne soit pas un pays sportif ». N'occupe-t-elle pas, dans l'opinion que les Français se font d'eux-mêmes — empreinte d'autocritique et de négativisme — l'un des derniers rangs d'un hit-parade des degrés de sportivité des pays européens (IFOP, 1972) ? Évidemment, *L'Équipe* voudrait que les Français « soient plus sportifs » et lisent tous le Journal ; tous « sportifs » au sens où l'entend ledit Journal : c'est-à-dire pratiquant les sports de compétition (dont il commente, par le menu, les résultats), et selon la définition qu'en donnent les fédérations. Or se diffuse, largement dans le public, l'image — qui se révèle fausse — du Français moyen, enveloppé, téléspectateur « sportif en pantoufles »... De plus, la manière de poser les questions est toujours inductive. Il va sans dire qu'une définition restrictive — donnée explicitement ou implicitement — réduit le taux comme la méthode consistant à donner, au choix des enquêtés, une liste préétablie de sports consacrés par les fédérations.

En 1967, l'INSEE affirmait que : « un peu plus d'un adulte (français) seulement sur 8, pratique de manière régulière ». En 1985, un enquêteur de l'INSEE [3] exploitant secondairement les enquêtes *Emploi du Temps* et *Vêtements* de l'INSEE, estime à 40 % le taux de pratiquants sportifs. En revanche, les enquêteurs de l'INSEP, conscients de l'extrême diversification des pratiques, au moment de l'enquête, et de l'élargissement concomitant de la définition que les Français donnent « du sport », ont conféré à l'activité testée, la définition la plus large : « Le sport c'est ce que les gens font lorsqu'ils disent ou pensent que c'est du sport. » Ils ont donc

(3) P. Garrigues, *Évolution de la pratique sportive des Français, de 1967 à 1984*, Les collections de l'INSEE, INSEE-Ménages, 1988.

estimé à 73 % de la population des 12 à 74 ans, ceux qui pratiquent une activité quelconque, à un moment quelconque selon des modalités différentes. On obtient ainsi, évidemment, ce taux apparemment « excessif » ou jugé « aberrant » selon les commentateurs. En réalité, l'enquête INSEP a pris la précaution de bien distinguer, à l'intérieur de ce taux global d'activité déclarée, **des pratiques et des modalités de pratique très différentes**, dans lesquelles le degré d'investissement dans l'institution sportive est un critère différenciateur (**licence** associée ou non à **compétition**). Ainsi sont nettement distinguées les pratiques d'agrément, d'entretien du corps à domicile, à visée hygiénique ou esthétique, les activités de loisirs à caractère sportif pratiquées librement, sans licence (qui n'excluent pas les comparaisons sociales comme la participation à des marathons), une pratique licenciée dans un club, sans compétition, enfin une pratique comprenant licence et compétition en club.

Nous retiendrons le diagramme proposé, sur ces bases, par Paul Irlinger et son équipe, pour donner une idée complète et précise des résultats de cette enquête concernant le structure de la pratique sportive des Français en 1987-1990 (figure 6) (4).

Figure 6. *La distribution des français selon le niveau d'intégration institutionnelle de leurs pratiques*. Source : P. Irlinger, *Le sport entre pratique et représentation*, Universalia, 1989.

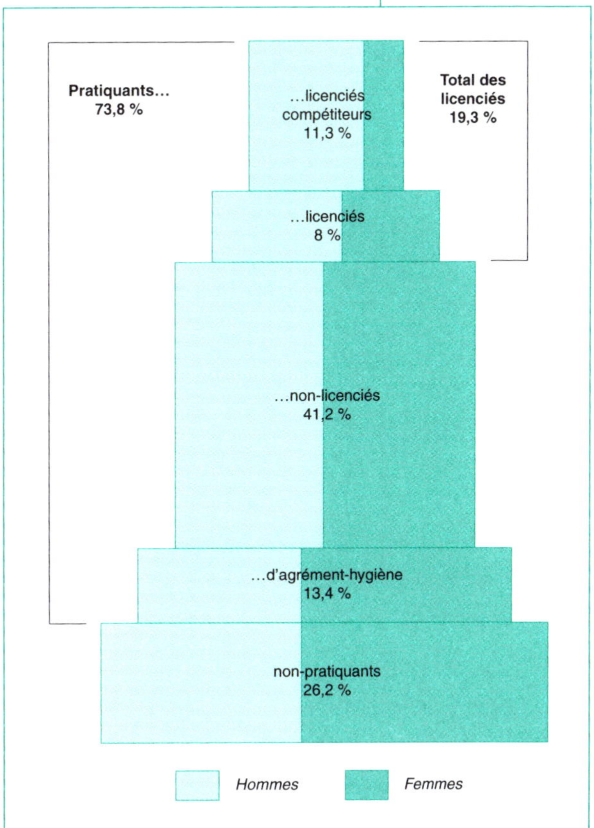

Bibliographie

CHEVALIER V., *Démographie sportive ; itinéraires et abandons dans les pratiques de l'équitation*, thèse de doctorat, Université de Paris VII, 1994.

CHEVALIER V., « Une population de pratiquants sportifs et leurs parcours : les cavaliers titulaires d'une licence », *Population (INED)*, n° 3, 1996.

Pratiques culturelles et carrières d'amateurs ; parcours de cavaliers dans les clubs d'équitation, INED.

SURAULT P., « Essai de démographie sportive », W. Andreff et coll., *Économie politique du sport*, Paris, Dalloz, 1989.

(4) P. Irlinger, « La France sportive ; entre pratique et représentation », *La Vie au quotidien*, Universalia, 1989.

Questions

1. Définissez sommairement la démographie, dans ses applications au sport, en distinguant cette discipline de la sociologie.
2. Quelles sont les méthodes et techniques démographiques mises à la disposition des dirigeants sportifs pour (ré) orienter leur stratégie en faveur de la « masse » de leurs adhérents-licenciés ?
3. Comment construit-on un « diagramme de Lexis » ? Que porte-t-on sur les axes de référence ?
4. Que peut-on lire, sur l'horizontale, en ligne ? Et que lit-on, verticalement, en colonne,
5. Qu'observe-t-on sur les chiffres portés sur la diagonale du diagramme de Lexis ?
6. Commentez le diagramme ci-dessus, présenté dans les rapports consignant les résultats de l'enquête de l'INSEP sur *Les Pratiques sportives des Français*.

5 Images, symboles et représentations des sports

A. Psychologie sociale et linguistique

1. Psychologie sociale ou psychosociologie

La psychologie sociale est la science qui prend pour objet, à la fois, les idéologies, les images, les **représentations** et les **attitudes** des individus et des groupes et les **communications** qu'ils établissent entre eux ; c'est-à-dire des systèmes de représentations que ces groupes se forment pour entrer en relation, agir et communiquer. Elle se situe au cœur des conflits et des tensions entre l'individu et la société qu'elle tente d'appréhender. Des méthodes rigoureuses sont mise en œuvre jusqu'à l'expérimentation.

2. La linguistique ou science de la langue

La linguistique est la science qui prend pour objet la langue, en elle-même, ; vecteur essentiel de cette communication. Elle examine l'origine de ses mots (étymologie), ses conditions de fonctionnement, d'emprunts et d'évolution. Pour les grands théoriciens de la linguistique les deux composants du **signe** sont : le **signifiant** (image acoustique du mot prononcé) et du **signifié** (ce qu'il désigne et veut signifier). Ferdinand Saussure définit ainsi un « arbitraire du signe » ; c'est-à-dire le caractère relatif et social de la relation entre les deux « faces » de ce signe.

3. La langue des sports

On peut étudier le langage des sportifs ; leur manière de parler, de définir leur pratique et leurs gestes… On peut s'efforcer de comprendre les images et les métaphores qu'ils utilisent, dans le langage spécialisé, de tel ou tel sport, assimilé à un « langage indigène » qui emprunte à la langue commune et la métaphorise. Enfin, on peut s'intéresser aussi, en sens inverse de circulation, à la diffusion du langage et des signes sportifs dans le langage courant et dans les images (notamment publicitaires) qui peuplent, jusqu'à la saturation, notre vie moderne (Georges Petiot, *Le Robert des sports. Dictionnaire de la langue des sports*, 1982).

4. La sémiologie sportive

À partir d'une théorie des systèmes de signes et de cette science des interprétations sous toutes leurs formes, on peut analyser les signes et les symboles contenus dans les images sportives (photographies de sports, de sportifs en action ou en famille), étudier les significations contenues dans les **images publicitaires** qui utilisent le sport comme support de communication, enfin interpréter les significations symboliques que les pratiquants attribuent aux gestes, postures espaces sportifs... On peut aussi expérimenter sur les attributs et qualificatifs que les gens associent spontanément à tel ou tel mot du sport (sport, sportif, océan, plongée, performance, pleine nature, etc.). Enfin, on peut tester, à partir d'un corpus d'images, appelant la désignation et la sélection, les goûts des individus tout en approchant les significations sous-jacentes et les connotations sociales (« marquage ») que les plus jeunes attribuent aux activités.

B. Le halo sémantique des termes du sport

La question des **adhésions** et des **abandons** qu'a soulevée l'approche démographique présentée dans le chapitre précédent, montre l'importance des images et des représentations que les sujets sociaux se font *a priori* des pratiques sportives, dans leur brusque confrontation avec celles qu'impose l'institution. Est-il possible de reconstituer rigoureusement ces images associées aux sports ? La psychologie sociale offre, en effet, des méthodes appropriées pour les dessiner.
Le « différenciateur sémantique d'Osgood », par exemple, donne des indications rigoureuses sur les qualificatifs que les agents attribuent aux différentes disciplines sportives, dévoilant leurs attitudes et jugements à leur égard. Chaque sport possède en effet une signification connotative (voir chapitre « Des définitions à géométrie variable »), qui dessine un halo sémantique autour du mot « signifiant » qui le désigne. Il est possible de reconstruire ce halo de « signifiés » et de connotations, à l'aide de cette méthode particulière empruntée à la psychologie sociale. Pour ce faire, on utilise des couples d'adjectifs antonymes (c'est-à-dire opposés) et comprenant une assez forte charge normative (aristocratique/démocratique, subtil/grossier, fort/intelligent, beau/laid, attrayant/ennuyeux, etc.) ; qualificatifs que l'on situe aux deux extrémités d'une échelle, en sept points. On

demande alors à un panel de personnes : groupe d'un âge défini, des deux sexes ou appartenant à une communauté quelconque (d'étudiants en éducation physique par exemple), de donner leur avis à propos d'une activité définie (haltérophilie, course à pied, escrime, natation, ski ou planche à voile, etc.). Pour cela on les invite à cocher les cases correspondantes aux nuances qu'ils souhaitent introduire sur chaque échelle de qualificatifs. À partir de cette théorie des d'attitudes, R. Thomas a pu expérimenter sur différents sports et dessiner leurs propres halos sémantiques [1]. Cet auteur a été frappé notamment par le « noyau dur » que représente la « course de vitesse de 100 m en couloirs » au cœur du halo sémantique du terme « sport » pour le grand public. Par ailleurs, grâce à une analyse statistique des données (dite en « composantes principales »), cet auteur a pu situer la position des divers sports sur un espace à deux dimensions, en fonction de la projection spatiale des adjectifs (figure 1).

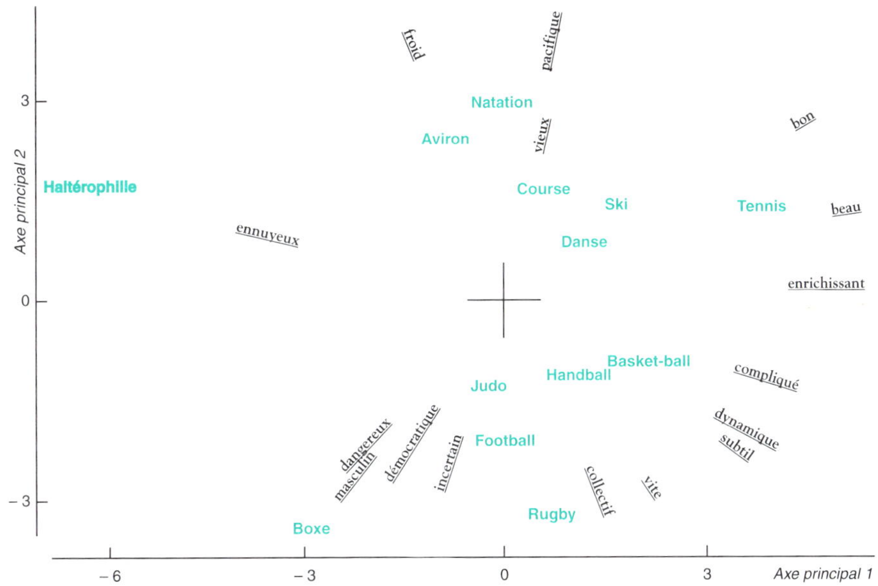

Figure 1. *Analyse factorielle de l'enquête sur l'imagerie des sports.* Sources : Raymond Thomas, *La Réussite sportive*, Paris, PUF, 1975.

Appelé à se prononcer, par une même méthode de choix binaires, un groupe de jeunes femmes internationales d'aviron, a dessiné des attitudes contrastées au sujet des sports proposés. Pour elles, l'haltérophilie, par exemple, connote « la laideur » et possède une mauvaise image de marque (proche de celle du football ou du cyclisme), tandis que l'athlétisme, le ski et la gymnastique reçoivent, de leur part, des connotations positives.

(1) Raymond Thomas, *La Réussite sportive*, Paris, Presses Universitaires de France, 1975 (motivations et attitudes, pp. 65-85).

Dans une population plus large de Français, des deux sexes, une classification des sports se dégage de telles investigations. On peut en retenir des attitudes négatives à l'égard de l'haltérophilie ; d'autres, beaucoup plus positives, pour le tennis et le ski.
Cette approche quasi expérimentale de psychologie sociale rejoint les observations sociologiques qui situent ces deux types de pratiques (l'une à dominante de force, les autres à dominantes « bio-informationnelles ») aux deux extrémités de « l'espace des sports » (voir chapitre « Sociologies du sport »).

C. Interprétations psycho-symboliques (ou psychanalytiques) des pratiques

L'analyse sémantique précédente étudie les images des sports déclenchées par l'énoncé des mots ordinaires employés pour les désigner, comme dans une réaction « stimulus-réponse », permettant de garantir la spontanéité de ces réactions.
On pourrait approfondir cette démarche en examinant le retentissement des diverses composantes du sport (objets, espaces, gestes) à travers les investissements imaginaires, émotionnels et poétiques qu'elles suscitent. Il en va ainsi, en effet, des objets utilisés (ou de l'animal), des gestes et des postures, des espaces et des cadres d'exercice, choisis, proposés ou imposés, dans chacune des activités. Ces représentations mentales sont des constructions cognitives, nourries d'expériences personnelles diverses — qui peuvent être très anciennes — et toujours traversées par des affects. Comment les agents appréhendent-ils cet univers multiforme d'activités ludiques ? On doit se placer ici dans le cadre d'une **analyse symbolique large** (que l'on a nommée herméneutique*) qui s'intéresse aux **significations profondes,** (quasi inconscientes), que les actions, les objets, les matières, les espaces et aussi les « éléments » (comme l'eau, l'air, la glace, la terre, etc.), revêtent pour les sujets qui s'y investissent, au sens fort (physiquement, corporellement, sexuellement). Ceci relève d'interprétations quasi psychanalytiques de ces composantes imaginaires de l'activité qui relèvent de méthodes plus intimistes (analyse thématique de poésies et de romans, analyse de contenu de confidences et d'interviews approfondis, techniques projectives, etc.).
G. Bachelard avait mis à jour, par exemple, toute « une symbolique des espaces » que G. Durand a approfondi, à sa suite [2]. Pour ces auteurs, les espaces s'opposent selon leur taille et qualités (grand/petit, large/étroit, intérieur/extérieur), leur orientation (haut/bas, élevé/abaissé, surface/profondeur, etc.), qui revêtent des significations symboliques différentes. Il se

(2) Gaston Bachelard : voir la série des ouvrages publiés, à la librairie José Corti, de 1942 à 1948, sur la symbolique des éléments : *L'Eau et les Rêves*, *L'Air et les Songes*, *La Terre et les Rêveries de la volonté*, *La Terre et les Rêveries du repos*. Et Gilbert Durand, *Les Structures anthropologiques de l'imaginaire*, Paris, Bordas, 1969, (réédité par Dunod, 1984).

trouve que ce sont des **espaces** dans lesquels évoluent les corps sportifs. Évoluer dans des espaces larges, « immenses », de la pleine nature, ou bien se contenir, volontairement, dans des terrains étroits, fermés, couverts... n'inspire évidemment pas les mêmes sentiments et n'attirent pas les mêmes personnes. Les sensations de « liberté » ou « d'enfermement », d'agoraphilie*, ou de claustrophobie* en résultent. Il y aurait à construire (et à interroger) ainsi toute une « poétique des espaces sportifs »... En attendant, on a pu montrer, statistiquement, que les deux sexes n'investissent pas également les territoires les plus vastes ou les espaces les plus limités. On peut voir les effets de cette distribution des deux sexes sur les espaces dans leur répartition statistique sur les sports collectifs. Dans la série des sports collectifs de manipulation — et de « pédiculation » (joués du pied) — couramment pratiqués en France (rugby, football, jeu à XIII, hand-ball, basket-ball et volley-ball), on peut concevoir un continuum du point de vue du degré décroissant d'investissement de la violence légitime, de la réduction de l'effectif des joueurs comme de leur surface d'évolution — et du confinement — de leurs terrains respectifs. On peut construire le tableau récapitulatif de leurs différences en les situant, en colonnes, dans l'ordre indiqué, de gauche à droite. Aux vastes espaces extérieurs (rugby, football, d'origine anglaise) s'opposent les petits terrains intérieurs (basket, volley-ball, d'origine américaine) qu'accompagne un accroissement de la « distance de garde » entre joueurs ou joueuses. Tous ces éléments combinés font que les pourcentages des effectifs féminins croissent régulièrement lorsque l'on passe, de la gauche vers la droite, du « tableau des différences pertinentes » de ce registre sportif particulier. Si, pour interpréter ce phénomène, on peut invoquer, le dégoût marqué, exprimé par les fillettes, les filles et les femmes, pour la violence physique (ou sportive) et pour les contacts, au corps à corps, force est de constater que, de manière très générale, les petits espaces sportifs et gymniques confinés sont toujours très féminisés...

Dans le même souci d'analyse symbolique, les **postures** et les **gestes** habituels, privilégiés ou imposés par les pratiques, s'offrent à l'analyse phénoménologique*. Se dresser, se redresser n'a évidemment pas le même sens et n'inspire pas les mêmes imaginaires que se baisser ou se fléchir. En sport comme dans d'autres domaines, se baisser c'est un peu : « s'abaisser » et se fléchir « c'est fléchir »... Et il n'échappe à personne, à l'inverse, la symbolique forte, puissante, virile, des gestes du redressement... Serait-elle, comme le suggère Gilbert Durand dans son ouvrage, en relation avec la symbolique sexuelle masculine ?

Comment analyser les émotions, sensations, fantasmes, rêves attachés au « vécu » des **matières** et des **éléments** avec lesquels les sportifs du loisir ont plaisir à jouer ? Dans ses pénétrantes analyses phénoménologiques Gaston Bachelard souligne, notamment, les particularités symboliques des cavernes et des souterrains qu'il assimile aux « intestins de la terre » [3]. Ceci ne devraient pas laisser indifférents les observateurs des spéléologues rampants, avec quelque délectation, dans ces espaces étroits et boueux qu'il nomment précisément des « boyaux »... À l'inverse, les libéristes tiennent beaucoup à leurs connaissances scientifiques de l'élément aérien (qui est véritablement le moteur aérodynamique de leur activité). Mais l'air est aussi un support vivant et onirique puissant, qui inspire des sentiments de liberté et d'exaltation que contient déjà l'antique mythe d'Icare. Or précisément, « l'air, nous dit G. Bachelard, est ce qui nous libère des rêveries substantielles, digestives, il est la matière de notre liberté » [4]. Ce même imaginaire de la libération des contraintes est exploité, aujourd'hui encore, dans les publicités, jusqu'en pharmacie. Une photographie, très « aérienne », d'un deltaplane soutient le commentaire : « Prenez la liberté de ne plus fumer »... Mais à l'imaginaire des vastes espaces horizontaux, s'ajoute évidemment la troisième dimension (la hauteur) dans laquelle les « aéro-nautes du sport » évoluent et où, s'élevant, ils peuvent éprouver ces sensations enivrantes de domination. Le haut et le bas, la montée et la descente, prennent évidemment des dimensions imaginaires opposées et suscite souvent des jugements normatifs. Monter c'est surmonter et c'est dominer, mais c'est aussi « monter, jusqu'au ciel » ; domaine éthéré de « Dieu-le-père » [5]...

Dans un autre registre interprétatif, les rêves de vol, ont été analysés par S. Freud comme ayant des significations sexuelles marquées. Doit-on se priver de ses interprétations ?

À l'opposé des éléments aériens, fluides et impalpables, se situent les matières dures et résistantes auxquels les sportifs-combattants ont affaire dans leurs affrontements. Les rugbymans et les handballeurs, adeptes des sports collectifs les plus « rugueux », en font, dans leurs efforts offensifs exercés contre la « masse » corporelle des adversaires, la dure — mais valorisante — expérience. Une nouvelle fois Bachelard souligne la « symbolique virile » de la force pénétrante qui peut s'y manifester : « Puis vient ensuite, dans l'extrême idéal de la virilité manœuvrière, les trous dans la pierre et dans le fer... » [6]

Si le dur résistant (le corps des adversaires dans l'affrontement) et le dur glissant (la glace « sans appuyer » de la patineuse) ont quelque pertinence sexuelle, l'air semble aussi s'opposer à l'eau comme le masculin s'oppose au féminin... En tout cas, les deux catégories (« sports de l'air » et « sports de l'eau ») construites par les jeunes jouant au « Jeu des sept familles sportives » attirent sélectivement les deux sexes dans cette même problématique des **imaginaires sportifs.**

(3) Gaston Bachelard, *La Terre et les Rêveries du repos*, 1948.

(4) Gaston Bachelard, *L'Air et les Songes*, 1950.

(5) Elizabeth Baux, *La Voie des airs ; la conquête au féminin*, Actes des colloques sur l'aventure, INJEP, 1998.

(6) G. Bachelard, *La Terre et les Rêveries de la volonté*, 1947.

D. Les apports du « Jeu des sept familles sportives »

Décliné, très librement, d'un célèbre jeu de cartes pour enfants, on a imaginé un jeu d'images de sports permettant de tester les goûts sportifs de personnes d'âge très différents (aussi bien les petits enfants que les adultes). Ce jeu de 52 images, en couleurs, agréables à voir — et très distinctives — de sports, est administré, selon trois procédures, successivement proposées aux joueurs, pris individuellement :

- **une dénomination** visant à tester la reconnaissance des activités et la richesse du vocabulaire d'identification des diverses pratiques sportives, parfois, présentées sous différentes modalités ;
- **une sélection** des images sportives, basées sur les choix et les rejets des activités « que l'on aime et celles qu'on n'aime pas », par le tri spontané et commenté des cartes, appelant des justifications, des évocations, et aboutissant à deux tas séparés ;
- **une activité classificatoire**, liée à la construction, par le joueur, de catégories de sports (« familles sportives ») associées à des qualifications, des connotations, des appréciations, puis à l'identification de l'activité la plus représentative (« paradigmatique ») de chaque classe, ainsi obtenue.

Dans tous les cas, ce matériel — qui se prête bien à la verbalisation — sert de support vivant et attrayant à des séries d'entretiens approfondis. Les enfants des deux sexes et leurs deux parents (qui s'y prêtent volontiers), peuvent être ainsi « questionnés » afin d'examiner la structure de leurs goûts (et dégoûts) sportifs ainsi que les processus par lesquels ils se forment, se transforment (avec l'âge), et se transmettent au sein des familles. On peut ainsi tenter d'identifier le parent qui exerce, de ce point de vue, la plus forte influence sur l'enfant (selon leurs sexes et à chaque âge), mais aussi selon les groupes sociaux d'appartenance.

Les enfants de grande section maternelle (5 ans) surmontant leur timidité face à l'enquêteur, dévoilent des « compétences » — certes variables — mais qui révèlent déjà un assez bon vocabulaire repérable, à travers l'identification des grands types de sports. Ce vocabulaire s'enrichit très vite, avec l'âge, et l'on perçoit immédiatement l'influence de l'école et de la télévision sur cet enrichissement progressif. Les garçons ont un répertoire plus riche que les filles du même âge, et se montrent plus attentifs aux activités présentes hors de l'école…

Ce qui frappe, dès le plus jeune âge, chez les garçons comme chez les filles, c'est l'extraordinaire capacité de **classement sexuel** des activités. Tout se passe, dans leurs choix et leurs rejets respectifs d'activités, comme s'ils avaient la prescience de la distribution objective (statistique) des sports, selon les sexes. On repère immédiatement, dans les cartes retenues par les garçons, leur goût prononcé pour les jeux de combats collectifs et pour les sports risqués ou véhiculés, logiquement représentés sur les images par des hommes en action (ce biais expérimental serait-il fortement inducteur ?). En revanche, des préférences assez systématiques, des fillettes et des filles se marquent pour les activités aquatiques, gymniques, esthétiques… tout en exprimant plutôt un rejet des jeux de force, de risque et de violence (des images de femmes en action de boxe française n'emportent point leur adhésion). On parlera d'un **marquage sexuel des activités**.

À ce marquage sexuel précoce des pratiques s'ajoute, plus tardivement, un **marquage social.** Les sports « durs », comme la boxe, et ceux où domine la force sont réputés populaires et assez généralement dépréciés par les jeunes de dix-douze ans appartenant aux classes moyennes. Tandis que le polo à cheval (le Prince Charles est parfois cité par les bons lecteurs d'hebdomadaires) ou le golf sont identifiés comme des sports snobs, mondains, ou considérés comme socialement inaccessibles par la majorité des enquêtés.

Enfin, avec l'adolescence se définit un autre différenciateur (surtout marqué chez les garçons). Les choix sportifs et les classements font apparaître un nouveau critère d'appréciation, attaché au **degré de modernisme** qui différencient, à leurs yeux, les activités et qui permet d'opposer les sports « ringards » (*sic*) et les sports de glisse, d'aventures, « dans le vent » (*sic*). L'équipement, l'instrumentation véhiculante y sont très prégnants.

Se succèdent ainsi, sans s'exclure, trois catégories de perception et d'appréciation des activités présidant à leur classement par les deux sexes, les âges et les groupes : des **critères sexuels, sociaux et générationnels**.

E. La dramatisation des spectacles sportifs : « l'effet Carpentier »

À cet imaginaire des pratiques s'ajoute, dans un autre registre, l'imaginaire des spectacles sportifs (direct ou télévisés). On peut en effet s'interroger sur ce qui fait l'extraordinaire engouement populaire pour certains spectacles (comme le football ou le rugby, mais aussi le tennis) et, au contraire, le peu d'audience que suscitent les compétitions internationales d'escrime ou les épreuves de canoë-kayak dans lesquelles figurent, pourtant très honorablement, les champions français.

Il faut creuser, au-delà des surexcitations que provoquent la violence des affrontements et les émotions nées de l'incertitude de leurs résultats, pour trouver d'autres niveaux de significations. Ce qui donne à ces spectacles (et non aux autres) leur impact particulier réside, en effet pour beaucoup, dans la conservation de la structure des combats collectifs ou des joutes individuelles, face à face, leur conférant une unité de temps, d'action et de lieu, dans un **espace agonal,** bien circonscrit. Mais, en même temps leur retentissement dépend de leur capacité à mettre en jeu des **figures de joueurs, les plus dissemblables possibles** (grands et petits, forts et rapide, vifs et endurants, etc.) ; propriétés relatives, immédiatement reconnaissables, ou poussées jusqu'à la caricature. Déjà cette diversité des « formes », au sein même de l'équipe, contribue à renforcer la métaphore du « microcosme social » qu'elle inspire toujours. Mais cela suppose aussi, de la part d'un large public, l'existence d'une curieuse capacité mentale de **décryptage,** à partir de ces diverses morphologies — et des tâches différenciées qu'elles assurent — de propriétés sociales et culturelles distinctes. Ceci permet, aux spectateurs, les plus profanes, de se projeter eux-mêmes dans le combat (et d'y trouver des enjeux), de s'identifier à l'une ou l'autre de ces figures (et de trouver du sens dans leur mise en relation). Ces deux mécanismes de « projection » et « d'identification » — qui sont au fondement d'une indispensable **partialité** — dépend de cette possibilité de transformation de « formes » en « figures ». On a désigné sous le nom d'« effet Carpentier » le pouvoir de dramatisation des spectacles d'affrontements sportifs résidant dans la facilité — plus ou moins grande — qu'ils offrent à cette projection de **rôles** (sociaux) et de « **figures** » (emblématiques) sur des types contrastés de protagonistes.

On a d'abord suggéré combien les jeux de combats collectifs (football, rugby, hand-ball) conservent, de leurs lointaines origines, le schéma fondamental de la bataille, groupe contre groupe, qui s'affrontent, selon les règles, dans un champ bien délimité, pour la conquête et la défense d'un territoire et d'un but. Certains équipes sportives s'opposent ainsi, en face à face et au corps à corps, assurant l'attrait immémorial pour les combats de champions, en champ clos, dans lesquels il y a des chocs et des mouvements. La puissance (violence) des chocs et l'intelligence (vitesse) des mouvements y sont également appréciées dans leur nécessaire et savante alternance. D'autres sont plus distancés et courtois mais conservent cette même structure des échanges de coups qui passionne (tennis). Les premiers attirent particulièrement un public masculin socialement composite, tandis que les seconds assemblent un public sensiblement plus « féminisé » et socialement plus sélectif...

On a pu montrer ailleurs [7] que, face à ces « tournois » ou ces « joutes » sportives, les spectateurs sont capables, en effet, de décrypter, dans les morphologies et les gestes des joueurs-combattants, des *habitus*, des postures, des attitudes physiques et morales, renvoyant à des propriétés de classes sociales. Ainsi les deux sexes et les différents âges, sensibles à toute une **caractérologie sportive**, peuvent-ils décoder finement des gestuelles et des propriétés phénoménales qui emportent d'emblée, leurs préfé-

(7) Christian Pociello, *Les Cultures sportives ; pratiques, représentations et mythes sportifs*, Paris Presses Universitaires de France, 1995.

rences. D'où la projection de « rôles », de « figures » ou d'« allégories » — socialement ou sexuellement pertinentes — sur les différents types morphologiques ou stylistiques de joueurs, qui assure, au combat, une dramaturgie inattendue... Il y a, dans une inévitable « projection-identification » des spectateurs, les plus naïfs, sur l'un de ses protagonistes, une inavouable assimilation, constituant, pour l'analyste, **un magnifique test socioprojectif**.

On a appelé « effet Carpentier » cet effet de théâtralisation sportive qui s'impose, à tous, dès lors que sont mis en lice deux adversaires dont les traits physiques et stylistiques sont, en tous points dissemblables (morphologies et esthétiques, postures et motilités, styles de jeu et conceptions tactiques...). Le film *Gentleman Jim*, réalisé par Raoul Walsh, avait mis en scène, de manière particulièrement habile, visible et pertinente, cet effet de dramatisation sportive dans sa représentation boxée. Le réalisateur avait représenté le **combat inégal** de deux boxeurs pour le championnat du monde, en 1892, à la Nouvelle Orléans. Le colosse John Sullivan — véritable force de la nature — est opposé au beau Jim Corbett, plus longiligne, versé, jusqu'au raffinement, dans les techniques du « noble-art »... Sullivan est montré fruste, plus vieux et plus lourd que son *challenger*. Corbett, représenté plus jeune, plus léger — et surtout plus séduisant — est un adepte de « l'escrime de poings » qui développe le coup d'œil, le sens de l'esquive et des déplacements dansants. C'est dans l'opposition redondante de leurs morphologies, de leurs *habitus*, de leurs styles pugilistiques et de leurs méthodes d'entraînement, que le réalisateur entend camper des figures très contrastées et socialement pertinentes. Sur le ring, le colosse irlandais apparaît vite « lourdaud » dans la délivrance de ses coups contre *Gentleman Jim* qui les esquive magistralement grâce à son jeu de jambes déconcertant. Les échanges vont évidemment pousser l'identification du public élégant et « connaisseur » sur la figure la plus séduisante, gracieuse, mobile et stylée. Lorsqu'enfin le colosse s'effondre terrassé par la « science » et la technique du « danseur », l'effet dramatique du combat est parfaitement assuré et l'enthousiasme du public sélect — et féminin — à son comble...

Pesant à peine 75 kg, et en devenant, à dix-neuf ans, champion du monde des poids lourds, Georges Carpentier (figure 2) va donner aux Français le plaisir de voir leur champion produire ce même **effet de dramatisation** auquel on a donné son nom en raison de l'extraordinaire retentissement de cette figure dans notre propre histoire sportive. On peut imaginer la jubilation du public français face aux exploits de son jeune boxeur si juvénile, longiligne et fragile — en apparence — terrassant, à la deuxième reprise, grâce à son punch prodigieux, les boxeurs étrangers, colossaux mais jugés, par effet de contrastes, « lourdauds » — qui lui sont opposés. L'effondrement final d'un Anglais « balourd » sous les coups redoublés et bien ajustés du beau Georges, accroît encore l'enthousiasme d'un public national, enclin à succomber, alors, à des accès de chauvinisme.

F. L'origine gauloise des déterminants historiques et culturels

Figure 2. *Georges Carpentier dans le fameux combat contre le boxeur anglais Bombardier Wells.* Source : collection personnelle de l'auteur.

Il y a là une esthétisation curieuse des combats et une stylisation mystérieuse des épreuves sportives, par les Français, qui les portent vers les figures légères, vers les athlètes apparemment « fragiles » et les champions inconstants… Au fond, ils semblent apprécier la finesse et le style, la faiblesse (apparente) et l'irrégularité, comme s'ils aimaient jouer à se faire peur. Ils révèlent souvent, dans ce théâtre sportif, leur penchant pour le lutteur blessé, le combattant diminué, le coureur handicapé, frappé par la malchance, en butte au mauvais sort, soumis à un implacable destin… Ce sont autant de propriétés que l'on a pu retrouver dans le maintien de la popularité — et dans la mise en scène assez élaborée — du jeu de Yannick Noah, pris dans la phase de son inexorable déclin tennistique.
Les circonstances ne leur sont-elles pas toujours défavorables, handicapantes (l'arbitrage, la pluie, le vent, le fartage, les blessures, le surentraînement, etc.) ?
C'est aussi le parti pris des Français pour « l'éternel second » et pour le sportif « méritant » qui a produit, dans le cyclisme, la popularité étonnante et durable d'un Raymond Poulidor, méritant et malchanceux, opposé à « l'insolente facilité » d'un Jacques Anquetil. Ce fut la même logique qui présida aux oppositions stylistiques entre Coppi et Bartali. On comprend ici que c'est dans les **oppositions figurales**, désignés par ces deux exemples, que réside l'intérêt dramatique de la compétition et sa relance. C'est enfin la sollicitude étonnante des Français pour le faible ou pour le dominé (passagèrement) et leur soutien de celui qui se bat bien et qui va redresser une situation gravement compromise.
On a pu relever, dans la longue durée historique (qui permet, en quelque sorte, de stratigraphier notre mentalité), l'un de nos traits culturels natio-

naux les plus résistants. Quoique reconnus vifs et talentueux, courageux et même téméraires dans leurs luttes, les Français (depuis Vercingétorix, au moins), donnent souvent l'impression « de tout abandonner au premier échec » (F. Braudel). « Ce qui revient à leur reconnaître les qualités et les défauts que l'on attribue aujourd'hui à nous autres Français. » [8]

Mais ces abandons prématurés sont, à l'évidence, des situations humiliantes qui nous inspirent, bientôt, un sentiment aigu de révolte et provoquent des réactions retardées — mais, particulièrement marquées — pour la sédition ou pour la **résistance à l'oppression**. Et c'est vrai (révérence gardée envers le grand chef gaulois) « que conquise la Gaule a cédé vite au vainqueur romain ». Mais cette culture a inspiré aussi, aux auteurs de manuels scolaires, l'un des mythes fondateurs les plus émouvants (et rassembleurs) de notre histoire : l'héroïque résistance puis l'infâme humiliation infligée, par César, à Vercingétorix. De même, elle n'a pas manqué de suggérer, aux humoristes français, en stricte réaction salutaire, l'existence d'un village d'« irréductibles gaulois »... Images de résistance acharnée contre l'envahisseur qui a fait le tour de la planète [9].

Ainsi n'est-il pas sans intérêt d'analyser les « passions françaises », à travers leur projection dans les affrontements et les spectacles sportifs.

Dans le rugby qui se révèle être une spectaculaire « guerre des styles » [10], se marque fortement la préférence des Français pour les joueurs « voltigeurs » et « effervescents » de l'arrière, lancés dans leurs folles galopades échevelées, déconcertantes, inventives, audacieuses... Observons, une nouvelle fois, que ce sont, dans le théâtre du rugby, les figures les plus fragiles. En France, dans tous les domaines, que ce soit dans les jeux d'esprit, dans la littérature ou dans le sport on est, depuis toujours, attachés au style, « à l'art et à la manière »...

Le rugby est sans doute, parmi les sports collectifs, celui qui porte les effets identifiés de dramatisation, à leur potentiel maximal, d'abord, en conservant, plus fidèlement que tous les autres, **le schéma fondamental de la bataille**. C'est en effet un combat de « gagne-terrain », dans lequel l'alternance de la violence des chocs et de la vitesse des mouvements s'offre à l'intelligence tactique des joueurs, au calcul des stratèges, comme à l'appréciation des puristes. Or, du fait de sa très évidente et impérative division technique du travail dans le jeu, entre les avants « gigantesques » et les petits arrières « insaisissables », le rugby symbolise, à la fois, l'indéfectible solidarité des « Astérix » et des « Obélix » du sport, et met en scène, en même temps, la lutte immémoriale de l'intelligence contre la force brutale. C'est aussi, dans ce curieux théâtre sportif, la prévalence que les « petits malins » souhaitent toujours imposer aux « gros balourds »... Le rugby renoue ainsi avec l'emblématique des combats immémoriaux de **champions** dont l'épisode de David et Goliath constitue le plus pur paradigme. Mais souvenons nous du goût prononcé de nos chevaliers, en tour-

(8) Fernand Braudel, *L'Identité de la France. Les Hommes et les Choses*, déjà cité, tome II, pp. 65 et 69.

(9) Dans le même ouvrage cité, Fernand Braudel rappelle l'épisode, peu connu de l'histoire de la Gaule, avant la conquête, dans laquelle les farouches guerriers gaulois, envahisseurs de la Péninsule, jusqu'à Rome, ont décidé de combattre nus, par dérision et moquerie provocante, contre le lourd équipement militaire des légionnaires (p. 65).

(10) Christian Pociello, *Le Rugby ou la Guerre des styles*, Paris, A.M. Métailié, 1983.

nois, ou de nos aristocrates en carrousel ; nos penchants pour le **panache**, dans la lutte, et pour la **parade** dans la présentation… Ce sont des traits culturels — et stéréotypés par le temps — qui mettent nos voisins britanniques dans un état prononcé d'irritation à notre encontre. Peut-être est-ce l'effet durable d'une très vieille blessure d'amour-propre — jamais cicatrisée — des Anglo-saxons, depuis la conquête de Guillaume…
Gestes vicieux ou chevaleresques, comportements courageux ou réactions de « trouillards », conduites brutales ou débrouillardises tolérées, sont immédiatement perçus dans le moindre geste, attitude ou mouvement.
Pour dramatiser leurs productions, les journalistes et les commentateurs sont enclins à structurer leurs récits et à schématiser les narrations, en exploitant la rhétorique facile de « l'effet Carpentier » et en jouant sur tous ses registres métaphoriques où domine **l'opposition du lourd et du léger**. Ils peuvent aussi, emprunter à l'imagerie des contes enfantins (*Le Loup et l'Agneau*, *L'Ogre et le Petit-Poucet*, etc.). Mais c'est l'opposition légendaire de « David et Goliath » qui est la plus régulièrement évoquée dans la dramatisation des récits sportifs.
Comprendre cette curieuse et inéluctable partialité dans les choix de « héros » ou de figures préférentielles, c'est mettre en évidence le point de vue culturel, générationnel, social et sexuel à partir duquel elle se produit et elle s'énonce. En somme, un match est bien un « système sémiotique » (P. Veyne) qui fonctionne d'autant mieux que ce parti pris des spectateurs, sur l'une des équipes (et/ou sur l'un des combattants) est fort et précoce et que les traits prégnants des figures choisies sont, en quelque manière, pertinents. Les différents âges, sexes et groupes sociaux, appréhendent différemment les différentes pratiques et styles de joueurs à partir de catégories d'appréciation particulières, socialement produites. Mais les cultures nationales façonnent aussi différenciellement ces préférences. Comme on peut le voir, ici, les représentations (sportives) — qui relèvent aussi de la sociologie — ont une très longue histoire…

G. Une sémiologie sommaire des images publicitaires de sport

Pour esquisser une analyse sémiologique des images publicitaires utilisant les sports — ou les gestuelles du dynamisme sportif — comme supports de communication, on prendra trois exemples d'images, respectivement empruntées à la voile, à l'escalade et à la course de haies.

L'entreprise Bull a sponsorisé un **bateau à voile** — judicieusement baptisé *L'Esprit d'équipe* — pour l'engager dans une course autour du monde par équipe. Alors que là n'était pas l'objectif principal, le bateau gagne l'épreuve et fait l'objet, dans la presse, d'une campagne publicitaire très importante (figure 3). Les images affichées représentent les équipiers affairés sur le bateau, vu par l'arrière où se dégage nettement le nom du bateau et le logo de l'entreprise. Ces images sont accompagnées du commentaire suivant. « Pour la première fois un bateau français, *L'Esprit d'équipe*, engagé par BULL, gagne la course autour du monde. *L'Esprit d'équipe* symbolise, pour nous, la réussite par la qualité des hommes, la rigueur de la préparation, la perfection dans l'exécution. Chez Bull, leader européen en informatique et en bureautique, 26 000 personnes se battent avec détermination dans la compétition sur le marché mondial des systèmes d'information. Dans l'entreprise comme sur un bateau, le succès repose sur la somme des talents, la concentration des énergies et la volonté de gagner. » Éclaté en une multitude de petites unité dispersées dans le pays, Bull avait à résoudre un problème de communication interne qui vise ses propres employés et qui cherche à en resserrer les liens. Les exigences de la concurrence internationale appelle invariablement la métaphore sportive de la compétition. Le bateau à voile reste une métaphore maritime, très parlante, qui exige, de la part de ses marins, une solidarité et une discipline à toute épreuve, assurant la survie du navire, face aux dangers de l'océan.

C'est aussi le mythe immémorial de l'aventure et de la conquête, réservées « aux hommes qui osent... ». Aussi peut-on décoder, plus aisément, le

Figure 3. *L'Esprit d'équipe des Français qui gagnent*... Source : publicité parue dans le journal *Le Monde* (26 mai 1986), lors de la victoire du voilier dans la course autour du monde.

message que contiennent les images de courses au large des grands voiliers.
« Tous, embarqués sur le navire, on est soumis à une impérieuse et indéfectible solidarité — qui se traduit par l'exigence de pleine disponibilité ("tous sur le pont") aux moments difficiles où l'on affronte la tempête — (mais), bien dirigés par un skipper émérite, qui connaît, et la bonne direction et la bonne tactique, on est capable d'affronter victorieusement les vents et les marées de la concurrence internationale. »
Les très fréquentes représentations, des voiliers, vus par l'arrière, et profondément enfoncés dans leur propre sillage, inspirent l'énergie fougueuse de tous les départs aventureux et conquérants...

Figure 4. *Extrait d'une plaquette publicitaire en faveur de la région d'Allevard.*

Le second exemple est donné par les **images d'escalade** dans lesquelles sont représentés, dans leur accoutrement vestimentaire (où ne manque pas l'attaché-case) des cadres d'entreprise (figure 4).
Une plaquette publicitaire imaginée par *Initiative, développement économique d'Allevard-La-Rochette* fournit le modèle d'analyse idéal. Sont représentés sur une paroi verticale, un grimpeur « en tête », en collant fluo, qui « assure » et qui aide — jusqu'à exercer une traction sur la corde d'assurance — un jeune cadre dynamique souriant, doté de tous ses attributs et d'un baudrier de grimpeur.
Des études ont montré que l'escalade est une imagerie sportive qui présente, en effet, un assez fort retentissement sur les jeunes cadres diplômés. L'ascension sportive paraît leur offrir le support imaginaire et « psychodynamique » de l'ascension sociale, à la hauteur de leurs ambitions. Savamment décrypté, le message ainsi délivré pourrait être : « Venez chez nous (dans notre entreprise ou dans nos lieux), vous êtes sûr d'y connaître des aventures, d'y ressentir des émotions et d'y prendre des risques, dans une ascension promotionnelle, méritée et continue (à la mesure de vos efforts)... Mais dans l'incertitude actuelle des temps, vous n'avez rien à craindre car vous serez, chez nous, parfaitement assurés. » (Bernard Ramanantsoa, 1992).

Figure 5. *L'iconographie insistante du bondissement dans la publicité affichée (années 1990-1998).*

Le troisième et dernier exemple est fourni par les **images de courses de haies**, souvent utilisées pour capter le regard et l'intérêt des cadres diplômés. C'est dans cette compétition que se manifeste bien l'énergie athlétique du « bond », du « saut » rythmé, répété, et la **volonté de vaincre** face aux obstacles régulièrement disposés sur un parcours (figure 5)... On perçoit toute la force symbolique d'une métaphore sociale. Le bondissement qui est le geste le plus prégnant du dynamisme sportif fait actuellement flores dans la publicité affichée. Ses images touchent très précisément le « jeune cadre dynamique » et la course de haies représente, assez clairement, pour lui, une métaphore de la compétition sociale, semées d'embûches, et l'image de la carrière professionnelle, parsemée d'obstacles inévitables, mais avalés, allégrement — et élégamment — dans la foulée.

Définitions

Herméneutique : à l'opposé des modèles et des méthodes en vigueur dans les sciences expérimentales, « l'herméneutique » est d'abord la science de **l'interprétation des textes,** non dans leur contenu littéral, mais dans les mythes, moins apparents ou secrets qu'ils peuvent recéler, et dans les « messages » qu'ils veulent délivrer (trouver « la clé » d'un roman, interpréter un texte sacré, révéler le sens — psychanalytique ou social — d'un vieux conte pour enfants, etc.).On peut aussi entreprendre l'herméneutique d'un rêve à connotation sportive (vol, escalade, nage) ou des poésies envoyées au courrier des lecteurs pour la célébration d'un sport ou d'un sportif.

Phénoménologie : c'est un mode d'approche philosophique et psychologique qui s'attache à l'apparence des phénomènes et à la manière dont ils sont vécus — intimement — par les sujets. Elle veut dégager les figures originaires des « perceptions », en deçà de leurs « objectivations ».

Symbole, symbolique, analyse symbolique : le symbole est la concrétisation (par un objet, un animal, une figure...) d'une abstraction, d'une qualité ou d'un concept (vertu, croyance, communauté, nation, pouvoir, qualité, propriété, etc.). Le symbole est une jonction, aisément reconnue, entre cet objet et ce qu'il représente, par association d'idées, avec sa forme, sa structure, sa couleur, sa nature. Les mégalithes, l'obélisque... sont des symboles « phalliques » comme le sceptre, l'épée ou le piton rocheux... La couleur rouge inspire le sang, la révolution, un danger...
L'analyse des symboles et du contenu symbolique des textes (ou des images) exige des méthodes d'interprétation permettant de dépasser une lecture littérale du texte ou du discours (ou le « contenu manifeste » de l'image) pour accéder à un sens, plus profond, « caché », pour saisir un « contenu latent » ? Comme dans l'interprétation des rêves par Sigmund Freud.
De même, l'analyse symbolique des pratiques sportives exige que l'on dépasse leur analyse technique (vision, la plus immédiatement accessible, imposée par les techniciens), pour accéder aux significations cachées qu'elles peuvent revêtir pour les pratiquants qui les adoptent (sens des gestes, signification des postures, imaginaire des espaces, symbolique des mouvements, etc.).
Le symbole, est toujours susceptible d'une double interprétation ; sur le plan « réaliste » (ou technique) immédiat et sur le plan abstrait des idées, des qualités, des vertus, des attributs qu'il évoque...
Métaphore : procédé qui consiste à transférer du sens par substitution analogique. Ainsi on emprunte le mot « châtaigne » pour désigner un coup de poing, sec et dur, dans la culture du rugby.
Oppositions figurales : l'usage des deux masques : tragique et comique dans le théâtre grec est un principe fondamental de la dramaturgie des représentations théâtrales en distribuant clairement des rôles et en accusant des traits jusqu'à la caricature (observons que les masques sont utilisés dans le catch). Ils forment des couples indissociables. Les oppositions figurales « l'Ogre et le Petit Poucet », « Renart et Yzengrin », « David et Goliath », « Anquetil et Poulidor », « Carpentier et Bombardier Wells », etc., renforcent les significations symboliques de leurs relations d'oppositions et dramatisent pertinemment les contes, récits, combats qui les opposent.
Allégorie : image mythique par laquelle on rend accessible à l'imagination des lecteurs (ou présent au regard des spectateurs), un concept abstrait, une vertu, une discipline... et que l'on peut représenter par une figure dotée d'attributs symboliques (représentations personnifiées de « La Fortune », « La Concorde », « La Justice », « La Raison », « la Philosophie », etc., sur les façades, les frontispices, les peintures, etc.).
Agoraphilie et claustrophobie : respectivement goût, tendance et émo-

tions agréables pour l'évolution dans les grands espaces libres, ou, au contraire, sentiments d'angoisse qui saisit certaines personnes dans des impressions fréquentes d'enfermement dans de petits espaces.

Bibliographie

BACHELARD G., *L'eau et les Rêves*, Paris, José Corti, 1942.
BARTHES R., *Mythologies*, Paris, Seuil, Point, 1957.
DURAND G., *Les Structures anthropologiques de l'imaginaire*, Paris, Dunod, 1984.
POCIELLO C., *Le Rugby ou la Guerre des styles*, Paris, A. M. Métailié, 1983.
THOMAS R., « Motivations et attitudes », *La réussite sportive*, Paris, Presses Universitaires de France, 1975, pp. 65-85.

Questions

1. En se référant à des activités sportives différentes, contrastées ou « antinomiques », vous dégagerez quelques-unes de leurs significations symboliques ou « phénoménologiques ».
2. Quels sont, selon vous, les principaux enseignements que l'on peut tirer du « Jeu des sept familles sportives » administré à des enfants, à des adolescents et à leurs parents ?
3. Qu'appelle-t-on « l'effet Carpentier » ? Montrez sa fonction dans les spectacles sportifs. Donnez des exemples.
4. Que vous inspire l'iconographie insistante du vol ou du bondissement dans les publicités ?

6 Sociologies du sport

A. Les champs de la sociologie

1. Sociologies

C'est la science qui prend pour objet la structure et le fonctionnement des sociétés et qui se questionne, éventuellement, sur leurs évolutions historiques ou sur « le changement social » dans les sociétés contemporaines. Elle s'attache à l'organisation sociale et à la vie de l'homme en société, faite de **relations** au double sens du mot :

- relations d'attraction qui rapprochent les hommes et les « nouent » entre eux ; ce qui leur confèrent un sentiment d'appartenance, d'identité, de communauté, partageant certaines valeurs. Où réside cette énergie « centripète » et ces forces d'intégration qui soudent, entre eux, les individus d'une même société ?
- mais ce sont aussi — et irréductiblement — des relations de **conflits** et de **luttes** entre individus, groupes, classes sociales, qui les distinguent et les séparent ; fractions sociales qui s'affrontent pour exister, pour s'y faire une place, voire pour y dominer…

Les sociologues se distinguent selon l'importance qu'ils attribuent à l'un ou l'autre de ces types de relations dans la description du fonctionnement social général.

La sociologie se spécifie mieux par son type de questionnement que par ses méthodes. Elle utilise, en effet, des méthodes qui ne lui sont pas propres : l'enquête par **questionnaires** (qu'elle emprunte au sondages d'opinions, à la psychologie sociale, ou au QCM de l'Armée ; l'enquête par entretiens (qu'elle décline de la confession ou adapte des analyses cliniques approfondies chères aux psychanalystes) ; **l'observation** sur le terrain — ouverte ou armée — (que les ethnologues ont perfectionné) ; **l'analyse de contenu** de textes et de discours que les linguistes ou sémiologues ont mis au point, etc. En revanche, **elle se spécifie par son type de questionnement**. Elle permet de décrire et d'expliquer des différences observables dans les pratiques, les attitudes, les jugements, dans les manières de penser, de sentir et d'agir chez les sujets sociaux, animés par des ressorts dont ils n'ont pas nécessairement conscience et que leur impose, à leur insu, la société d'appartenance.

2. Sociologies du sport et des sports

La sociologie devait s'intéresser au sport qui est, précisément, un objet qui **unit et sépare** à la fois. Les grandes manifestations spectaculaires, réunissent, en masse, des individus appartenant à des classes sociales différentes et contribuent à créer, chez elles, un très fort sentiment d'appartenance. Mais les pratiques sportives, dans leur grande diversité et leur étonnante distribution selon les groupes sociaux contribuent à maintenir ou à accroître les distances sociales.
Une sociologie de la culture et des classes sociales (empruntée à Pierre Bourdieu) s'est appliquée à décrire et à comprendre la **distribution sociale des sports** dans notre pays. Une sociologie des organisations (inspirée de Michel Crozier) s'est attachée à comprendre la structure et le **fonctionnement des organisations sportives**. Enfin, plus récemment, une théorie du « champ social » a permis de saisir, à la fois, les jeux d'alliances et de concurrences entre « acteurs » attachés à l'existence du sport, d'en expliquer les stratégies et d'en observer les conséquences.

B. L'insolite questionnement sociologique sur la taille et le poids des Français

Une enquête sur la santé des Français, en 1980, avait pris soin de demander aux 15 000 enquêtés de préciser leur taille et leur poids. En faisant jouer les effets de grands nombres, les chercheurs se sont aperçus que de la **hiérarchie des tailles** : « grands » (de 176 cm et plus) et « petits » (de 168 cm et moins), suivait et reproduisait précisément la **hiérarchie des classes sociales** dans notre pays, telle qu'elle est représentée dans les classifications les plus neutres. En effet, en calculant la moyenne des tailles de chacune des « classes », telles que les construit la nomenclature de l'INSEE (exploitants agricoles, ouvriers, contremaîtres, techniciens, cadres moyens, cadres supérieurs, professions libérales, etc.), on obtenait curieusement une progression continue de leurs tailles (figure 1).
En rapportant la taille au poids, on obtenait aussi une étonnante **distribution sociale des corpulences**, dans notre société entre les « grands minces » (étudiants, professions libérales et cadres supérieurs...) et les « petits gros » (artisans bouchers, agriculteurs...). Cette mise en évidence

d'un phénomène — resté jusque-là invisible — appelle trois types de réflexions : une réflexion méthodologique, sociologique et « sportive » :

1. Le plus souvent le travail sociologique doit s'efforcer de faire apparaître des « structures » et des « distributions » (sinon des « lois ») de la sorte, à l'aide de méthodes dites « quantitatives ». On ne peut, en effet, dégager des « régularités » qu'en faisant jouer, **les effets de nombre.** C'est ce qu'on appelle la « description statistique » du phénomène. À chaque niveau de la recherche sociologique — et chaque fois que cela est possible — il faut travailler sur des quantités suffisantes d'observations, traitées statistiquement. Il y a là un effet salutaire (théorique) de **la méthode quantitative** permettant de rompre avec les préjugés et les

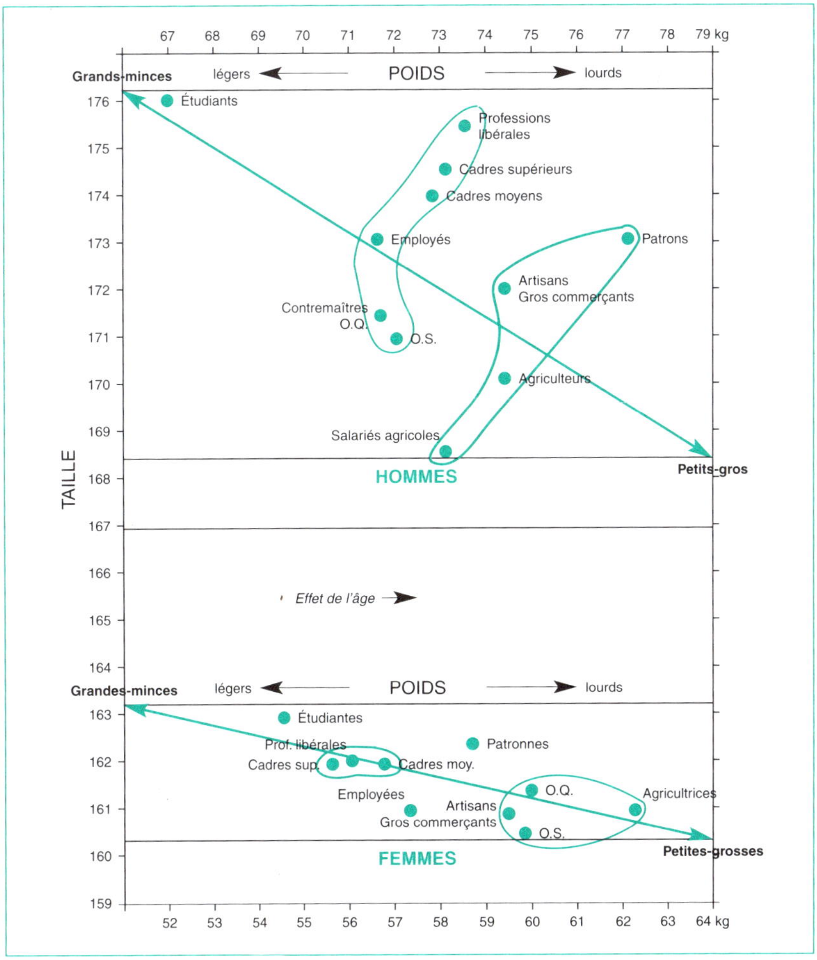

Figure 1. *Diagramme représentant la distribution des tailles, des poids et des corpulences dans la société française.* Sources : F. Heran, M. Bozon, INSEE-INED, 1984.

présupposés du sens commun. Mais la sociologie ne se borne pas à décrire ou à dégager des régularités, elle s'efforce aussi de les expliquer (*cf. infra*, « Les méthodes d'analyse multifactorielle des enquêtes sociologiques »).

2. Comment se fait-il qu'un tel phénomène social se soit produit ? On doit, pour l'expliquer, prendre une certaine distance avec une logique hasardeuse de « la biologie » ou avec les « mystères » de la génétique, pour privilégier des facteurs sociaux. On peut invoquer les différences nettes dans la pénibilité des métiers, dans les conditions de vie, les habitudes alimentaires, les rapports au corps et à la santé, les valeurs culturelles associées à la grandeur et à la minceur. Ce sont des facteurs susceptibles de façonner fortement les morphologies (et même d'influer sur les tailles) ; déterminants qui peuvent jouer à l'insu même des intéressés. On ne peut pas omettre d'invoquer le processus social de **sélection sexuelle** qui contribue, évidemment, à la reproduction (et à l'accroissement) de ces différences. Les enquêtes de l'INED sur « le choix du conjoint » ont clairement montré, en effet, que les hommes grands épousent, préférentiellement, des femmes grandes, (statistiquement) de trois à quatre centimètres, en moyenne, inférieurs à leur propre taille. Les « petits » convolent volontiers avec des petites femmes en prenant soin cependant de ménager, en moyenne, de deux à trois centimètres de différence avec elles.
3. Les soins du corps, l'activité sportive régulière, l'entraînement pour le semi-marathon, le respect strict des règles d'hygiène et des prescriptions médicales, etc., entrent, évidemment de plein droit, dans ces explications et particulièrement dans le modelage des corpulences. S'il n'est pas évidemment possible de jouer volontairement et individuellement sur sa taille, la jeune génération, bien nourrie, des sociétés occidentales développées, préservée, pendant un demi-siècle, des restrictions et des ravages de la guerre, s'est mise à grandir très significativement. C'est la preuve « expérimentale » de l'influence que les conditions de vie exercent statistiquement sur les tailles (1). Mais il est, en revanche, plus aisé, de jouer sur son propre poids. La pratique sportive et les régimes alimentaires qui la soutiennent peuvent jouer, dans ce façonnage, un rôle important. La figure du « jeune cadre dynamique » qui s'est imposée, en Europe, après la deuxième guerre, sur le modèle américain, pour les hommes, et celle du « top modèle » pour les jeunes filles en dessinent aujourd'hui les lignes idéal-typiques. La première figure, affublée du costume-trois-pièces, est — on l'a vu — représentée dans les publicités, dans un mouvement bondissant ; signe, le plus évident, du dynamisme inépuisable, associé à un homme « en forme » qui a « du ressort »...

Les femmes et les filles qui présentent, entre elles, statistiquement, un

(1) On sait aussi qu'en adoptant les modes de vie et les régimes alimentaires des occupants américains, les Japonais de la jeune génération se sont mis à grandir, après la Seconde Guerre mondiale, dans des proportions très significatives.

écart de tailles beaucoup plus réduit que celui des hommes, doivent jouer, plus fortement encore sur leur poids, pour tenter de s'ajuster aux proportions esthétiques de longueur-minceur, en vigueur dans les classes dominantes (qui défendent cette propriété comme « capital »). Ce qui explique le rappel lancinant de ce canon, par la presse féminine, saturée d'images de « top modèles » (voire même de toutes jeunes filles), et le recours des femmes aux activités gymniques ou sportives susceptibles de leur faire acquérir ou d'entretenir cette ligne. L'exigence drastique de la minceur — qui s'impose à elles — conditionnent le recours, très général, des citadines aux activités de danses, de gym-tonic, de « mise en forme », de gymnastique volontaire ou d'exercices musclant, à domicile, etc., autant qu'aux régimes amaigrissants. Elle explique aussi leur recours fréquent au tabac qui est à la fois un « anti-stress » et un « coupe-faim ».

C. Le sport comme « produit »

1. Le sport : un phénomène de société

Le sport occupe, dans le monde contemporain, une place importante qu'il est plus facile de railler — ou de célébrer — que de comprendre. Il s'est diffusé dans notre pays avec lenteur mais s'y est implanté avec fermeté. Il correspond, dans les sociétés occidentales développées, à une demande croissante d'activités, à finalités extrêmement variées (récréatives ou stimulantes, expressives ou éducatives, ludiques ou compétitives), mais qui traduisent, toutes, la recherche, par les pratiquants, de bienfaits, de bien-être, de vitalité accrue, de formes renouvelées de sociabilité, etc. De plus, elles renvoient à des modèles et à des signes d'excellence, de dynamisme et de jeunesse auxquels nul ne peut rester insensible.

Le sport recouvre, comme pratique, une irréductible variété d'activités qui ont chacune, une vie propre. C'est une pléiade de types d'affrontements, de techniques élaborées, en vue de la compétition, d'exploits inouïs réalisés grâce à des « machines ludiques » créées, par les pratiquants eux-mêmes, pour leur plaisir propre [2].

Le sport exploite, tous les registres de la motricité où l'homme peut pousser ses excellences : vitesse, adresse, résistance, endurance, force, etc. Grâce à son ingéniosité gestuelle, ses possibilités cérébrales et intellectuelles et grâce aussi aux appareillages qu'il parvient à asservir à son corps, l'homme peut naviguer, voler, plonger, grimper, glisser, rouler, chuter, s'engouffrer, etc., sur un mode sportif, qui élargit considérablement ses espaces d'évolution. Exerçant, en permanence, sa créativité dans ce registre ludique, il peut le faire librement dans une « pleine nature civili-

(2) Il en est ainsi du surf, de la planche à voile, du parapente, de l'hydro-speed, notamment, qui n'ont jamais été des appareils utilitaires, mais qui ont fait l'objet d'un usage ludique passionnant dès leur invention.

sée », immédiatement accessible, mais son esprit d'aventure le pousse parfois vers des espaces hostiles et des conditions extrêmes qui transforment ses conditions de vie et élargissent considérablement ses limites physiologiques. Cet accroissement des « latitudes fonctionnelles » de l'homme fascinent le grand public, absorbent les physiologistes de l'effort extrême (si ce n'est les biochimistes), et contribue à modifier la conception que l'on se fait de la santé.

Mais ces techniques du corps et ces exploits agoraphiles exigent, pour se développer et se transmettre, des traditions solides et des organisations stables. Des institutions offrent leurs services, recrutent des prosélytes, animent et encadrent des adeptes. D'autres fabriquent et distribuent des appareillages. Des institutions produisent et gèrent spécialement des élites sportives tandis que d'autres cherchent à les mettre en spectacles. D'autres instances, enfin, sélectionnent les activités, les traitent et les adaptent à des fins hygiéniques et esthétiques, scolaires ou éducatives, etc. Aussi le sport revêt-il, dans une société donnée, tous les caractères d'un « **produit** », façonné, résultant de multiples influences.

2. Le rôle de la société

À un premier niveau d'analyse, il faut voir, en effet, que c'est **un produit façonné par la société** (ou le groupe social) qui l'invente, qui l'adopte ou qui se l'approprie. C'est **un produit structuré, d'abord, par les cultures nationales**. On le perçoit bien, aujourd'hui, dans le registre des sports collectifs. Sur le vieux continent s'est enraciné, depuis plus d'un siècle, le rugby à XV, tandis que les États-Unis d'Amérique ont infléchi un sport, de même origine, en y ajoutant des conditions réglementaires qui accroissent considérablement le degré d'investissement de la violence légitime dans les affrontements. Cela révèle-t-il une culture de la violence, plus débridée, plus endémique ? Dans tel pays, le football (à onze) peut devenir festif et saisonnier et produire au Sénégal, par exemple, les « navétanes », à la sociabilité chaleureuse, tandis qu'ailleurs, il a pu se décliner selon les simulacres dansés des affrontements guerriers. Dans une Allemagne, à l'industrie florissante, s'impose un football très collectif et hyperationalisé, tandis qu'au Danemark, dans une société qui reste très attachée à sa culture rurale, se produit un football ludique, « folklorique », décontracté, beaucoup moins rationalisé… Le renouveau des fêtes carnavalesques produit, dans cette même culture, le phénomène original des *roligans* ; supporters pacifiques, mixtes et « bon enfant » qui n'ont rien de commun avec les hooligans anglais les plus violents, issus des villes industrielles en déshérence, autour des mêmes rencontres enflammées de football.

Un autre exemple suffira à démontrer que les jeux sportifs, largement diffusés sur la planète, ont déjà connu les effets de ce même processus de façonnage culturel différenciateur, dans un passé plus lointain. C'est celui des dérives qu'a connu un même genre de jeu, de part et d'autre de la Manche, sous l'influence de la différenciation des cultures et des modes de vie de la classe aristocratique.

Il existait, dans le passé, une même souche de jeux, très diffusés et appréciés, dans de nombreux pays d'Europe : appelée **jeux de crosse**. L'existence de ces jeux utilisant un bâton recourbé, aux applications ludiques innombrables, est attesté jusque dans les enluminures du XIVe siècle. On peut le trouver dans une variante vigoureuse de la soule (« chercher des crosses »), ou l'utiliser, plus calmement, pour atteindre, à tour de rôle, un trou fixé comme objectif, ou bien encore définir un jeu dans lequel on peut défendre ce même but à coups de crosse. Dans les pays glacés du nord, sa forme collective trouvera à se combiner logiquement avec le patinage hivernal de rigueur (hockey sur glace ; de *hook* : crochet). En climats plus cléments, figurent, parmi les formes les plus courues, le « jeu de mail » (ou « mailloche »). Celui-ci consiste à chasser une bille de bois à l'aide d'un maillet et à lui faire parcourir, avec le moins de coups possibles, un parcours de terre battue, semé d'obstacles et de détroits, désignés d'avance, jusqu'à ce qu'elle touche un but. C'est généralement un jeu d'adresse sur l'espace limité et bordé du « billard de terre » (XVIe siècle) mais qui peut devenir un jeu sollicitant force et adresse si le parcours convenu est très vaste, sur les chemins et sur les prés, à travers la campagne... (J.-J. Jusserand relève des traces de ce jeu de mail, de longue distance campagnarde, dans la région de Montpellier jusqu'à la fin du XIXe siècle).

En France, le jeu de crosse est devenu surtout le « mail-billard-de-terre » (1600-1700) tandis qu'en Angleterre se pratique, au même moment, le *cricket* qui est une variété de jeu de crosse dans lequel on défend un guichet (but). À Paris aux XVIe et XVIIe siècles, on compte deux ou trois des plus beaux « mails de terre », ombragés, bien entretenus et encadrés par des petites bordures de bois qui permettaient de jouer aussi « par la bande »... Cette limitation spatiale et cette urbanisation n'est pas de mise, en Angleterre, où l'on préfère jouer sur les grands espaces qu'offre les nombreuses prairies d'un pays d'élevage. Mais c'est moins le cadre géographique ou climatique que des facteurs culturels qui sont en jeu dans le jeu. La dérive que connaîtra ce même jeu en France et en Angleterre montrera clairement, en effet, l'influence que les cultures, ici et là, vont lui faire subir. En Angleterre, sous l'influence de **l'idéal de vie à la campagne** des gentilshommes, et du soin pointilleux que les autochtones apportent à l'entretien de leurs gazons (*lawn* et *green*), les variétés du jeu de mail vont se transformer progressivement en *cricket* de grand-air et en *golf* à trous sur de vastes espaces verts. Tandis qu'en France, sous **l'influence de la Société de cour** et de l'hégémonie culturelle de gens qui la constitue ou la fréquente, le mail va se transformer radicalement pour s'imposer bientôt, chez les gens de qualité (des deux sexes), comme « croquet de jardin » (évidemment « à la française »), puis en « billard de salon », propice à la conversation mondaine, aux badinages amoureux et aux subtiles discussions qu'inspire la gracieuse géométrisation des trajectoires. Un certain mépris pour toutes les activités de la campagne se manifeste là pleinement dans toutes les activités ludiques de « l'homme de Cour » et/ou de « l'honnête homme » dont la figure exemplaire reste le parisien. Observons que c'est aussi en France que le « jeu de longue paume », initialement pratiqué sur les places des villages (à l'instar de la « balle de tambourin ») va, subissant le même processus d'urbanisation, se confiner dans les « tripots » pour donner le jeu — carrelé, fermé et couvert — « de courte paume ». On comprend aussi pourquoi en Angleterre le tennis se jouera sur gazon, tandis qu'en France il adoptera finalement la terre battue. Le *mail* deviendra donc logiquement, Outre-Manche, le *golf*, *cross the country*, et le *cricket* tandis qu'il s'urbanise fortement, au siècle de Louis XIV, pour se métamorphoser en billard de salon qui ne conserve, de ses lointaines origines, qu'un tapis rectangulaire de feutre vert…

S'adaptant à un tout autre contexte culturel, en Perse au XVe siècle, le *mail* avait déjà connu une curieuse transformation, en se pratiquant à cheval, pour donner un sport (le *polo*) que les Anglais des Indes ne tarderont pas à réglementer, au XIXe siècle…

3. Les transformations sportives dans le temps

Il faut voir aussi, et comprendre, que le sport est un **produit évolutif** qui subit, à travers le temps, des transformations sensibles et significatives. Des sports naissent, se développent et meurent selon des cycles de vie signalés (voir chapitre « Éléments de démographie sportive »). D'autres mutent ou évoluent comme des êtres vivants. L'histoire des jeux sportifs nous en a convaincu.

À la fin du XIXe siècle, par exemple, les activités gymnastiques, qui dominent en France, subissent le « télescopage » avec les sports anglais qui les obligent à évoluer. Beaucoup d'activités gymniques se « sportivisent » sous leur influence. La natation autochtone, marquée jusque-là par sa fonction utilitaire de sauvetage, s'oriente alors vers la natation compétitive de vitesse qui transforme radicalement ses techniques (*crawl*) (3). De même, dans les années 1975 apparaissent, en France, de nouvelles formes de pratiques, venues de la côte ouest des États-Unis, qui ont comme particularité de s'opposer aux sports de la tradition anglaise. Ces « sports californiens » entraînent un profond renouvellement, à la fois symbolique et technique, du système des pratiques légitimes, jusqu'à provoquer de nouvelles manières de pratiquer des sports anciens (escalade libre, vélo de montagne, gymnastique douce, etc.).

(3) Thierry Terret, *Naissance et Diffusion de la natation sportive*, Paris, L'Harmattan, coll. « Espaces et temps du sport », 1994.

4. Le sport : un marché

Or si l'on adopte ce langage, emprunté à la théorie économique : « produit » — façonné et évolutif — « cycle de vie », on admet aisément que tout produit, suppose l'existence de **producteurs**. Ce sont les agents qui les produisent et les façonnent, à leur convenance, dans un **marché** concurrentiel. Le marché est le lieu où s'ajustent mutuellement l'offre et la demande de produits sportifs (pratiques, consommations, spectacles, images, commentaires, etc.).

Selon les économistes, en effet, la demande d'activités sportives ne peut exister que parce qu'il existe une offre préexistante ; la demande est orientée, suscitée, structurée, produite véritablement par l'offre. Si l'on peut discuter de cette option théorique, il est possible d'identifier les « producteurs de l'offre » en matière de « produits sportifs » et en dresser la liste non exhaustive. Ce sont principalement les éducateurs, les fédérations sportives, les collectivités publiques, les industriels, les marchands, les services privés, les organisateurs de spectacles, les journalistes et les média. Comme nous l'avons dit, les pratiquants eux-mêmes participent à cette production dès lors qu'ils inventent un nouveau geste, ou qu'ils utilisent le nouvel engin qu'ils ont, de toutes pièces, créé... On comprend que chaque type « d'acteurs » les conçoivent, les façonnent et les promeuvent en fonction de leurs intérêts propres qui ne sont pas toujours conciliables. On le voit clairement, par exemple, dans les conflits idéologiques qui ont opposé, dans les années 1960, les éducateurs physiques et les fédérations sportives à propos du statut de la compétition. Les pédagogues longtemps, hostiles aux formes sélectives qu'imposent la compétition, se dressent, alors, contre les instances fédérales qui s'emploient à l'organiser systématiquement dès le plus jeune âge...

On le perçoit aussi dans l'âpre concurrence que se livrent, actuellement, les fédérations — qui décernent des titres sportifs symboliques (médailles, ou titres de champion) — et les organisateurs d'exhibitions spectaculaires, très richement dotés, pour les athlètes qui acceptent d'en constituer le « plateau » et d'y réaliser des performances. Attirés par ces gains, certains athlètes-recordmen désertent ainsi les championnats (nationaux voire même internationaux) pour participer à ces manifestations et gérer ainsi financièrement, au mieux, leurs exploits annoncés ou la progression mesurée de leurs records...

Certaines de ces « institutions offreuses » sont plus étroitement liées à l'existence de pratiquants sportifs tout venant ou à la quantité des consommateurs. Elles ont intérêt à voir s'accroître leur nombre, leur fidélité et leur solvabilité. C'est le cas des fabricants de raquettes, de skis ou de « surf-des-neiges ». En revanche, la marque de maillot de bains *Aréna* cible plus étroitement son public car elle est plus attachée à la quantité de bons nageurs de compétition et aux habitués des piscines qu'au marché très fluctuant des baigneurs estivaux. Si la compétition exige fonctionnellement un maillot strict, près du corps, observons que les bermudas sont interdits en piscine pour de légitimes motifs hygiéniques. Ainsi, toutes ces instances cherchent à imposer « une bonne manière de pratiquer, de s'exercer, de s'équiper ». C'est ce qui les met souvent en oppositions ou en concurrence, jusque dans le style vestimentaire.

Ainsi les fédérations règlementent-elles strictement les activités (et les standardisent) en définissant leurs cadres normalisés d'exercices (stades, piscines, gymnases, etc.) ; ceci en vue de l'organisation des compétitions nationales ou internationales. Mais des courses sur routes, des descentes de rivière à la nage, des *tumblings* et trampolines en plein air, etc., se développent, en dehors de ces cadres et hors du contrôle fédéral. Des manifestations s'organisent à l'initiative de groupements privés plutôt attachés au caractère festif, folklorique, attractif des activités et au caractère sensationnel des spectacles qu'elles offrent. Ce sont donc des activités qui concurrencent et gênent les fédérations qui souhaiteraient pouvoir s'en assurer le monopole. Des concurrences, des rivalités et des conflits en résultent.

5. Les processus de production

Qui dit produits et producteurs, dit aussi : « processus de production ».

On évoque là, en effet, un processus complexe de production des produits sportifs qui se développe dans le temps — et, comme on l'a vu *supra*, dans le temps historique — résultant d'un ajustement, parfois spontané, parfois difficile, entre plusieurs instances en interactions.

On prendra l'exemple de l'essor du vélo, au tout début du XXe siècle. Ce développement ne résulte pas seulement de l'invention d'un nouvel engin dans une société industrielle et machinique qui le rend concevable. Sa diffusion dépend d'abord de l'imposition d'un certain usage. Cet usage est le produit façonné, concerté, entre trois principales instances :

- **des industriels** (fabricants de cycles) cherchant à diffuser leur produit, plus largement que ne le permettait son usage chic, distingué, aristocratique, c'est-à-dire réservé ;
- **des coureurs,** recrutés dans le peuple, portés par les enjeux de professionnalisation, qui ont acquis, par l'usage précoce et intensif de l'engin, une endurance à toute épreuve et qui servent, à la fois, de « pilote d'essais » d'un fabriquant et de vecteur promotionnel d'une marque ;
- **d'une presse** (elle-même « industrielle »), qui organise, patronne et prime des compétitions, s'assure le monopole de leur reportage en célébrant les exploits des coureurs et en héroïsant leurs performances, tout en diffusant… la publicité des marques de bicyclettes.

L'invention et l'organisation, dès 1903, du Tour de France cycliste, par le journal *L'Auto* (qui va « couler » ainsi son principal concurrent : *Le Vélo*) résulte directement d'un premier ajustement d'intérêts. Il va parvenir à imposer un usage compétitif, énergétique et épuisant, du vélo, sur les routes circumnationales les moins « carossables » de France… La fonction de loisir et de promenade, réservée à une élite fortunée, jouée initialement par la machine (du fait de son coût important), se double aussitôt d'une fonction utilitaire et « passe-partout » soulignée par le passage des champions exténués à travers la campagne. Ce qui va permettre aux ouvriers de l'employer pour se rendre à leur travail et d'élargir bientôt leur espace de loisirs dominicaux. Ce sont les « économies d'échelle », réalisées par les fabricants (grâce à la diffusion des vélos, en plus grand nombre), qui font mécaniquement baisser leur prix ; sa pratique s'offrant ainsi, en retour, à plus de monde. Ses usages ludiques, sportifs, compétitifs, acrobatiques, etc. vont ainsi se diffuser et poursuivre leur diversification dans les clubs omnisports qui l'adoptent dans une panoplie attrayante d'activités. On ira jusqu'à organiser des matchs de « polo-vélo » (qui, a-t-on dit, est « le polo du pauvre »).

Sous l'influence de la compétition et dans la recherche des performances, les machines se perfectionnent sans cesse (allégement, pneumatiques démontables, roue libre, dérailleur, etc.), produisant une bicyclette, légère, d'usage aisé, décuplant la vitesse et l'énergie de l'usager. Ces perfectionnements, issus de la compétition d'endurance et de vitesse, se communiquent aux utilisateurs les plus modestes, qui y trouvent plus de facilité d'apprentissage et de confort d'utilisation. Et ainsi de suite [4]… Observons que la « prolétarisation » — puis la « démocratisation » du vélo — entraînent, par réaction, la fuite des classes dominantes vers des pratiques différentes ou des modalités ajustées. Si le vélo est devenu, par la force de ces choses : « la vitesse des pauvres », son usage bourgeois se définira bientôt, selon le mot heureux de Philippe Gaboriau, comme « la lenteur des riches » ; ces derniers l'utilisant, volontiers pour leur contemplation esthétique et touristique des paysages. Mais pour accroître leur rayon d'action, dans ce registre même — qui ne fait pas de l'endurance ni de l'épuisement énergétique, une valeur — les classes aisées vont adopter rapidement la motorisation que l'industrie adjoint bientôt à l'engin. En glissant, enfin, vers d'autres activités motorisées, encore plus onéreuses (automobiles, canots automobiles voire aéroplanes), la bourgeoisie et l'aristocratie vont réintroduire une distance sociale, renouveler le symbole, augmenter leurs prestiges… Le journal *L'illustration* et la *Vie au grand air* en portent alors témoignage…

À travers cet exemple de la variation — très nette et très signifiante — des usages d'un même engin sportif qui distinguent, par exemple, dans l'emploi du vélo, à un moment donné : la « lenteur des riches » (cyclotou-

(4) Georges Vigarello a proposé une remarquable *Histoire culturelle du sport* dans laquelle, l'évolution des techniques et des pratiques est systématiquement mise en relation avec les contextes et acquis culturels qui les impulsent et les façonnent. *Une Histoire culturelle du sport ; techniques d'hier et d'aujourd'hui*, Paris, EPS, Robert Laffont, 1988.

risme, promenades, randonnées, contemplation esthétique des paysages, etc.) et la « vitesse des pauvres » (compétitions de vitesse ou d'endurance, records personnels pour parcourir la distance de son lieu de résidence à son travail, etc.), on peut comprendre la pertinence du concept sociologique d'usage social* de tel objet ou de telle technique (P. Bourdieu, L. Boltanski, J. Defrance...).

À travers l'exemple donné des reconversions sportives de la bourgeoisie (vélo-moto-auto, etc.), on peut saisir le processus — et le sens habituel de circulation des modèles dans l'espace social — généralement orienté de haut vers le bas de la hiérarchie sociale (Luc Boltanski, 1971). Dans les deux cas, on trouvera intérêt à ne pas raisonner dans le cadre strict d'un seul sport (ou d'une seule modalité), mais on s'efforcera de les mettre en relation mutuelle pour saisir la logique des flux, des circulations, des « (re)conversions » (la reconversion, aujourd'hui, d'anciens tennismans dans le golf en est l'exemple le plus parlant).

Les pratiques dépourvues d'appareillages connaissent, de semblables processus de production. La course à pied, par exemple, dont on pense avec quelque candeur, qu'elle doit essentiellement à la manière « naturelle » de courir, obéit, en réalité, aux mêmes processus d'ajustement. Gérard Bruant a pu démontrer que la course à pied est, en réalité, « un objet culturel complexe qui est, [à chaque étape de son histoire], le produit d'une œuvre collective [...] Par leurs actions et par leurs interactions, les principaux acteurs du milieu sportif (athlètes, dirigeants, techniciens, entraîneurs, spectateurs...) sont parvenus à mettre en scène l'effort physique [correspondant] et, par là même, à le mettre [littéralement] en forme » [(5)]. On comprend que ce processus de production ne soit pas dénué de luttes et de conflits pour la définition du « bon usage », de la « bonne manière de courir » qu'un état défini du rapport de forces momentané, entre les acteurs concernés, parvient à imposer (au moins provisoirement)...

Sous l'influence de l'environnement économique, culturel, social, technologique, etc. les rapports de forces au sein de cette mini-société ; (« champ » de luttes et d'alliances) peuvent se modifier. Les facteurs correspondants peuvent directement exercer leur influence sur l'activité comme on vient de le voir à propos du poids considérable des déterminants industriels, économiques et médiatiques sur le développement massif du vélo dans notre pays. Sans un certain état de développement technologique et industriel de la société, cet engin n'est pas concevable. Sans la presse, à grand tirage, il n'est pas capable d'une telle diffusion. Et sans la liaison étroite qui s'est, d'emblée, établie entre la presse spécialisée et l'organisation des grandes compétitions populaires, sur route, les amateurs dominicaux de la « Petite Reine » n'aurait sans doute pas, aujourd'hui, cette allure, bien groupés en peloton, qui les fait ressembler aux coureurs du Tour de France.

(5) Gérard Bruant, *Anthropologie du geste sportif*, Paris, PUF, 1992.

6. Des sociologies différentes

Cette manière inhabituelle de présenter le sport comme produit, façonné par des « producteurs de l'offre » (qui définissent ses fonctions dominantes et ses usages légitimes) — et qui structurent la demande d'un public consommateur — fait la part belle aux modèles économiques. C'est en effet la transposition, dans notre domaine, de concepts économiques. Au prix d'une certaine complexification, elle a le mérite de « démystifier » le sport, comme activité libre, récréative et bienfaisante, des individus (sujets souverains de leurs choix) et de déplacer l'attention sur **les déterminants socio-économiques qui le structurent**. Pour saisir les différents aspects du sport, ainsi dévoilés et distingués, il faut mobiliser des sociologies différentes.

Dans le prolongement direct de cette présentation, on peut, en effet, y distinguer, trois grands objets de la sociologie du sport. Chacun y est explicitement évoqué :

- **La sociologie de la demande de produits** : assimilés à la demande de pratiques et de consommations par les différentes catégories sociales du public. On s'interroge là sur les goûts et les comportements sportifs de la population dont on a vu qu'ils n'étaient pas produits par hasard. Comment se répartissent-ils dans notre société ?
- **La sociologie des organisations productrices :** « mini-sociétés » qui ont une autonomie relative de fonctionnement (écoles, fédérations, services commerciaux, industriels, etc.) et qui structurent le sport, à leur manière, selon les fonctions sociales qu'elles assurent spécifiquement (éducation, intégration, production de l'élite, spectacles télévisés). Comment fonctionnent-elles ? Quels intérêts satisfont-elles et quels usages cherchent-elles à imposer ?
- **La sociologie du champ socio-sportif français :** espace plus large où les différents instances productrices du sport entrent en concurrence et/ou en relations d'alliances, y engagent des stratégies pour assurer leur existence en pesant sur son devenir.

D. Propriétés techniques et dispositions sociales

1. Le sens de l'instrumentation

Sous l'extrême diversité des pratiques — maintes fois soulignées — on peut percevoir tout un **monde social**. Déjà les enquêteurs observent aujourd'hui, que, dans la société française, les taux de pratique sportive s'accroissent régulièrement avec l'augmentation du niveau des diplômes. Ce sont les jeunes cadres diplômés des grandes métropoles qui pratiquent le plus régulièrement et intensément. Mais que pratiquent-ils ?

Ils ne sont guère attirés par les sports qui reposent sur une mise en jeu naïve, spontanée, et plus ou moins violente du corps, dans les affrontements collectifs au corps à corps, que célèbrent, depuis leurs origines, les jeux populaires (voir les chapitres « Approche protohistorique... » et « Esquisse d'une histoire sociale... »).

Ils s'orientent, plus volontiers, vers un ensemble d'activités sportives, soigneusement traitées, généralement **instrumentées** et **ultra-techniques**. Ces propriétés assurent aux classes favorisées, qui les maîtrisent, une domination sportive garantie tout en leur conférant un certain prestige social dans ce registre même. Voile, tennis, ski, golf, équitation, polo, etc., sont toutes des pratiques sélects qui reposent sur une profusion d'instruments ou de machines et qui exigent une certaine maîtrise technique de ces engins. Certes, ce sont des pratiques onéreuses dont on peut penser qu'elles sélectionnent leur public par l'argent. En réalité, ce sont d'abord des sports instrumentés qui transforment radicalement les rapports au corps et qui introduisent la plus subtile des médiations : **la médiation de maîtrise technique.**

La maîtrise du cheval dans le *jumping*, et de ce que l'animal garde de sauvagerie, par la cavalière, en donne le ton. La longueur des apprentissages académiques de l'escrime en fournit un autre exemple. On comprend déjà que les maîtrises techniques sont socialement ségrégatives par la consommation de temps qu'exigent les apprentissages et les perfectionnements les plus sophistiqués. Un plaisir esthétique, associé à une impression — et à une expression — d'aisance, peut naître dans la réalisation de ces gestes complexes.

En remarquant que les appareillages véhiculants les plus divers ont, depuis longtemps, donné lieu à des usages ludiques et des exploits sportifs de la part des classes aisées (bateaux, vélos, motos, autos, canots automobiles, aéroplanes, etc.), on peut voir que les sports n'excluent nullement que l'on puisse cumuler les plaisirs de la maîtrise des pilotages, les exaltations de la vitesse et les joies de la découverte.

La distance sociale aux « sports-guerre »

« Les sports d'équipe représentent, en quelque sorte, des “sports-guerre”, où une équipe attaque l'autre et où l'on parle en termes de stratégie, de tactique, de camps. À côté d'eux, on voit monter des sports où la bataille est contre soi-même et avec les éléments. C'est typique de ces sports individuels qui utilisent le vent, la vague, la pente, la glisse... Ce qui passionne dans ces sports nouveaux, c'est le fait qu'on est seul vis-à-vis de la nature et de ses énergies que l'on essaie de capter avec une machine adaptée à cette fonction. Sur sa planche on est à la fois hauban, contre-poids, gouvernail... et on est complètement intégré, de manière cybernétique, avec sa machine. Et ce qui joue là un rôle décisif c'est l'information dont on a besoin pour son guidage. C'est cela qui m'apparaît significatif de ces sports nouveaux. Dans ces “éco-sports”. une nouvelle génération de sportifs se cherche des terrains, en dehors des stades, dans la nature où on se retrouve à quatre-cinq copains dans une bon “spot”, un endroit idéal, à un moment donné (mais où, à tout instant les conditions peuvent changer) pour la conquête des éléments, le dépassement de soi-même et le plaisir hédoniste. »

Sources : Joël de Rosnay, Interview par la revue *Éducation physique et Sport*, 1984.

Ainsi perçoit-on toutes les possibilités qu'offrent ces types de **sports machiniques**, à forte composante technologique, à l'investissement de propriétés culturelles, de connaissances savantes et de compétences informationnelles* acquises hors même du registre sportif. S'en suit, de la part de ces fractions de classes sociales, un jeu de démarquage social et idéologique.
En somme, lorsque l'on monte dans l'espace social (et particulièrement lorsque augmente le niveau des diplômes), les sports adoptés se dotent (statistiquement) d'instruments et de machines, appelant et révélant, dans tous les cas, un changement radical de statut de la pratique. Celle-ci ne se donne plus, ici, à vivre — ni à voir — comme effort, moins encore comme mise en jeu de la force physique ou de la violence, mais comme technique, aux deux sens (gestuel et instrumental) du terme.

2. Groupes sociaux et rapports au corps

Ces sports techniques ont pour effet d'individualiser fortement le pratiquant dans ce rapport subtil à la technique et dans l'introduction d'une certaine distance « de garde », à l'adversaire. Il en est ainsi du tennis, qui apparaît, depuis ses origines, comme l'un des sports les plus « culturalisés », en ce qu'il est conçu, dans sa structure même, comme une pratique courtoise obligeant à contenir la violence des coups. Ce que cherchent et valorisent ici ses pratiquants de bon niveau, ce sont **des gestuels de maîtrise et de contrôle du corps**, s'accordant avec le rapport particulier que l'on entretient, dans ces groupes sociaux, avec son corps propre ; rapport fondé sur les valeurs de « forme » et de « grâce » (qui font « le style ») et aussi sur cette relation particulière faite d'écoute cenesthésique*, attentive et exercée, du corps et de ses pulsations, exigée par les techniques les plus complexes. Comme on le proclame, avec insistance, chez les fractions nanties en capital culturel (« intellectuels », toujours portés, à travers leurs pratiques, à un **double démarquage social**) : « Il ne s'agit point, d'être le plus fort ou le plus agressif, non plus que de posséder la machine la plus grosse et la plus puissante, mais d'être le plus habile à tirer le meilleur parti d'une instrumentation simple et légère... » Ce sont ces dispositions socioculturelles qui structurent ces pratiques distinctives des « intellectuels » (*cf. supra* la position de Joël de Rosnay), dans leur double opposition aux pratiques — jugées vulgaires, musculaires et violentes — de la classe populaire et aux pratiques honnies — parce qu'ostentatoires et opulentes — de la bourgeoisie.
Ces appréciations et dépréciations offrent un contraste saisissant avec l'apostrophe, déjà signalée, lancée à notre adresse, par le « lanceur lourd » (athlète compétiteur du lancement du marteau), auquel on demandait son avis sur l'équitation. En formulant sa réponse, de manière provocante

(« Le jour où le cavalier prendra son cheval sur le dos, alors ce sera du sport ! »), il manifeste, à son égard, une certaine hostilité. Toutes ces remarques, qui sont toujours chargées de jugements normatifs (valorisations ou dépréciations), sont situées, on le voit, aux antipodes l'une de l'autre. Elles nous dévoilent clairement :

- l'existence d'une lutte permanente pour la définition sociale, légitime et dominante, du sport ; lutte dans laquelle sont engagés tous les sportifs quelles que soient leurs classes sociales d'appartenance ;
- le poids inducteur, dans le jeu de ces appréciations et dépréciations, du **mode privilégié d'investissement de son propre corps** dans le sport ;
- le rôle important que joue la culture incorporée (*habitus*) ; schèmes précocement acquis, dès la prime enfance, et qui conditionnent largement les usages préférentiels du corps, dont ses usages sportifs ;
- les effets que produisent, dans les discours et jugements tenus sur le sport, ce que l'on nomme **les effets de positions**. Ceux-ci résultent de la vision particulière que l'on se fait de cet univers de pratiques et de symboles, du fait de la position particulière que l'on y occupe. Cet univers est bien, en réalité, un espace social que l'on peut « voir de haut » ou « d'en bas » ; selon des perspectives radicalement différentes.

C'est autour de ces questions que se noue la problématique de **la distribution sociale des pratiques**. En effet, les sports se constituent « en système » en se distribuant régulièrement dans l'espace social et l'on a pu saisir ce rapport d'affinité systématique qui s'établit, à un moment donné de l'histoire, entre certains types de sports et certains groupes sociaux. C'est un curieux **rapport d'affinité** que le « sens pratique » perçoit (preuve que les sports se sont bien constitués comme marqueurs de classes) et que les statistiques confirment (les enquêtes nationales, l'objectivent dans leurs sondages périodiques). D'ailleurs les jeunes adolescents l'identifient confusément dans le « jeu des sept familles sportives ».

E. La distribution sociale des pratiques et des goûts sportifs

Pour pouvoir lutter dans le « combat social », se faire une place dans la société, faire face aux âpres concurrences qui s'y manifestent, il faut pouvoir disposer « d'armes sociales » particulières. On peut considérer qu'il existe, en effet, quatre principaux types de ressources et de pouvoirs pour pouvoir figurer efficacement dans ce combat :

- **le capital économique** est une abstraction, objectivable à travers l'indicateur des rémunérations et du patrimoine dont on dispose, ou dont disposent les parents du sujet ;

- **le capital culturel** est appréciable à la durée des études et au niveau des diplômes obtenus. Il peut être acquis au sein du système scolaire et universitaire mais peut être aussi hérité (comme le capital précédent), du fait de l'imprégnation dans un milieu intellectuel ou artistique très riche. Le capital culturel peut être accumulé dans une lignée familiale, par plusieurs générations, occupant cette même position et transmis ;
- **le capital social** désigne le réseau des relations sociales dont on dispose (déjà familialement) puis que l'on est parvenu à tisser et à développer personnellement. C'est un réseau de « relations » sur lequel circule de la crédibilité et de la confiance (exploitables) et qui s'accompagne des soutiens, entraides et solidarités que l'on peut toujours mobiliser à son profit ;
- **le capital symbolique** est lié à la célébrité et au prestige social que peut fixer une personnalité et qui relève de la concentration de l'énergie sociale, captée, comme par magie, sur un très large public. Bernard Tapie, J.A. Samaranch, Jean-Claude Killy, Éric Tabarly, etc., toutes célébrités de la politique ou du sport, sont parvenues à cristalliser, sur leurs patronymes, ce capital d'« énergie sociale », qu'il est possible de transférer et d'exploiter dans des domaines sociaux, politiques, professionnels les plus divers. Aujourd'hui, la présence dans les médias joue ici, on le comprend, un rôle capital.

En tenant compte, essentiellement, des deux premières espèces de capital (économique et culturel), définies ci-dessus, on peut situer chaque individu — et le groupe auquel il appartient — sur un espace à deux dimensions. Pierre Bourdieu et Monique de Saint-Martin [(6)] ont ainsi construit, en 1976, « l'Espace des Positions Sociales » (EPS). Sur la verticale, on situe le **volume global du capital détenu** (exprimant ce que l'on peut nommer, trivialement, l'importance « du bagage »). Sur l'horizontale, on situe la **structure du capital**, du point de vue du rapport entre le « capital culturel » et le « capital économique » détenus (composition « du bagage »). La figure 2 schématise cet **espace des positions sociales**.

Il est tout à fait concevable de situer précisément les différentes pratiques sportives sur cet espace, par simple superposition, en fonction des rapports de **régularité statistique** que l'on peut relever entre certains « types de sports » et certains « groupes sociaux ». En menant une enquête quantitative sur chacun d'eux, on s'est interrogé sur la question : « Qui pratique électivement ce sport ? » Quelle groupe social l'adopte le plus volontiers ? En termes plus précis, on voudrait relever les catégories sociales qui constituent « le noyau dur », (de concentration), de ses pratiquants les plus fidèles, assidus, passionnés…

Faute de pouvoir enquêter sur tous les sports (afin de pouvoir tous les « positionner » avec précision sur cet espace), on a procédé, *a priori*, à une **catégorisation des sports** en fonction des modes d'investissement privilé-

(6) Pierre Bourdieu, Monique de Saint-Martin, « L'anatomie du goût », *Actes de la recherche en sciences sociales*, n° 5, octobre 1976.

Figure 2. *L'espace des positions sociales (P. Bourdieu, M. de Saint-Martin, 1976).*

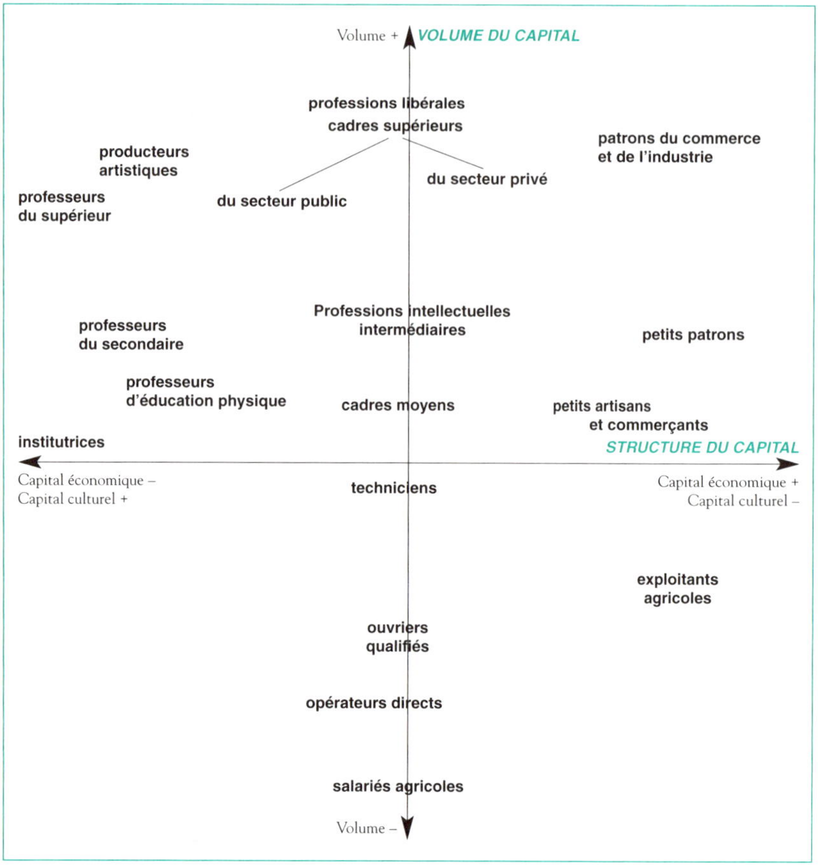

gié du corps qu'ils supposent. On a donc choisi de travailler sur **quatre types de sports antinomiques**, où dominent respectivement **la force** (haltérophilie, rugby ou lutte), **l'énergie** (courses de grand fond ou cyclisme sur route), **la grâce** (danses, patinage artistique ou GRS) et **les réflexes** (kayak de descente de rivière, vol libre, vol à voile ou acrobatie aérienne). On a pu définir ainsi un panel de pratiques très contrastées qui représentent, à la fois, des oppositions techniques (bio-mécaniques, bio-énergétiques, bio-informationnelles), mais qui recouvrent, en même temps, des vertus et des valeurs culturelles différentes. On a pu voir ainsi que la force — assez dépréciée par les classes supérieures, par les femmes et/ou par les fractions sociales à fort capital culturel — peut être, en revanche appréciée par certains ruraux, et se présenter, dans plusieurs pays, comme une sorte de « conservatoire des vertus viriles et de la force paysanne » (rugby occitan, « force basque », « force celtique », « force écossaise »). Elle se traduit notamment dans le canton le plus rural, situé au cœur de la Suisse, par une bonne résistance des activités qui la privilégient. Au contraire, la production de la figure gestuelle, esthétique et artistique — très prisées par les filles et les femmes des grandes villes — constitue une « culture de la grâce », et de la forme opposée aux valeurs viriles généralement associées à la force.

On s'est donc employé à dessiner, d'abord, **la structure sociale du recrutement**, de chacun des types de sports retenus (par rapport à « l'espace des positions sociales »). Pour ce faire, on s'est imposé, avec rigueur, une procédure de pointage simple (sur le système de référence adopté), à partir d'un échantillon représentatif de pratiquants. En dessinant ainsi la structure sociale du recrutement de tel sport, on peut relever la position de son « noyau de concentration » qui est ensuite soigneusement reporté sur l'EPS.

On procède ainsi, par exemple, avec la **structure du recrutement** des lutteurs, des haltérophiles ou des boxeurs, etc.

Celle des rugbymans fait apparaître, en 1980, un « cœur de cible » situé au niveau des employés (municipaux) d'extraction rurale (figure 3). Ce qui correspond encore à une phase historique, aujourd'hui révolue, du « rugby des villages » qui conserve des traits marqués de culture rurale, constitué de **force combative** et de **solidarités indéfectibles**, avec une assez forte défiance à l'égard des « intellectuels du rugby » que constituent, au sein même de ce recrutement, les enseignants et professeurs d'éducation physique.

En revanche, le recrutement social des « libéristes » (pratiquants du vol libre), pris au même moment (1980) fait apparaître une nette sur-représentation* des techniciens et des ingénieurs (figure 4). Ce qui montre une assez grande logique dans la conversion sportive des propriétés sociales et culturelles de ces agents. Voici un sport qui repose, précisément, sur l'utilisation d'un appareillage *high-tech*, dont le pilotage requiert des compétences technologiques et des connaissances scientifiques (ou fortement rationalisées) et qui attire ceux-là mêmes qui, dans notre société, entretiennent le rapport le plus raffiné au monde des objets techniques... De plus, dans sa culture comme dans son recrutement social, on a pu vérifier que le vol libre apparaît bien comme occupant, dans cette vaste galaxie sportive, le pôle exactement opposé aux sports collectifs (*cf. supra*, le discours appréciatif et discrètement dépréciatif de Joël de Rosnay). Cet effet de positions se marque aussi dans le « sens pratique » de ses adeptes pour lesquels : « Le vol libre, c'est bien l'anti-foot ! » (*sic*).

On peut reconstituer ainsi, de loin en loin, « l'espace des sports » en positionnant chacun de leurs noyaux sociaux de concentration sur l'EPS. La figure 5, ci-après, donne une visualisation de la distribution sociale des sports dans notre pays (rectifiée en 1995). C'est, à la fois, il faut le noter,

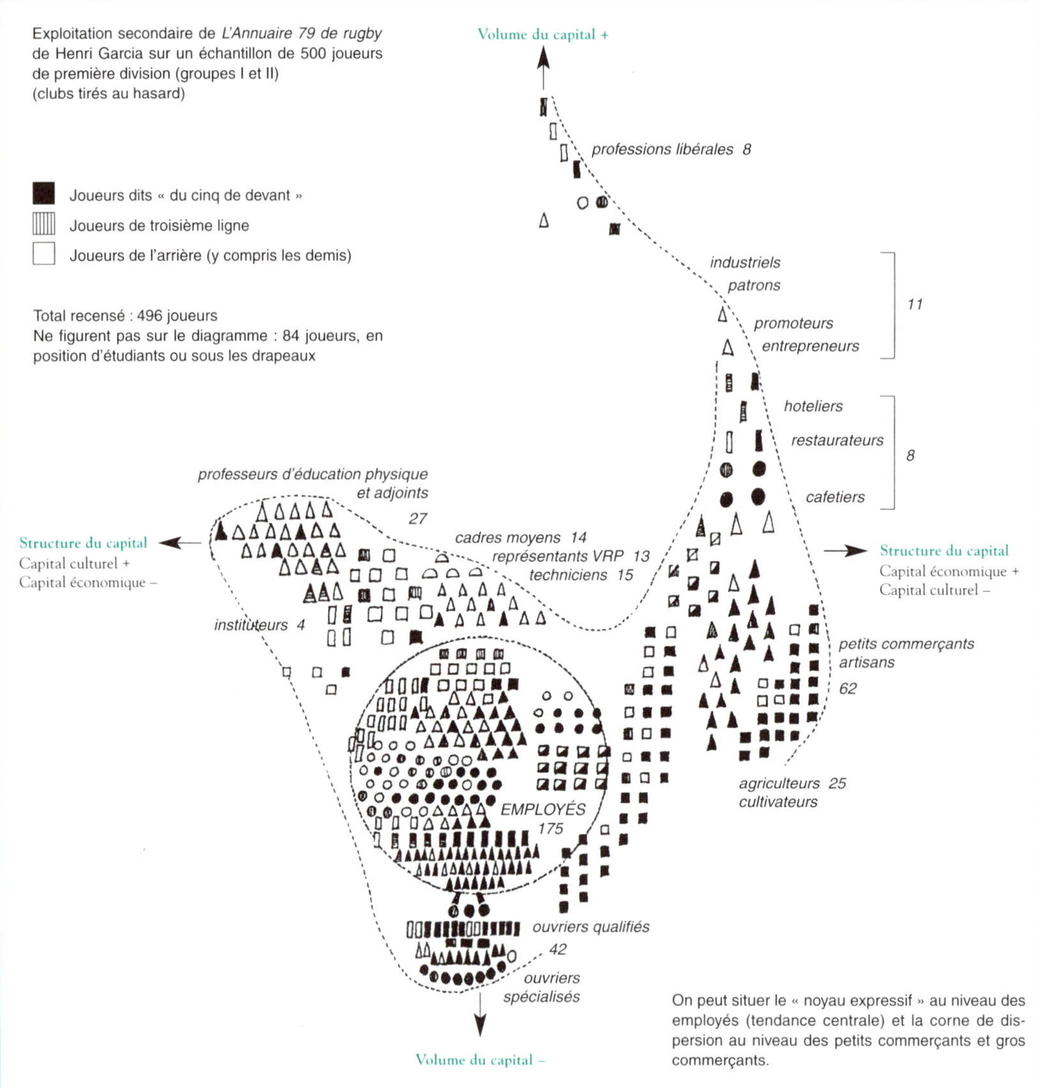

Figure 3. *La structure du recrutement du rugby français (1979).*
Sources : C. Pociello, *Le Rugby ou la Guerre des styles*, A.M. Métailié, 1983.

Étude par questionnaire sur un échantillon de 476 « libéristes » de tous niveaux. Pour moitié d'entre eux : échantillon spontané du lectorat de la revue *Vol Libre Magazine*, l'autre moitié ayant été recueillie sur les sites de vol.

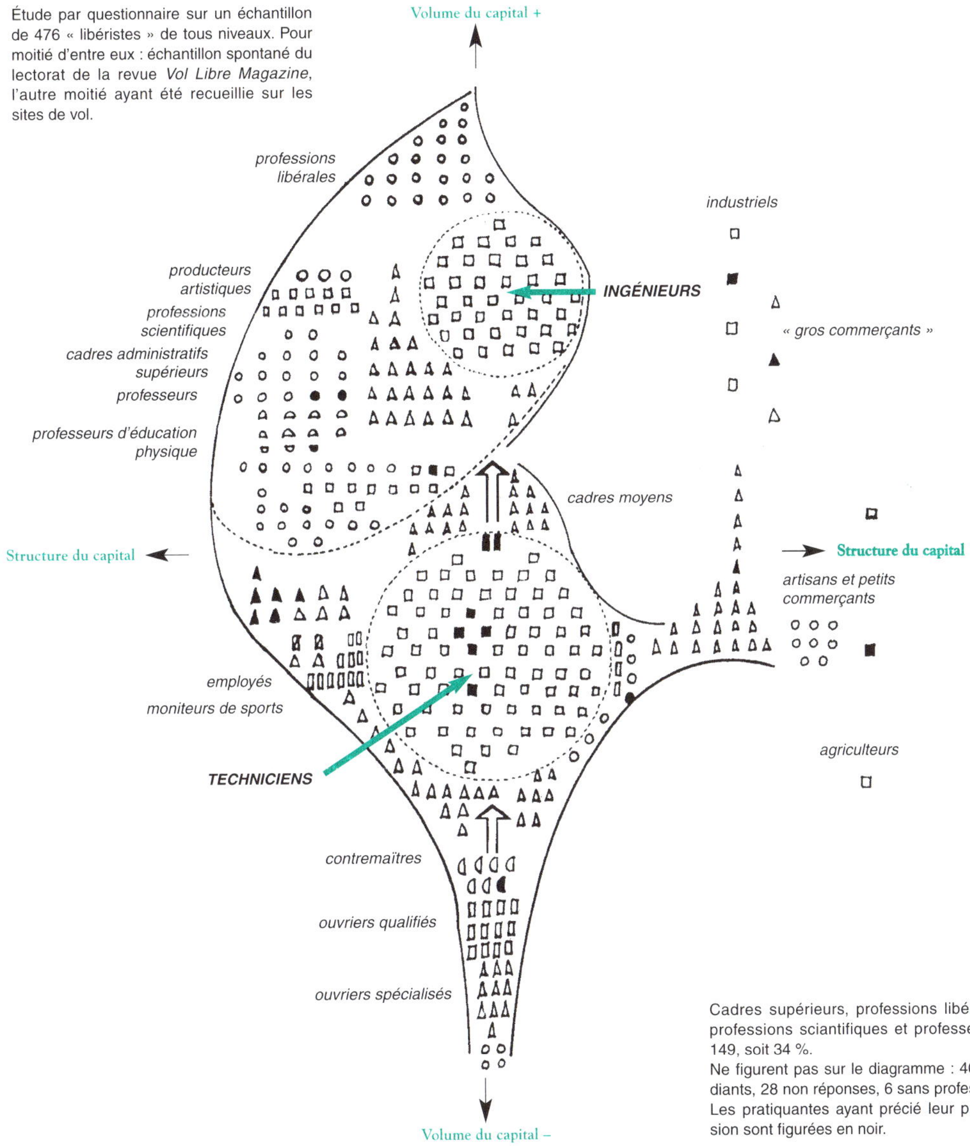

Cadres supérieurs, professions libérales, professions sciantifiques et professeurs : 149, soit 34 %.
Ne figurent pas sur le diagramme : 40 étudiants, 28 non réponses, 6 sans profession.
Les pratiquantes ayant précié leur profession sont figurées en noir.

Figure 4. *La structure du recrutement du vol libre français (1979).*
Sources : C. Pociello, *Sports et Société*, Paris, Vigot, 1991.

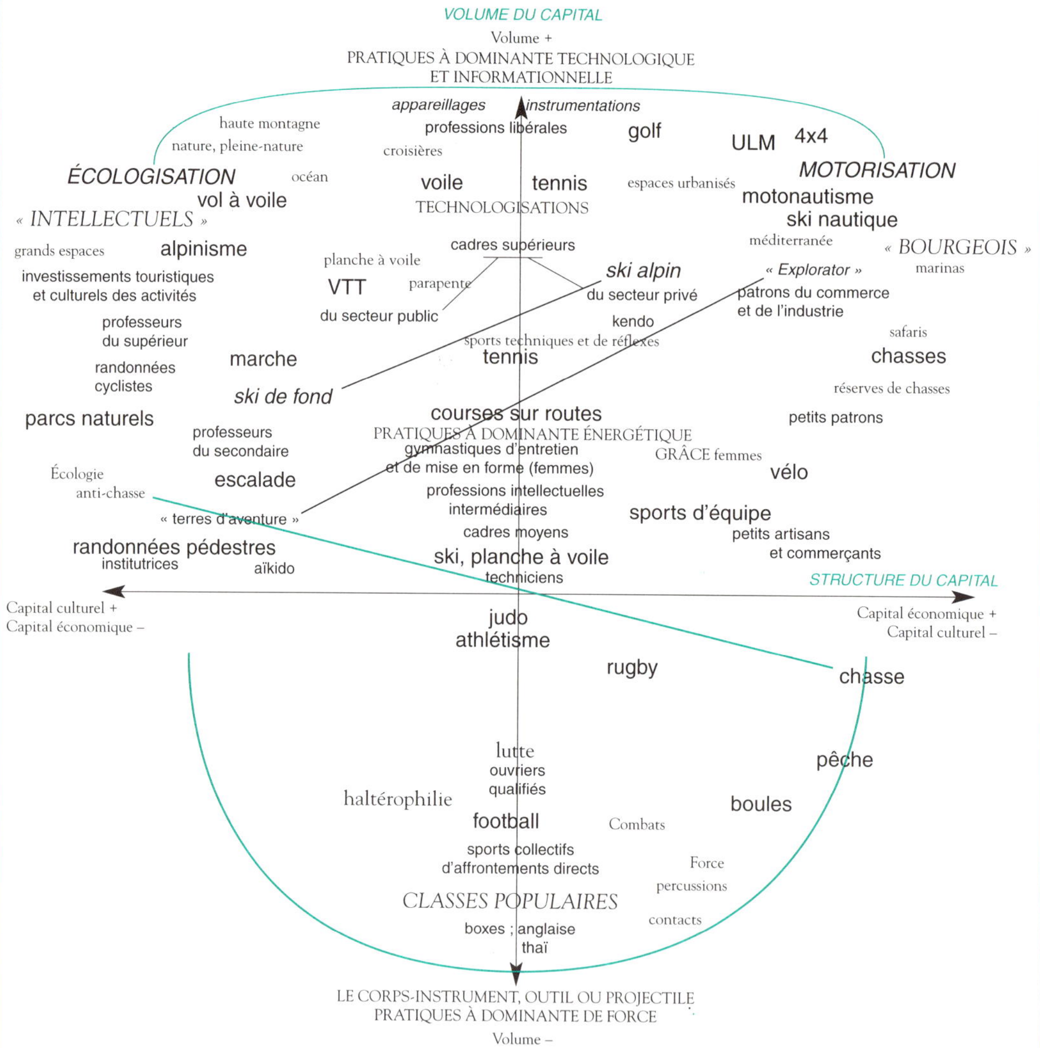

Les pratiques (et les modalités de pratiques) peuvent se distribuer sur « l'espace des positions sociales » en fonction des rapports de régularité statistique. « L'espace des sports » visualise les rapports d'affinité qui s'établissent, à un moment de l'histoire du système, entre certains types de sports et certains groupes sociaux. Leurs positions relatives commandent la vision particulière que chaque groupe se fait de cet univers, définissent des types particuliers d'investissements du corps dans le sport et, dans une certaine mesure, inspirent les prestiges sociaux qui y sont attachés. Cette structure dont il convient de relever les principaux systèmes d'oppositions évolue avec le temps et connaît des infléchissements au niveau local d'échelle. La théorie du système des sports reçoit deux types de validations inattendues de la part de ses détracteurs ; P. Falt sur l'espace des modalités du yachting et J.M. Brohm sur le système des « dégoûts sportifs » des « intellectuels sans attaches ».

Figure 5. *L'espace des sports en France, en 1990-1995.*
Sources : C. Pociello, *Les Cultures sportives*, 1995.

une **structure objective** (résultant du travail d'enquêtes sur les recrutements) et une **représentation symbolique** du système des sports que les agents ont, dans ses grandes lignes, intégré : « Bénichou fait de la boxe », (tandis que) « la Princesse Anne fait du jumping ! » (*sic*). Chaque sport est ainsi doté d'une valeur symbolique particulière, selon la place (la hauteur) qu'il occupe dans cette sorte de bourse des valeurs sociales associées aux sports. C'est ce que confirment les commentaires des adultes, enregistrés dans le « Jeu des sept familles sportives », dévoilant et confirmant le **marquage social des activités**.

F. La structure des modalités de la pratique

Le principe de construction de « l'espace des sports » est basé, on l'a compris, sur l'abstraction des « noyaux sociaux durs » des espaces respectifs de recrutement de chacun des sports retenus ; espaces qui sont, évidemment beaucoup plus étendus (extensions dont on n'a pas tenu compte) ; chacun de ces noyaux étant reportés, à sa place, sur « l'espace des positions sociales ». Cette abstraction et ce report du noyau (« cible ») d'un sport quelconque se justifient par le fait que ce groupe social concentré, sur-représenté est, **le plus caractéristique de ce sport et le mieux caractérisé par ce sport**. Il occupe, en quelque sorte le « barycentre » de cet espace. Ce sont les plus fidèles de l'activité qui est parfois, pour eux, tout à fait exclusive. Il est l'équivalent, dans la structure du lectorat d'un journal, par exemple, des plus anciens et des plus fidèles de ses abonnés. Mais autour de cette tendance centrale (comme le montre la figure 3 du recrutement du rugby) s'étendent des « cornes » d'expansion, occupées par des sous-groupes composés de fractions sociales différentes. Ce sont, pour reprendre le même modèle du lectorat — forcément hétérogène — d'un journal, les équivalents des lecteurs-acheteurs réguliers ou des lecteurs occasionnels du journal qui peuvent le lire incidemment, voire même le feuilleter, chez le libraire ou chez le dentiste.

Face à cette hétérogénéité relative du recrutement social de chaque sport (que dessinent bien les figures représentées) où l'on peut identifier des sous-groupes de pratiquants, on peut se poser la question de savoir **comment** ces divers **sous-groupes** pratiquent-ils l'activité sportive considérée ?

Pour qui connaît bien les sports, de l'intérieur, il apparaît, comme une évidence, qu'ils recouvrent des variantes, des modalités, et des styles, significativement différents (quand ces éléments distincts ne sont pas autonomisés, au sein d'une même organisation fédérative, comme des « sports » à part entière). Ainsi le hockey sur glace n'a rien de commun avec le patinage de vitesse encore moins avec le patinage artistique, dans la « famille » des sports de glace. De même l'aïkido, le kendo, le budo, le judo, qui peuvent être pratiqués, au sein d'un même club d'Arts martiaux, ne peuvent pas être confondus. On peut considérer que ce sont là des sports différents. L'escrime au sabre, n'est pas l'escrime à l'épée ni au fleuret. Tous les escrimeurs, inscrits au Cercle, sont incités pourtant à s'essayer ou à s'adonner à toutes les armes. Elles ne passionnent pas uniformément tous les escrimeurs (ce sont des techniques différentes de l'escrime). L'équitation n'a pas la même allure — ni le même sens — dans le contexte du *jumping*, du « concours complet » ou de la « randonnée sauvage ». Ils en constituent autant de variantes.

Mais pour qui les observent attentivement, les pongistes amateurs, les plus assidus d'un club local, n'adoptent pas les mêmes techniques, les mêmes habitudes et styles de jeu. Certains se révèlent attaquants dans l'âme, toujours campés, fiévreux, près de la table, à délivrer d'amples drives... D'autres, bien identifiables, aiment mieux s'adonner à un jeu défensif dans des positions de recul, loin de la table, d'où il prennent plaisir à renvoyer inlassablement jusqu'à « fatiguer » et « faire craquer » l'adversaire par des effets déconcertants... Ce sont des styles différents auxquels sacrifient spécialement « jeunes » et « vieux » pongistes... Certains sports se prêtent particulièrement bien à ces oppositions de styles. On l'a vu, dans l'exemple de la boxe, à propos de « l'effet Carpentier » qui souligne les effets spectaculaires et dramatiques de ces contrastes stylistiques (voir chapitre 5 : « Images, symboles et représentations des sports »).

L'équipe de rugby pousse, pour sa part, au maximum la différenciation des tâches des joueurs, entre les « avants », grands ou râblés — mais très puissants — et les « arrières » plus petits et plus légers — mais adroits et très rapides — qui correspondent à deux fonctions différentes (puissance des chocs et vitesse des mouvements), également indispensables, dans ce jeu de combat collectif. Ce sont deux **modalités**, bien identifiables, de la pratique du rugby qui poussent, jusqu'à la caricature, le contraste des tailles et des poids, des forces et des vitesses, des endurances et des résistances, etc. On a été surpris de voir que la structure du recrutement de ce sport recouvraient en 1980, des sous-groupes aux différences sociales et culturelles, assez marquées, qui s'orientent spontanément vers des postes, des tâches, des rôles, des fonctions différentes. Les joueurs de l'arrière sont sur-représentés chez les enseignants et les cadres moyens tandis que les « avants de devoir » auxquels sont dévolues les épreuves de force se recrutent, alors, essentiellement chez les « ruraux » (exploitants agricoles viticulteurs...) pour le dire très schématiquement (figure 6).

D'où, en généralisant ces observations, l'idée de rapporter systématiquement, les sous-groupes — socialement qualifiés — de pratiquants, à des

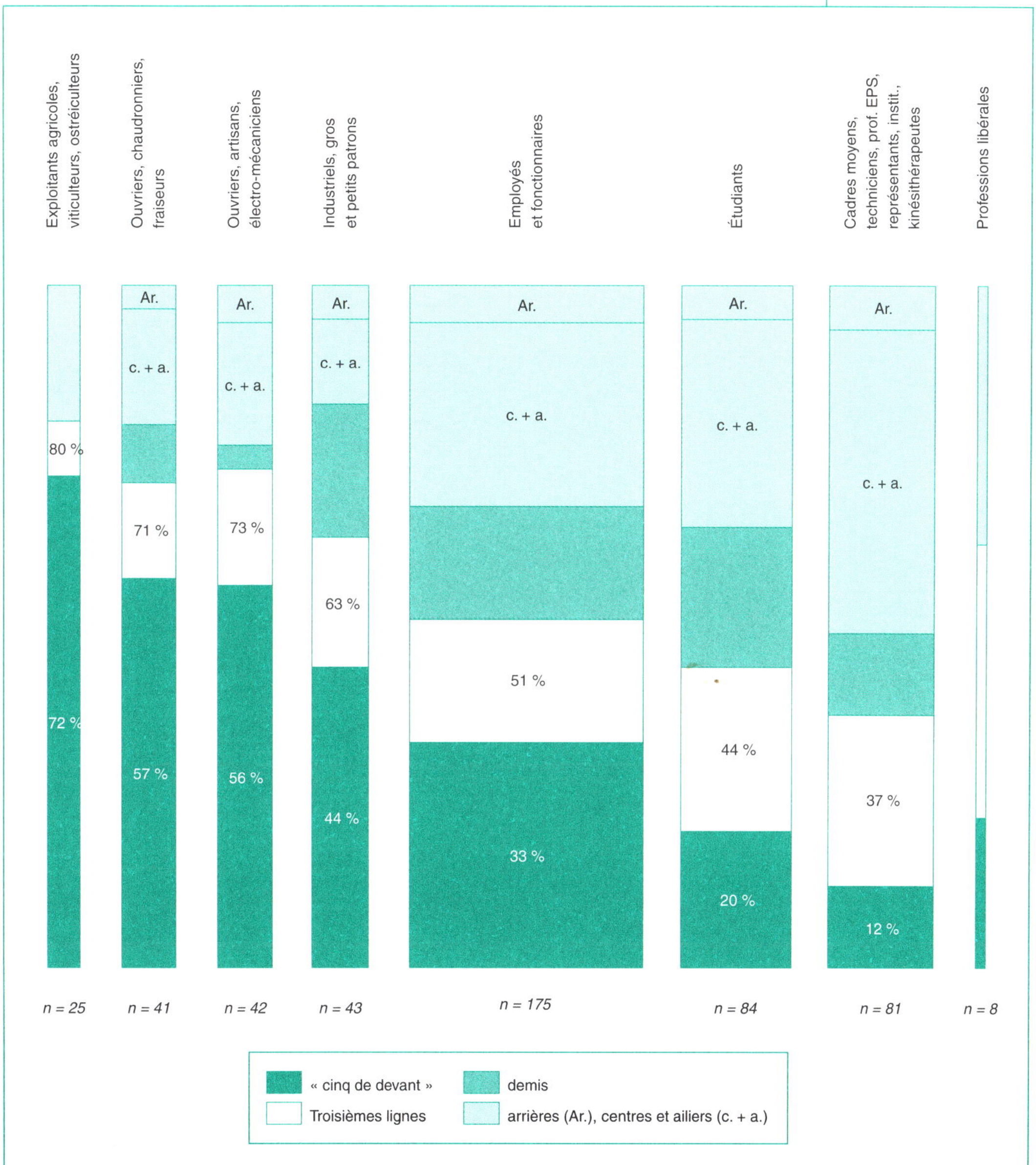

Figure 6. *Division technique et division sociale du travail dans l'équipe de rugby. Répartition statistique des groupes sur les différents postes (1979-1980).*
Sources : C. Pociello, *Le Rugby ou la Guerre des styles.*

modalités, des variantes, ou des styles différents, au sein même de la pratique ; différences qui peuvent être aisément identifiables pour un bon technicien de l'activité.

Le meilleur exemple de cette analyse « sociopraxique » consistant à segmenter la pratique en **modalités distinctes** et à rapporter aux propriétés sociales et culturelles des pratiquants qui les adoptent (fut-ce occasionnellement) a été donné, dès 1980-1982, par l'enquête d'André Lapierre sur le canoë-kayak (figure 7).

Figure 7. *La segmentation du canoë-kayak en modalités différentes.*
Sources : André Lapierre, *Mémoire pour le diplôme de l'INSEP*, 1982.

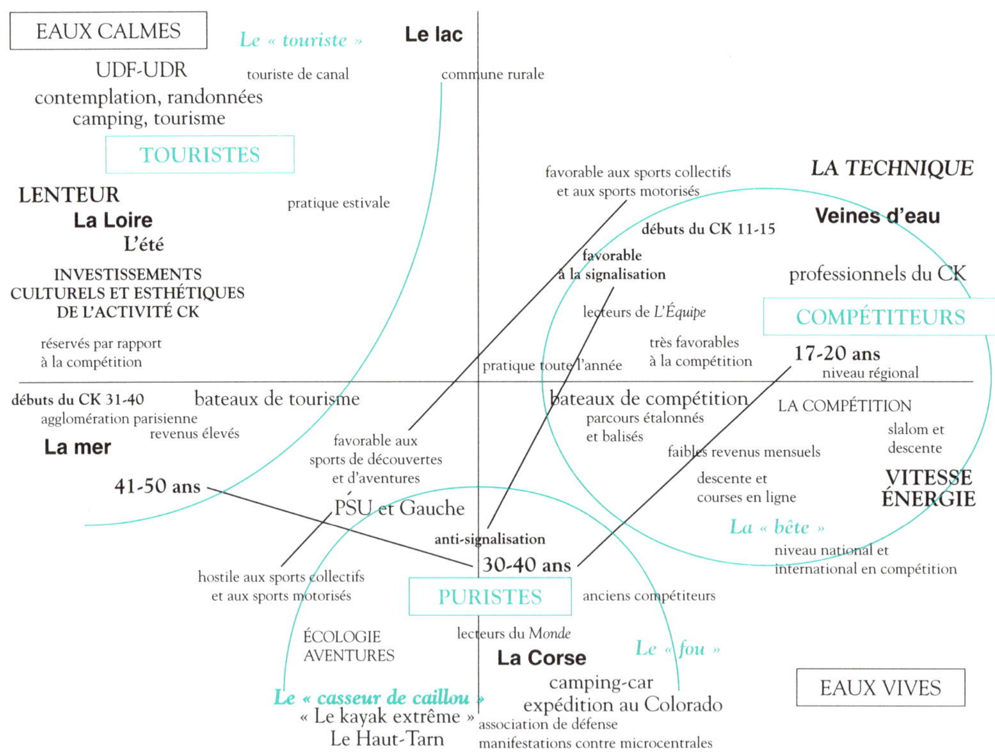

Lorsqu'on se déplace de droite à gauche, on peut voir les effets de l'âge et de génération, ainsi que les effets sociaux. On passe d'une gestion fédérale des excellences sportives, sanctionnées par la compétition, à une pratique de loisir cultivée et touristique de l'activité. Mais d'anciens compétiteurs inventent de nouvelles modalités et explorent de nouveaux espaces de jeux sur le mode de l'exploit aventureux. Pour eux, le CK est devenu un mode de vie qui peut se boucler sur une gestion médiatique de leurs plus remarquables et exotiques prouesses…

G. Les méthodes d'analyse multifactorielle des enquêtes sportives

Les méthodes modernes de traitement statistique et l'utilisation, de plus en plus commode et raffinée, des micro-ordinateurs, permettent de mieux saisir cette segmentation de chaque sport, en modalités et variantes différentes et d'en saisir plus précisément les significations socioculturelles.

1. Hypothèse de travail, recueil des éléments

Les sciences — quelles qu'elles soient — s'efforcent de dégager des « lois » ou des « régularités » ; à savoir des relations régulières que l'on peut établir entre deux ordres de phénomènes (c'est à dire pour aller au plus simple le rapport entre deux variables), qui permettent d'anticiper sur la connaissance de l'une (sa grandeur par exemple) lorsqu'on connaît l'autre ou l'influence que l'un exerce sur l'autre. Avant de pouvoir établir scientifiquement ces relations, on peut les formuler sous la forme d'hypothèses que l'on va, ensuite, confronter avec la réalité des faits. Comme cela a été dit, il est souhaitable, lorsque cela est possible, de recueillir d'abord le plus grand nombre possible d'objets ou de sujets d'observations pertinentes, pour « faire jouer les effets de nombre » et faire subir, aux données, ainsi recueillies, un traitement statistique.
On peut formuler, par exemple, l'hypothèse qu'il existe une relation directe (une forte corrélation), entre, d'une part, la performance maximale obtenues par les sauteurs en longueur et leur vitesse pure sur 50 m. Ou bien qu'il existe une certaine relation (jusqu'à un certain point) entre la performance des lanceurs de poids et leur capital morphologique (poids et tailles). Seules des mesures répétées et des mises en relations systématiques de ces deux types de mesures permettront, soit d'invalider (de réfuter) ces hypothèses, soit de vérifier ou de moduler la « loi ».
De même, on peut supposer qu'il existe une relation de corrélation forte entre les notes obtenus, par les lycéens, en compositions de mathématique et de physique ou entre leurs performances en compositions d'algèbre et de géométrie. Prenons le deuxième cas. Si la loi était rigoureusement vérifiée, on obtiendrait une droite de corrélation (+ 1), tracée sur le diagramme ci-dessous. Les élèves obtenant la note 3 en algèbre « devraient » avoir 3 en géométrie ; ceux qui ont obtenu 18 en algèbre « devraient » avoir 18 en géométrie, etc. On procède alors à une collecte de données sur la plus grande quantité possible de performances de lycéens parisiens. Chacun d'eux est reporté sur un système de coordonnées cartésiennes (chaque point désignant un élève caractérisé par ses deux notes). Dans un

recensement rigoureux (qui s'impose généralement des contraintes d'échantillonnage), on observe, dans la réalité, une répartition des élèves sur un nuage de points ; nuage allongé sur la droite « idéale » de corrélation + 1, montrant qu'il existe, en effet, une certaine liaison entre les deux variables retenues, mais qu'elle n'est pas « parfaite » (figure 8). On peut donc livrer ainsi, au regard, une transcription spatiale — rigoureuse et détaillée — d'une relation mathématique entre deux variables.

Figure 8. *Répartition, en « nuage de points », d'une population autour de la « loi » de corrélation supposée.*

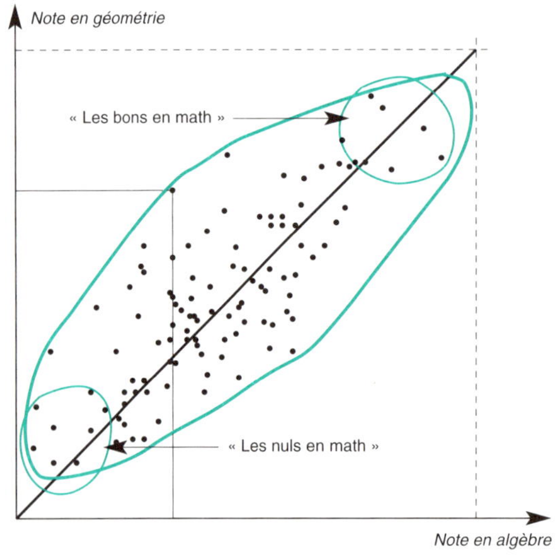

Observons que l'éloignement des points, dans cet espace, indique des différences marquées de caractères entre les groupes de sujets positionnés. On peut, en effet, immédiatement repérer les oppositions entre deux populations composant notre univers : les « bons en math » et les « nuls en math ». La proximité spatiale des points indique, au contraire, que les sujets représentés possèdent des propriétés communes. Parmi les « forts en math », on peut, certes, relever des nuances (certains excellent plus que d'autres en géométrie), mais ils ont tous, en commun, notamment, de combler d'aise le professeur de mathématiques et on les vouent — potentiellement — aux meilleures destinées sociales.

2. L'analyse multifactorielle

Les étudiants en STAPS peuvent s'interroger sur les facteurs conditionnant la performance sportive. Après avoir traité, de la même manière, les performances des lanceurs de l'INSEP — et montré qu'il existe bien, en effet, une certaine liaison avec le capital corporel des athlètes spécialistes — on peut imaginer que d'autres facteurs entrent en jeu dans ce type complexe de performances ; variables que l'on peut objectiver et recueillir dans une collecte plus complète des données. On peut, par exemple, formuler l'hypothèse que les records personnels des lanceurs sont (aussi) liés, d'une part, à leurs qualités spécifiques de force pure des bras (appréciées à leur performance au « développé » d'une barre d'haltérophilie), d'autre part, à leurs performance de détente explosive des jambes (appréciée à travers un saut vertical de plain-pied, sans élan) pour s'en tenir à des facteurs physiques et bio-mécaniques. Enfin, on peut avancer, en outre, que les

performances maximales au lancer sont inversement proportionnelles à la faiblesse de la masse grasse du corps de l'athlète (appréciée à la mesure de son « pli graisseux »). Nous sommes ainsi en possession d'une grande quantité d'observations et de mesures qu'il semble impossible de représenter spatialement parce que comportant de trop nombreuses variables. Elles renvoient à un espace insaisissable à « n » dimensions. Dans cet espace multidimensionnel, chaque sujet est associé à toutes ses caractéristiques (morphologie, force, détente, pli graisseux, etc.).
Des méthodes modernes d'analyse statistique des données permettent pourtant, aujourd'hui, de représenter spatialement cette complexité. Sans entrer dans les subtilités mathématiques de ce « miracle », retenons que notre nuage de points des élèves — qui était rapporté à un espace à deux dimensions (un plan) — est devenu, pour les lanceurs, un volume à « n » dimensions qu'il est possible d'observer sous tous ses angles. La première opération consiste à projeter ce volume sur des « plans principaux » qui concentrent l'essentiel des relations entre les facteurs. Cette méthode permet d'apprécier, en outre, le poids respectif des différentes variables. On comprend pourquoi on appelle ce type de traitement des données, très employé dans de nombreuses sciences (qu'elles soit expérimentales, épidémiologiques ou sociales) : une **analyse (multi)factorielle**. On retiendra simplement que, là encore, la proximité de points dans l'espace indique une relation forte entre les variables (« régularités »). L'éloignement des points signale, au contraire, des contrastes, des oppositions entre objets ou sujets et met à jour des « distributions ».

3. L'analyse factorielle des correspondances (AFC)

Un autre cas de figure permettra de voir se réaliser concrètement un tel traitement des données à partir d'une enquête, simple, réalisée sur un échantillon de 600 jeunes gens et jeunes filles et visant à saisir l'hypothèse d'une certaine relation entre la couleur des cheveux et la couleur des yeux. On peut ordonner les résultats des observations sur un « tableau à double entrée » (encore appelé « matrice »), sur lequel sont systématiquement relevés **les effectifs** de chaque case au croisement des lignes (horizontales) et des colonnes (verticales) (tableau 1).
« L'analyse des correspondances » va décrire les similitudes de « profils-lignes » et des « profils-colonnes » : le profil de la première ligne « Brun » est obtenu en divisant les éléments de cette ligne par leur somme : 220. La somme des différentes termes de ce profil vaudra alors 1. Le profil de la troisième colonne : « Roux » est obtenue, de façon analogue, en divisant les éléments de cette colonne par la somme 71.
L'ordinateur, équipé d'un logiciel approprié à ce type de traitement des données d'enquête, les projette sans effort sur un espace à deux dimen-

Tableau 1. *Traitement spatial (AFC) d'un tableau de contingences. Données de Snee : Rapports de la couleur des yeux et des cheveux.*

Couleur des yeux	Couleur des cheveux				
	Noirs	Châtains	Roux	Blonds	Total
Brun	68	119	26	7	220
Noisette	15	54	14	10	93
Vert	5	29	14	16	64
Bleu	20	84	17	97	228
Total	**108**	**286**	**71**	**130**	**595**

Figure 9. *L'analyse factorielle des correspondances (AFC).*

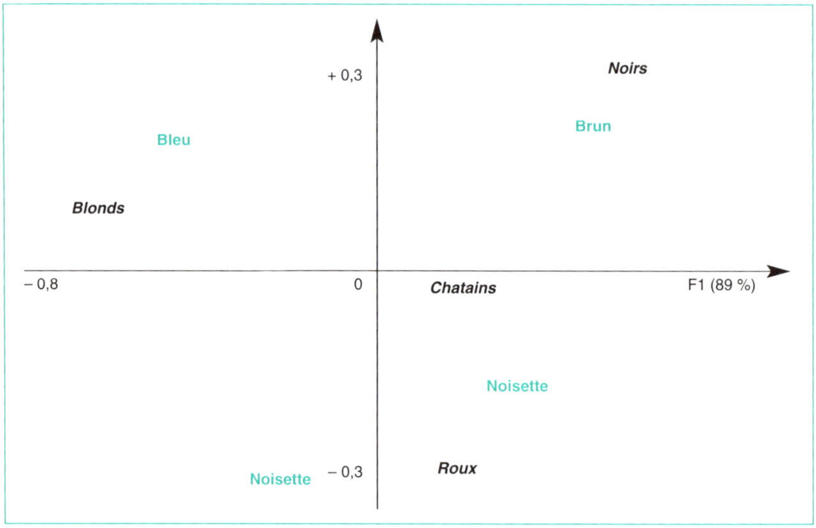

sions. La figure 9 représente le plan des deux premiers facteurs de l'analyse des correspondances de cette petite table de contingence.

La proximité des variables sur le plan visualise leurs fortes relations. On voit par exemple, sur cet espace, que la qualité de « blondeur » et la propriété « yeux bleus » sont en forte corrélation comme le sont, par ailleurs, les propriétés de cheveux « bruns » et d'yeux « noirs ».

4. L'application de l'AFC au sport

On a procédé à des enquêtes quantitatives sur les pratiquants de différents sports (canoë-kayak, vol libre, planche à voile...), afin de les soumettre à cette même méthode d'analyse des données. Ceci après avoir pris deux précautions principales :

- travailler sur le plus grand nombre possible de pratiquants de ce sport, quels que soient leurs rapports à l'activité, et en cherchant à toucher précisément des types, très contrastés, de modalités de pratiques et de pratiquants ;
- distinguer, dans le questionnaire, deux types de variables permettant de bien caractériser les sujets enquêtés : les variables dites **signalétiques** (âges, sexes, professions, revenus, capital culturel détenu, prises de positions partisanes, etc.) et les variables relatives aux **comportements** et aux **goûts sportifs** (modes d'affiliation, modalités et lieux de pratique, types d'appareillages utilisés, sociabilité sportive, sports associés, attitudes à l'égard de la compétition et des autres sports, etc.). On perçoit ici combien les « sociologues du sport » ont grand intérêt à connaître, de l'intérieur, les subtilités techniques, les sites de pratique privilégiés des différents groupes, les diverses modalités de la pratique et leurs variantes pertinentes, etc. des sports qu'ils étudient.

Les analyses factorielles des correspondances (AFC) qui résultent de l'analyse des données recueillies par ce travail d'enquêtes, permettent de visualiser ce que l'on a appelé la **structure socio-praxique** de chaque sport considéré ; définie comme la mise en relation systématique de la **structure des modalités de la pratique** avec la **structure de son recrutement social de pratiquants** (fig. 10 et 11). On trouvera, ci-après, les AFC des trois sports étudiés ; analyses qui sont, notons-le, à la base du marketing de ces activités.

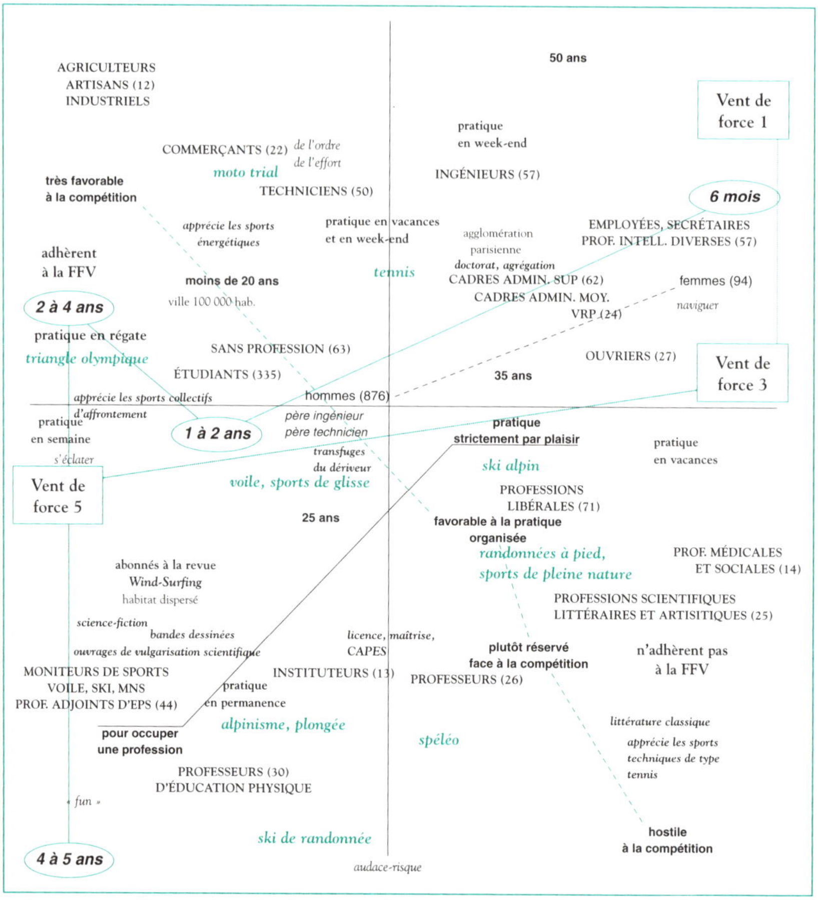

Figure 10. *La structure « socio-praxique » de la planche à voile (1979-1982).*
Sources : C. Pociello, *id.*

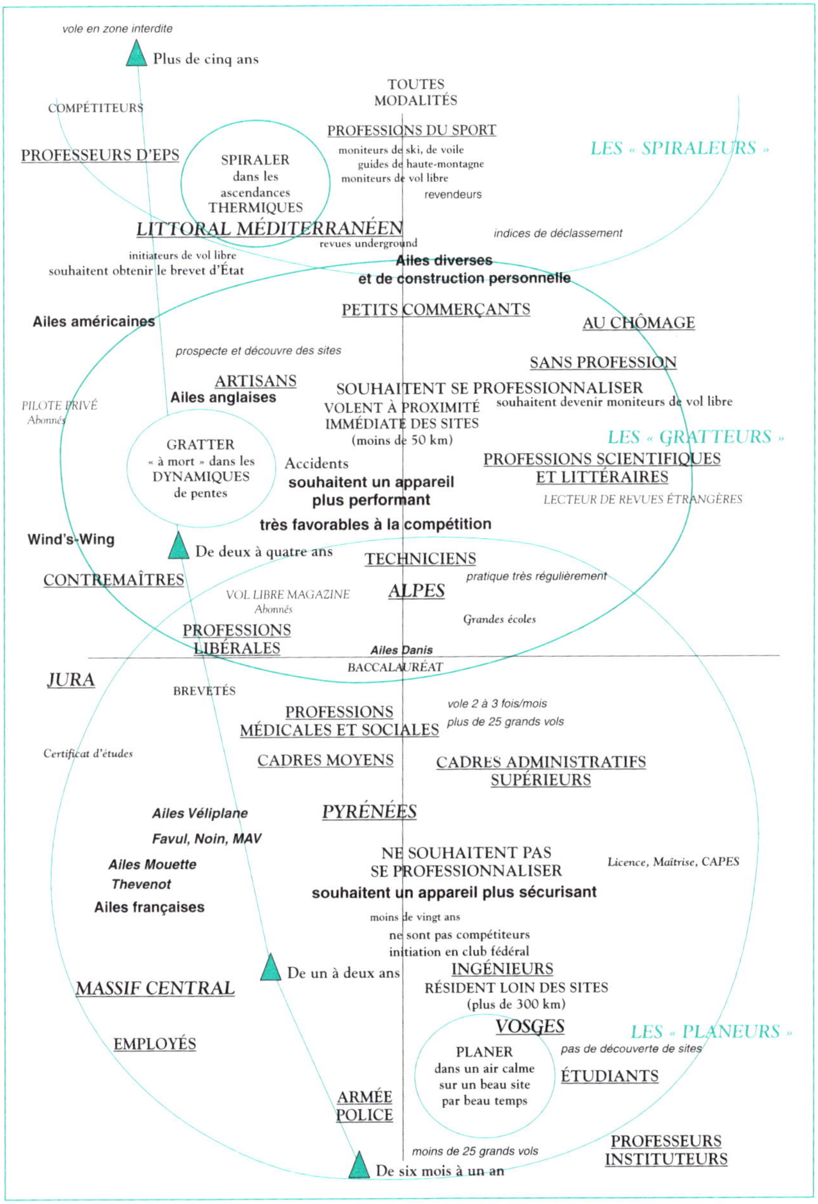

Figure 11. *La structure « socio-praxique » du « vol libre » français (1979-1982).*
Sources : C. Pociello, *Structure et Évolutions des loisirs sportifs dans la société française (1975-1995).*

On prendra connaissance, par ailleurs, des résultats de l'enquête menée par nos collègues Thierry Michot et Brice Lefèvre sur les propriétés sportives, scolaires et culturelles des étudiants en première année de DEUG STAPS, inscrits à Orsay, en 1997-1998. Deux plans strictement superposables — ou conjoints — peuvent être ainsi projetés qui décrivent, d'une part, l'espace des performances, des options et des goûts sportifs, des étudiants, d'autre part, leurs hobbies et loisirs culturels, leurs propriétés sociales et résultats scolaires, définissant la structure sociale particulière du recrutement des étudiants de première année d'Orsay (fig. 12 et 13).

Une enquête par questionnaire

Chargés de l'enseignement des sciences sociales appliquées aux sports, des enseignants de la division STAPS d'Orsay (*) ont souhaité sensibiliser leurs étudiants aux méthodes utilisées par ces sciences. L'enquête par questionnaire — qui représente l'une de ces méthodes — a été administrée, en fin d'année universitaire 1997-1998, à l'ensemble des étudiants de DEUG première année. C'est la meilleure initiation possible à la méthode que d'en être soi-même les « sujets » et d'en connaître immédiatement les contraintes et les résultats. Ceux-ci, sont présentés dès l'année suivante. L'enquête qui pourrait être généralisée dans les UFR STAPS de France, à l'ensemble des étudiants de première année (dont les effectifs sont devenus pléthoriques) fournit aussi des indications utiles, à des fins prospectives, aux enseignants chargés de accueillir et de les former.

Les résultats se présentent sous plusieurs formes, exigées par les divers desseins et objectifs de l'étude. Une fois les questionnaires saisis par un logiciel de traitements statistiques, la démarche présente plusieurs étapes : prise en compte des traits généraux de l'ensemble des réponses — mais également des non-réponses et les réponses particulières — ; choix du type d'analyses préalablement jugées utiles ; codages spécifiques et sélection des variables actives et illustratives ; enfin travail rigoureux d'interprétation des résultats obtenus (graphes, tableaux, etc.).

Il est possible de présenter quatre types de résultats :

1. Des tris simples : trop souvent jugés « anecdotiques » ou présentés comme des vérités absolues (sondages précédant des élections présidentielles, par exemple) ; ils sont parfois utiles. À titre d'exemple, seulement 19 % de nos étudiants classent « la lecture » dans leur loisir. C'est l'une des raisons identifiées du taux d'échec important enregistré chaque année, car lire, avec plaisir, est l'une des conditions de la réussite aux études en STAPS.
2. Des tris croisés : trouver le lien entre deux variables et/ou des modalités de variables, à l'aide par exemple du test du Khi-deux qui permet de montrer que ce lien est statistiquement expliqué par le hasard, ou qu'au contraire, le hasard ne peut l'expliquer.
3. Des analyses factorielles : en l'occurrence, les deux graphes ici proposés sont issus d'une analyse factorielle des correspondances multiples (ACM). Cet outil qui tente de fournir un résumé du tableau de données constitué par les étudiants en ligne et les variables en colonne, procède par approximation puis corrections. Les variables socio-démographiques du questionnaire produisent par leur situation en variables actives trois résultats nécessaires à l'étude :
   - une étude des liaisons entre les différentes variables actives socio-démographiques ;
   - une étude de la liaison entre le profil signalétique général et chacune des trois variables supplémentaires concernant les pratiques sportives ;
   - une typologie des étudiants suivant les variables socio-démographiques : sur le graphique, qui n'est pas présenté ici, deux étudiants sont proches si leurs signalétiques se ressemblent et ceci indépendamment de leurs pratiques sportives et de celles de leurs parents.
4. Enfin, une procédure de classification : cette classification automatique utilise les résultats de « l'analyse factorielle des correspondances multiples » et permet l'obtention de regroupements d'individus. Cette méthode intervient en complémentarité de l'ACM et constitue une aide efficace pour l'interprétation des résultats.

(*) Nicolas Bancel, Olivier Hoibian, Brice Lefevre, Thierry Michot.

Maîtrise de l'outil statistique

L'analyse des données vise à rapporter les propriétés sportives des étudiants à leurs propriétés scolaires, sociales et culturelles.

Afin d'offrir une meilleure lisibilité des plans obtenus, on se propose de les présenter sur deux graphes séparés. D'après l'interprétation des facteurs et le positionnement des modalités des variables supplémentaires, ce travail présente la caractéristique de vérifier, dans une vision synchronique et sur un échantillon particulier, les tendances structurelles décrites dans la théorie de « l'espace des sports » (C. Pociello, 1981) et de percevoir différents taux de pénétration de la pratique sportive dans la population étudiée. Notons que les exceptions et nuances existent et que les modalités et variantes de pratique d'une activité sont toujours à prendre en compte dans ce genre de problématique.

- Le premier plan factoriel présente les modalités des variables actives sur les axes 1 et 2 et constitue la meilleure approximation des données du tableau initial (deux premiers facteurs). Après l'analyse des coordonnées et contributions des modalités pour chaque axe (en gras et en souligné), on peut situer les oppositions mises en évidence par chaque axe. Ce plan est un schéma sur lequel les caractéristiques scolaires et culturelles des étudiants sont simultanément positionnées les unes par rapports aux autres, et socialement logiques...
- Le deuxième plan factoriel reprend les axes 1 et 2 et présente, sur ces derniers, les modalités des variables illustratives, qui ne contribuent pas à leur calcul. Il permet également de cerner la qualité de l'explication, de chaque modalité, par chaque axe (en gras et souligné) avec le critère du rapport de corrélation. Ce plan est un schéma qui permet de situer chaque modalité de chaque variable (concernant les pratiques sportives) par rapport à l'ensemble composé des caractéristiques scolaires et culturelles des étudiants. On peut remarquer la relative cohérence dans les pratiques sportives familiales.

Les « points » ne représentent que des résultats globaux et un individu peut tout à fait être un cas isolé et/ou particulier : statistiquement peu important en regard de l'ensemble des données, et cet unique individu peut être « atypique ». Une utilisation à l'échelle de l'individu de ces schémas reste donc abusive (« Je ne veux pas être placé dans une case ») et seules des tendances lourdes (en nombre d'individus) peuvent en être déduites.

Un tel travail de recherche peut être envisagé, par chaque étudiant, dès la licence, dans le cadre d'un mémoire de recherche avec un encadrement enseignant adéquat. Cet encadrement se révèle necessaire de façon à ne pas tomber dans les multiples pièges que ces outils statistiques et leur interprétation peuvent recéler.

L'acquisition par des étudiants STAPS de techniques utilisées en sciences sociales pour l'étude de phénomènes liés aux activités physiques et sportives semble garante d'une véritable pertinence dans leur analyse. Théorie et pratique permettent alors de proposer de véritables outils de compréhension de phénomènes observables dans le champ des activités physiques et sportives.

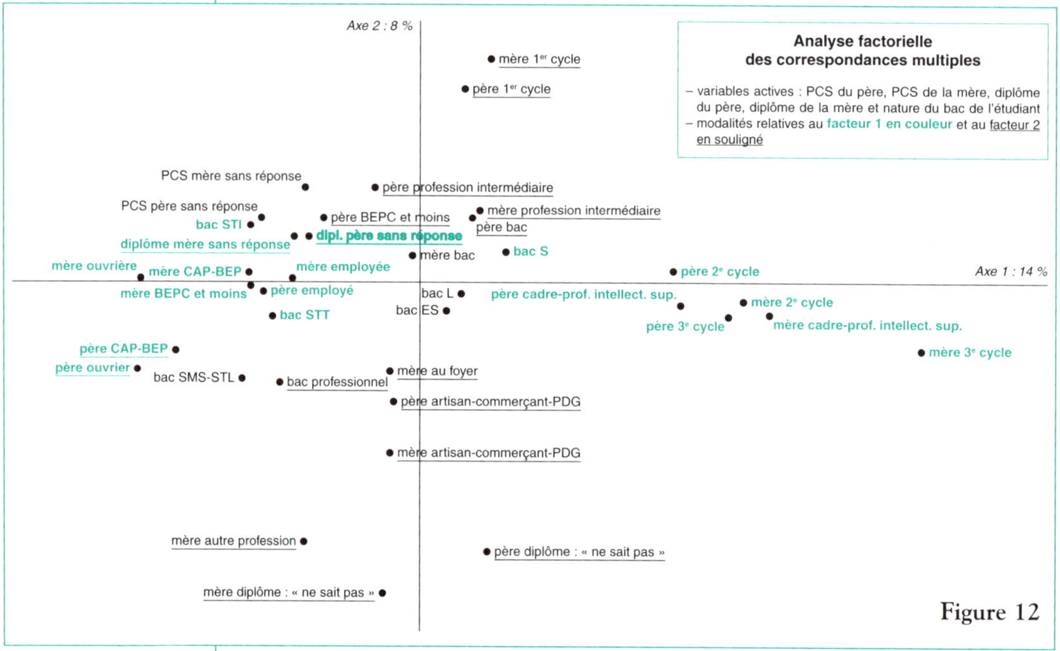

Figure 12

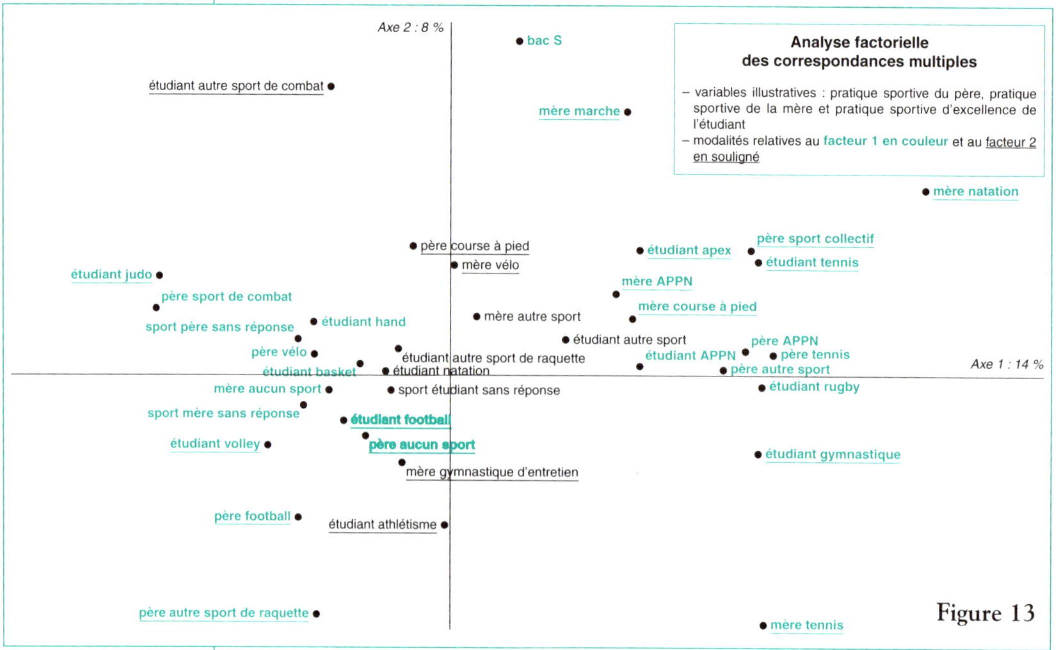

Figure 13

Figure 12. *Analyse factorielle des correspondances multiples. Plan principal des variables actives » (on peut y repérer les « professions et catégories sociales »).*

Figure 13. *Plan des « variables illustratives » (encore appelées « passives »).*
La superposition des deux plans dessine la structure du recrutement des étudiants en DEUG STAPS de première année à l'Université de Paris Sud-Orsay en 1998.
Sources : Thierry Michot, Brice Lefevre, 1998.

H. Comment évolue le « système des sports » ?

Les analyses précédentes sur « l'espace des sports » et sur la « structure interne des modalités de pratiques » font la part belle aux mécanismes de reproduction en soulignant les **facteurs d'inertie** de ce système. Elles prennent les sports à un moment donné de leur histoire et tentent d'en donner une « photographie instantanée » pour voir jouer, à plein, les relations synchroniques* entre les éléments de ce système.
Force est pourtant de constater que les choses ont évolué, depuis les années 1980-1985, au cours desquelles ont été opéré la plupart de ces sondages. Se pose alors la question de savoir qu'est-ce qui a changé, depuis lors, et pourquoi ?
Pour certains sociologues, ce qui change fondamentalement, ce sont moins les caractères physiques ou techniques des sports que les manières de les percevoir et de les apprécier en fonction des variations socio-historiques de leurs attributs (J. Defrance, 1985). En effet, en combinant plusieurs espèces de caractéristiques, les sports révèlent toujours et irréductiblement, dans une société donnée, deux sortes de dimensions :

- **des propriétés physiques et techniques**, aisément objectivables, comme celles définissant des types bio-mécaniques de gestes, une intensité exigée de la dépense énergétique (estimée en volume maximal d'oxygène consommé par unité de temps), un travail en force isométrique ou un effort de détente explosive, un jeu maîtrisé des appuis au sol ou l'exploitation curviligne des élans, le raffinement gestuel des pilotages ou des actions d'engagements risqués, l'utilisation d'un engin inédit, etc.
- **des propriétés symboliques** que leur attribuent les sujets et les groupes, les régions et les cultures. Ainsi, les activités sportives peuvent-elles apparaître ascétiques, monotones, astreignantes, laborieuses, risquées, efféminées, ou bien modernes, esthétiques, variées, excitantes, aisées, souples, libres, conviviales, viriles, dans le vent, etc., selon les cas ; ce sont des

attributs que dégagent, avec rigueur, les méthodes de la psychologie sociale (voir chapitre « Images, symboles et représentations des sports »).
C'est assez dire que l'on doit toujours s'attacher à définir les sports en **dénotation** (technique) et en **connotation** (sociale).
En soulignant, ainsi, le processus de construction sociale et culturelle des traits apparents et des caractères intimes des sports, on conçoit que la même activité peut être différemment qualifiée, appréhendée puis remaniée, dans son ensemble, à un moment de l'histoire, lorsque les conditions sociales, les valeurs culturelles et les « mentalités » changent globalement. Il en est ainsi de la course de distance qui a vu, au cours des années 1980, en passant du stade à la route, totalement se transformer son image, ses modes culturels d'appréhension et son recrutement social. D'une pratique longtemps forgée par l'ethos populaire de la « résistance » ; vertu ouvrière de persévérance dans l'exercice de la tâche ingrate ou par les qualités « d'endurance » (qui consiste à s'opposer à son propre corps, en reculant, toujours plus loin, le seuil de douleur physiologique), on est passé à la fièvre marathonienne des cadres moyens et des chefs d'entreprises, qui disent curieusement pouvoir jubiler sous l'effet euphorisant de leurs décharges d'endorphines. Aux figures originelles, bien incarnées, dans les années 1960, par les deux athlètes populaires du demi-fond français : Michel Jazy et Michel Bernard (qui ont eu, tous deux, partie liée avec la « culture ascétique de la mine »), se substituent aujourd'hui, dans les épreuves de masse sur route, les figures dynamiques des jeunes cadres hyperactifs voire même les allures « cools » et les mises en forme joyeuses et conviviales de la course des « Spiridoniens »...
Mais dans cet examen des transformations symboliques globales des sports, on ne peut cependant pas négliger le fait que les sports qui étaient situés en haut et à gauche de l'espace social, dans les années 1980 ; activités agoraphiles et sobrement appareillées (se reporter à « l'espace des sports »), ont assez largement diffusé, de proche en proche, vers les couches sociales sous-jacentes et, ce faisant, en ont largement diffusé les modèles. Il suffit, pour s'en convaincre de voir le développement considérable des sports de glisse, qui étaient alors propriétés assez caractéristiques des cadres diplômés, les plus dynamiques, de style américain (voir J. de Rosnay, marquant sa distance aux « sports-guerre » à la rubrique : « D. Propriétés techniques et dispositions sociales ») ; nouvelles pratiques qui se sont progressivement diffusées dans de larges couches de la jeunesse masculine et qui passionnent, aujourd'hui, la catégorie sociale des « techniciens ».
Ainsi la vision de « l'espace des sports », pris à un moment donné de son histoire, peut donner des indications sur ce qu'il peut devenir, à terme si l'on connaît le sens de circulation des modèles dans cet espace social. Les tendances d'évolutions des pratiques sportives peuvent découler de l'ob-

servation de ses déformations à travers le temps. Encore faut-il pouvoir disposer de deux états successifs de cette structure — assez éloignés dans le temps — pour repérer ces « évolutions-déformations » et s'interroger sur les causes et les déterminants qui les produisent (se reporter au chapitre 9 : « Prospective des pratiques de loisirs sportifs »).

I. Les apports de la sociologie des organisations et de l'analyse stratégique [7]

Le courant de « l'analyse stratégique » développé, en France, depuis les années 1970, a pour projet d'étudier, cas par cas, le fonctionnement réel, complexe et particulier, de chaque action collective organisée. S'y est affinée une approche « politique » des organisations, avec une grande unité dans ses problématiques et méthodologies. Crozier et Friedberg ont publié, sur ce sujet, en 1977, un ouvrage de référence.

Dans *L'Acteur et le Système*, ils définissent cette « analyse stratégique » qui postule que : « toute organisation a des objectifs propres ; elle est structurée par un système formel, doublé d'un système informel, mais [se trouve] influencée par l'environnement, et regroupe des individus divers, mêlant, en permanence, leurs objectifs et stratégies propres à ceux de l'organisation ». La connaissance d'une organisation nécessite donc l'analyse de trois ensembles de données complémentaires : le système, l'environnement et les acteurs.

- **Le système** correspond aux particularités structurelles et aux règles formelles qui caractérisent l'organisation étudiée : localisation, organigramme, réglementation, membres.
- **L'environnement** est appréhendé dans ses rapports à l'organisation comme un ensemble de processus qui l'influencent et jouent un rôle structurant sur elle.
- **Les acteurs** participent également au processus organisationnel car « les individus qui concourent au fonctionnement de l'organisation vont y apporter leur contribution, dans des conditions orientées par les règles, mais pour y poursuivre leurs intérêts selon des stratégies conformes à leur représentation de ces intérêts » (P. Ansart, 1990).

Cette approche pose donc comme postulat que les contraintes de l'organisation influencent les conduites des acteurs et que, réciproquement, les acteurs transforment constamment, par leurs conduites, les éléments structurels du système d'actions. De cette option théorique découle **une valorisation de l'action du sujet** (désigné, pour cette raison, par le

(7) Les développements relatifs à la sociologie des organisations sportives ont été empruntés à Pierre Chifflet et publiés avec son aimable autorisation. Les extraits reproduits en encadré lui permettent de préciser sa pensée.

concept « d'acteur »), à travers ses stratégies et ses logiques de comportement. L'entreprise productive est un type d'organisation qui se prête bien à cette analyse théorique.
Considérant que les mécanismes observables dans les organisations fortement structurées (comme l'entreprise) se retrouvaient aussi dans des espaces sociaux moins structurés formellement, Friedberg a étendu, en 1993, ces principes d'analyse des organisations à l'ensemble de ce qu'il appelle les « actions organisées ».

J. Application de l'analyse stratégiques aux organisations sportives

Il est donc possible d'utiliser cette approche théorique pour étudier les processus de structuration des rapports d'échange et de pouvoir qui se tissent entre **acteurs concernés par les mêmes problèmes**. Il en est ainsi d'une fédération sportive ou d'une politique sportive d'une collectivité. En effet, les actions sportives, dans une ville, concernent une multitude d'acteurs — institutionnels, ou non — relativement autonomes, tous intéressés par le domaine du sport, y trouvant des enjeux et y poursuivant des actions. A *priori*, une coordination de ces actions entre l'ensemble des acteurs semble absente ou impossible. En réalité, les initiatives, apparemment désordonnées, sont le fruit de stratégies obéissant à des régularités profondes et peu visibles qui correspondent, en fait, à des **équilibres de pouvoirs** (le modèle du système semble ici toujours prégnant). Pour comprendre les stratégies de chaque acteur, il faut repérer les rapports de concurrences et de partages implicites des rôles, qui constituent les structures et les règles du jeu implicites, ayant créé un ordre local (un système informel de « règles du jeu »), c'est-à-dire un minimum de régularité et de stabilité dans les tractations entre acteurs.
Une fédération, un club sportif, une entreprise privée de service sportif, mais aussi une grande collectivité locale, peuvent relever de cette « sociologie des organisations » élargie. Celle-ci met surtout l'accent sur **la stratégie utilitaire des acteurs** (et ce que l'on nomme « la rationalité limitée »), dans laquelle chacun d'eux essaie de trouver des solutions acceptables à ses problèmes dans un « système d'action concret » dont il tend à maîtriser, au moins, un secteur du fonctionnement.
De nouvelles approches, plus récentes, encore peu utilisées dans l'étude des associations, clubs, sociétés ou systèmes sportifs, sont pourtant susceptibles de fournir un appareillage conceptuel intéressant. Elles insistent davantage sur les **logiques d'action** qui sont toujours considérées comme « contextuelles et culturelles ». Ainsi, Sainsaulieu (1977) a-t-il valorisé

l'existence d'une **conscience collective** qui pourrait, en quelque sorte, expliquer le comportement des acteurs en construisant une **identité culturelle commune**. Il a développé le concept d'identité au travail, et fait apparaître que l'expérience quotidienne des relations sociales alimente des **représentations collectives** et des valeurs communes qui la dépassent.
De son côté, Reynaud (1989) s'est posé la question de la **construction des règles** établies, par les acteurs, pour réaliser des actions collectives. Pour cet auteur, les acteurs s'appuient sur le système des règles antérieures, mais étant libres (postulat de l'analyse stratégique), ils n'adoptent pas ces règles initiales, sans les adapter à leur propre dynamique. Un système de régulation est donc construit à partir de deux sources : les règles émises par les responsables, les effets des échanges et de la négociation.
Bien que présentés, par leurs auteurs, comme différents de l'analyse stratégique, les travaux de Boltanski et Thévenot (1991) s'en approchent. Ils analysent la manière dont se produisent des accords entre personnes qui, pour pouvoir coopérer entre elles, doivent établir des « conventions » qui les obligent à identifier les « mondes » (les systèmes de valeurs ou d'idéaux) auxquels se réfèrent les autres personnes et à trouver, entre eux des compromis.
Les propositions faites par les sociologues des organisations mettent donc en évidence, qu'à partir des « stratégies individuelles » des acteurs, existent des logiques collectives. Mais, Amblard observe, en 1996, que la notion de **logique collective** a privilégié le pôle de l'acteur en utilisant la notion de « logique d'acteur ». Ils préfèrent situer l'idée de **logique dans l'action** (envisagée ou réalisée) en sous-entendant que l'acteur n'existe pas, en soi, mais se définit, comme tel, dans l'action projeté ou engagée. Ainsi la logique d'action devient-elle la synthèse de l'acteur et de la situation d'action, dans laquelle :

- **l'acteur est social-historique** (il possède des dispositions issues de son passé éducatif et social, dans le sens développé par Bourdieu), stratégique (il choisit son comportement en rapport avec l'acquisition d'un pouvoir utilitaire ou symbolique, ou l'affirmation de son identité), groupal et pulsionnel (il est influencé par l'identité communautaire du groupe au sein duquel il agit) ;
- **la situation d'action** est caractérisée par le contexte historique et institutionnel (l'histoire, les institutions, le marché, formant un système d'action historique ; par l'instance symbolique et mythique de la communauté (symboles, valeurs, idéaux, idéologies…) ; par le dispositif de la situation (les objets, les savoir-faire, les machines, la technologie, etc.) et par l'histoire de l'entreprise ou de l'organisation (les habitudes, les micro-culture, etc.).

L'idée essentielle est que les stratégies d'acteurs ne sont pas déterminées par un unique enjeu de pouvoir personnel, mais qu'elles s'insèrent dans des actions communes, présentant une stabilité momentanée (sauf en cas de crise), issues de logiques d'action non conscientes, complexes et difficiles à repérer car construites à partir d'influences multiples.

K. Logiques d'action et organisations sportives

Ainsi, lorsqu'on veut repérer les règles d'action communes d'acteurs sportifs, on doit les reconstruire à partir de l'analyse des objectifs poursuivis et des stratégies développées. Or, dans le domaine du sport, qui est un secteur à la fois marchand et non marchand (en terme économique), les valeurs de référence de chacun peuvent être diverses et mêmes contradictoires, et les logiques d'action sont plus nombreuses qu'il apparaît à première vue. Très longuement, l'identité sportive s'est construite sur la base de règles fédérales formelles. Ces règles restent stables, car elles dépendent d'un dispositif de pratiques organisées sur un mode officiel, de signes d'appartenance à des organisations « totalisantes », et de croyances universelles au modèle de « l'excellence sportive ». En reprenant la démarche utilisée par Hervieu-Léger (1996) pour les univers religieux, on peut admettre que cette identité sportive repose sur quatre dimensions :

- **une dimension communautaire :** appartenance à une fédération (limite formelle de la pratique sportive) avec son double corollaire : le marquage visible de « l'état de sportif » (et la définition dénotative de ce qui n'en est pas), enfin l'implication nécessaire à la participation et aux références communes du sport réglementé ;
- **une dimension culturelle :** assimilation, par les membres, de savoir-faire, d'attitudes et de comportements qui construisent une mémoire commune et produisent des références particulières. Par l'importance de ses lieux (stades, gymnases, piscines, etc.), de ses moments spécifiques (entraînements, compétitions), de ses manifestations rituelles originales (initiations, apprentissages), le processus sportif a de nombreuses occasions de transmettre sa « culture sportive » ;
- **une dimension éthique :** morale sportive de l'effort, valeurs de l'olympisme, reprises dans chaque fédération sportive, partagées quasi unanimement et diffusées de façon incantatoire (discours, inaugurations, remises de prix, bulletins, articles de presse, etc.).
- **une dimension émotionnelle** qui, à travers les compétitions, (et ceci autant pour les pratiquants que pour les spectateurs et les dirigeants), actualise constamment le sentiment affectif d'appartenir à un « groupe fusionnel », à un esprit commun, à une esthétique distinctive.

Ainsi la survalorisation de la dimension communautaire a-t-elle renforcé, dans l'histoire de l'univers sportif, une conception de l'offre sportive qui fait du modèle olympique la conception suprême et exclusive du sport. Des significations sociales internationales servent, à tous, de références : croyance dans le « progrès sportif » (compétition, classement, hiérarchie), universalité des comportements ludiques (le même sport est démocratiquement proposé à tous). Des stratégies (actions, comportements, choix) simples sont développées sur la base de la standardisation du fonctionnement et du développement d'une communication verticale au sein du système fédéral.

Mais, depuis le milieu des années 1970, les identités sportives, ont évoluées sous l'effet de l'expérience des acteurs, et sans la présence obligatoire des institutions fédérales... Chaque dimension de l'identité sportive traditionnelle qu'a forgé le modèle fédéral, peut devenir un « point de fuite » déclenchant, à la limite, une remise en cause des références communes. Ce sont ces références, originales par rapport à l'identité fédérale « classique », qui doivent être étudiées dans une perspective de repérage des logiques d'actions de ceux qui agissent ou interviennent au niveau des actions sportives organisées. Quatre logiques d'actions peuvent être ainsi repérées :

– **la référence amicaliste :** le sport est conçu comme ayant une valeur en soi. Il n'existe que par son éthique qui correspond à un comportement de vie : dépassement de soi, *fair-play*, émulations, affrontement en dehors de tout enjeu extérieur, sen référence à un tyle de vie ;
– **la référence à l'éducation** et au modèle du « service public » qui privilégie les valeurs de l'apprentissage et de l'efficacité technique, avec, en arrière-plan, la valorisation de la représentation sportive nationale. La formation, l'éducation sportive, l'organisation du sport pour les catégories d'âges les plus jeunes, deviennent primordiales ;
– **la référence à l'idéal managérial** privilégiant le spectacle et, de plus en plus, le « téléspectacle ». Le sportif devient un double acteur : acteur social du sport, acteur du spectacle sportif. La composante spectaculaire escamote, en partie, la composante technique ;
– **la référence à l'idéal affectuel** qui privilégie la satisfaction de besoins du corps : plaisir, esthétique, efficience motrice, contact avec la nature, détente ou de stimulations, etc.

L'offre sportive a, désormais, comme objectif de tenter de répondre à cette demande évolutive, avec une recherche de profit, parfois symbolique, souvent financier... Le pratiquant, lui, recherche maintenant une satisfaction à court terme.

Les organisations sportives

« Les acteurs des organisations du sport sont porteurs de valeurs qui leur servent de références pour définir leurs objectifs et leurs stratégies. Et ces objectifs et stratégies construisent des logiques de fonctionnement favorisant parfois des complémentarités, et provoquant, assez souvent, des concurrences.

[...] Les clubs et les unions nationales ou internationales développent les valeurs de l'effort corporel et de la performance sportive [...] Les dirigeants ont conçu un contexte d'action autonome en utilisant un cadre associatif pour l'organisation du sport. Le Comité International Olympique joue, dans cette perspective, un rôle fédérateur essentiel. Défenseur de l'humanisme sportif et de l'internationalisation du sport de performance, il représente le modèle de la gestion associative et bénévole du sport. Ce modèle s'appuie sur une superstructure symbolique qui est celle de l'éthique olympique.

L'objectif prioritaire des dirigeants est celui du développement de championnats autour de modalités universelles de compétition : règles identiques pour tous, normalisation des comportements sportifs, valorisation de la composante technique du sport. Cette communauté d'objectifs amène les dirigeants et les pratiquants à développer une logique d'organisation constituée de relations privilégiées au sein de fédérations. Le système est celui de la représentativité et de la délégation de pouvoir pour répondre au développement de valeurs sociales : croyance dans le progrès « scientifique » (la compétition est privilégiée), universalité des comportements ludiques (le même sport est proposé à tous), convivialité (neutralité politique et religieuse). Mais l'associativité sportive s'est transformée en passant progressivement de la communauté immédiate, dans laquelle les individus se regroupent à partir du désir identique de développer les mêmes objectifs, au sein d'une association locale, à celle de communauté médiate. En effet, avec le développement de prescriptions, la communauté est devenue plus normative, dans le sens où elle oblige à adhérer à un projet qui s'est constitué ou se constitue en dehors du groupe local.

(Parallèlement à cette logique fédérale) des politiques de développement sportif sont mises en place par les États, car le sport est devenu un enjeu international à travers la concurrence qui s'est installée entre les pays. Une forme de nationalisme sportif provoque l'adoption de mesures importantes : réglementation nationale de l'encadrement du sport, construction d'installations sportives, développement des subventions aux fédérations, et souvent agents de l'État mis à disposition des fédérations. L'ensemble de ces mesures a pour objectif la valorisation de la représentation sportive nationale. Si la conception de l'État est celle de l'État libéral, limitant son pouvoir au contrôle des intérêts généraux (défense nationale, sécurité, concurrence économique, etc.), le sport reste dans le domaine privé, mais doit souvent passer des conventions d'objectifs avec les gouvernements pour obtenir des aides publiques. Si la conception de l'État est celle de l'État-Providence, et impose la présence des pouvoirs publics dans toutes les sphères de la vie économique et sociale, le sport entre alors dans la sphère publique. On peut certes distinguer un modèle libéral, un modèle étatique et un modèle mixte quant à la présence des pouvoirs publics dans l'administration nationale du sport [...] Cet objectif induit une culture de service public développée par des cadres sportifs qui ont intériorisé une représentation de l'État à la fois protecteur et responsable.

[...] Avec la télévision, ce n'est plus la seule structure technique du sport de performance (règlement, technologie, motricité...) qui est concernée, mais son image (symbole, signification, passion...). L'aspect spectacle escamote, en partie, l'aspect technique. Une nouvelle réalité existe : les sportifs sont acteurs d'un spectacle ».

« Pour chaque manifestation sportive, l'environnement se présente alors sous forme de concurrences médiatiques et financières et chacune doit définir des stratégies pour conserver l'appui des médias et des sponsors. Cette logique gestionnaire oblige les dirigeants à acquérir les propriétés nécessaires pour assumer la gestion d'un marché et respecter les contraintes économiques et administratives des entreprises marchandes. Or, l'activité marchande, ayant abouti à séparer la sphère de la production de celle de la diffusion des biens et des services, est pour le cas du sport, très récente dans beaucoup de pays. La production du spectacle reste majoritairement le fait des sportifs et des experts du sport de performance, alors que la diffusion appartient aux organisateurs et aux médias. En valorisant le spectacle, le sport ne peut plus appartenir aux seuls acteurs directs, mais appartient aussi aux diffuseurs et aux spectateurs. De ce fait, les administrateurs traditionnels du sport (dirigeants sportifs, pouvoirs publics) doivent partager le produit sport avec de nouveaux acteurs de la production du spectacle : les chaînes de télévision, les agences de marketing, les sponsors.

[...] Face aux références de l'excellence corporelle, d'autres valeurs ou idéologies se sont manifestées à propos du corps : plaisir, esthétique, efficience motrice, contact avec la nature, etc. Par ailleurs, la satisfaction des besoins individuels (loisir, santé, famille, métier), dans les pays industrialisés, tend à remplacer les besoins communautaires propices aux entreprises collectives (partis politiques, syndicats, Églises, manifestations nationales). Les citoyens se tournent vers une offre sportive adaptée, sans participer à la vie associative des clubs et des fédérations. Les exigences deviennent celle de l'utilisateur. Les espaces sportifs et les coûts sont soumis à la concurrence, ce qui entraîne le développement d'un système commercial d'offre sportive. Le modèle du marché et les références locales s'opposent en partie au modèle de l'organisation du sport, fondée sur une mise en avant de l'intérêt national. Des enjeux commerciaux favorisent le développement de stratégies concurrentielles qui segmentent l'offre et favorisent une diversité des modèles sportifs. Les stratégies des managers se différencient.
L'analyse du cas concret de la société française met en évidence au moins trois types d'organisation. Le premier type ne se réfère pas à la rentabilité économique, il englobe des associations et des administrations publiques communales qui offrent des services adaptés à la clientèle locale [...] Le deuxième type d'organisation est celui des entreprises locales qui offrent un service marchand à partir de références symboliques. Les propriétaires tentent de rentabiliser leur entreprise tout en satisfaisant leur passion d'un sport. Certains privilégient des stratégies rationnalisées par rapport à une rentabilité économique ; d'autres privilégient des stratégies rationnalisées par rapport à des valeurs symboliques. Le troisième type d'organisation est celui des entreprises commerciales qui proposent des prestations multiples et complémentaires contre le paiement d'un droit d'utilisation. Les stations de ski, les stations de tourisme nautique, les salles de forme, les sociétés d'aventure sportive prennent, ainsi, en charge leur client pour leur fournir la totalité des services attendus et payés. La logique économique est dans ce cas prioritaire et les principes du managements des entreprises commerciales sont appliqués.
[Ainsi], les objectifs des acteurs de l'offre sportive sont divers : performance, loisir, santé, spectacle, éducation. Les stratégies de management de l'offre sportive doivent se structurer autour d'enjeux symboliques et économiques, qui se réfèrent à des valeurs diversifiées. Mais, désordonnées en apparence, les initiatives des uns et des autres doivent, cependant, tenir compte de la concurrence et du partage des rôles au sein du même champ d'action. Il est, alors, impossible d'envisager un seul modèle de management du sport, puisque le sport n'est pas unitaire dans ses références culturelles, sociales, politiques et économiques ».

Pierre Chiffet, « Valeurs sportives et stratégies organisationnelles, *Management et sport*, Éd. Comité International Olympique, Lausanne, 1996.

L. La sociologie du champ socio-sportif français

On peut définir le « champ socio-sportif » comme le domaine social délimité, ayant sa logique, ses enjeux et son histoire propres, regroupant les agents et les acteurs les plus directement attachés à l'existence du sport et porteurs des fonctions sociales et culturelles traditionnelles qui peuvent lui être légitimement assignées (éducation et formation de la jeunesse, production et gestion spectaculaire des élites, intégration sociale, impacts économiques, etc.). Ces acteurs sont, en même temps, attentifs à s'assurer les divers profits (symboliques, matériels ou professionnels) qui y sont spécifiquement engendrés. L'Éducation nationale et les enseignants, les fédérations sportives et leurs dirigeants, l'État et ses agents, les entreprises industrielles et les grands médias, etc. y entrent en relation d'alliances et/ou de concurrences et y engagent des stratégies particulières qui visent toujours à adapter les produits sportifs offerts à leurs intérêts collectifs ou individuels particuliers. Ce faisant, ils les sélectionnent et les façonnent différemment. Ils peuvent en inventer et en promouvoir de nouvelles formes, fondant de nouvelles légitimités.

On peut considérer que cinq principales fonctions sociales structurent le champ sportif. Il est possible, en effet, de regrouper, sans les réduire, les fonctions sociales du sport en les rapportant à cinq principaux types d'enjeux et d'acteurs :

1. **La fonction intégrative et fédérative,** assurée par les fédérations, productrices de réglementations et génératrices d'ordre. Celles-ci sont essentiellement attachées à la production, à l'encadrement, à la sélection et à la gestion des élites sportives et, par là même, visent à assurer d'importants profits symboliques à leurs principaux dirigeants. L'ensemble de cette fonction est fondée sur la préservation de « l'éthique traditionnelle du sport » (morale sportive de l'effort, équité des compétitions, refus des artifices, etc.).
2. **La fonction éducative et scolaire**, attachée à démocratiser les seules activités réputées être « éducatives », à dispenser les bienfaits des sports « de base », les plus adaptables au cadre spatial, moral et pédagogique de l'école. Cette fonction est supportée par des enjeux éducatifs, sociaux et moraux, de l'institution scolaire mais aussi par des intérêts corporatifs et syndicaux des enseignants.
3. **La fonction ludique et récréative,** portée par les loisirs corporels épanouissants ou compétitifs, roboratifs ou créatifs, transgressifs ou de libre expression. Elle mobilise les nombreux adeptes du loisir sportif. C'est une fonction productrice de diversité, de désordre et de singularisation, motivée par les joies du jeu, les bienfaits physiques, les plaisirs psychologiques, les agréments sociaux — ou distinctifs — que les activités peuvent procurer à leurs pratiquants. Cette fonction du loisir sportif est étroitement prise en charge par des services privés qui en tirent des profits professionnels et financiers.
4. **La fonction consommatoire,** est attachée, plus spécifiquement à la diffusion (large) et à la distribution (ciblée) des multiples biens (articles de sports, équipements, appareillages, espaces) et services spécialisés ou adjuvants de toutes sortes (encadrements, animation, entraînement, médecine spécialisée, diététique appliquée, etc.), évidemment soutenue par des enjeux économiques, des profits commerciaux et des emplois professionnels.
5. **La fonction spectaculaire et médiatique** vise la consommation d'images, de textes et de commentaires (que l'on songe au tirage consi-

dérable du journal *L'Équipe*) et d'événements marquants l'actualité ; donc supportant aussi des enjeux économiques importants. Les spectacles sportifs les plus mobilisateurs produisent des effets d'excitations, émotionnels, esthétiques, recherchés par le public. Mais ils jouent, aussi, une fonction d'intégration sociale et produisent des sentiments d'appartenance communautaire. La récente organisation, par la France, de la Coupe du Monde de football et le succès remporté par son équipe nationale en a concentré tous les effets. La télévision, médium dominant, capte la part essentielle de cette fonction.

On peut représenter, sur un même diagramme, les cinq fonctions, (leurs acteurs et leurs enjeux), aux **cinq pôles institutionnels** d'un champ de forces, de luttes et de conflits ; placés comme sur un système de points cardinaux (nord, est, sud, ouest). C'est un espace structuré qui est aussi un champ de tensions (d'attractions-répulsions), où se manifestent des syner-

Figure 14. *Le champ socio-sportif français ; structure, fonction, acteurs et enjeux.* Sources : J. Defrance, C. Pociello, *Structure et Évolution du champ sportif français* et *Sport et Pouvoirs au XXe siècle*, PUG, 1994.

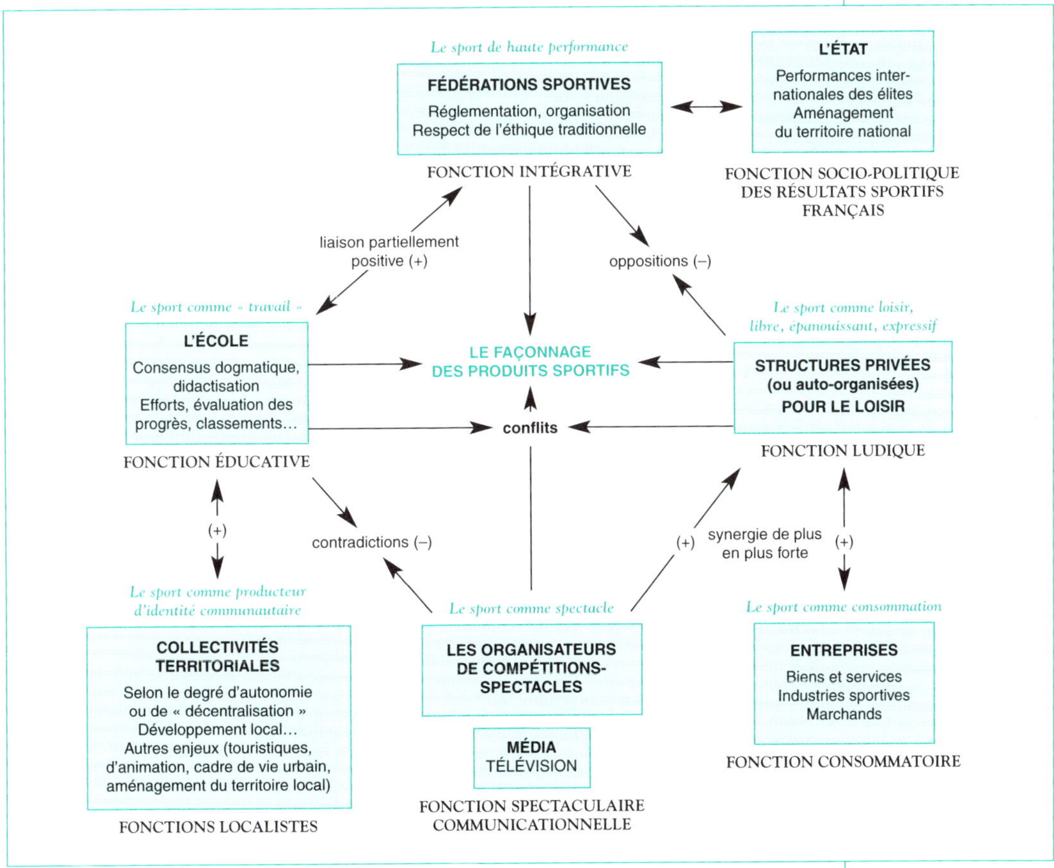

gies possibles de forces, où s'engagent des stratégies et où se nouent de curieuses « alliances objectives » (figure 14).

Ces fonctions — toujours présentes — peuvent être plus ou moins activées ou réactivées « récessives » ou « dominantes » — selon les périodes de l'histoire ; « conjonctures » qui déterminent des politiques volontaristes et des stratégies concertées ou bien qui s'abandonnent à la force des contraintes externes de l'environnement. Leurs acteurs et leurs agents, en interaction, peuvent entrer en rapports de **synergie** (phase d'intérêts convergents) ou se poster en contradiction et en **concurrences** (phase de dislocation des intérêts) selon les périodes de l'histoire.

M. Les effets des conjonctures historiques (1960-2000)

Cette structure a, certes, sa logique propre et son fonctionnement interne mais, comme suggéré, elle n'est évidemment pas soustraite aux influences venues de son environnement…

- **Dans la conjoncture des années 1960**, sous l'action énergique et cohérente d'un État fortement centralisé, le ministère de la Jeunesse et des Sports, les fédérations sportives et les pédagogues prosportifs de l'éducation physique (regroupés autour de la FSGT, sinon au Parti communiste) ; tous, également préoccupés par le niveau sportif général de la population et par les performances internationales de notre élite, ont pu ajuster leurs objectifs, entrer en relations « d'alliance objective », concentrer leurs pouvoirs et contribuer au renforcement de l'autonomisation de ce champ. L'importance des ressources budgétaires allouées par la puissance publique, le recrutement, en grand nombre, de personnels enseignants et de cadres techniques (investissements que permet une forte croissance économique), ont assuré le redressement des performance de l'élite, l'officialisation du rôle de « service public » des fédérations, enfin la « sportivisation » de l'éducation physique (attestée par des instructions officielles en 1967) ; autant de faits consacrant les effets puissants et durables de cette stratégie d'alliances (c'est une synergie de forces illustrée par la liaison « Nord-Ouest » du diagramme).
- **Dès les années 1970**, sous l'influence de la crise culturelle et du renouvellement critique des générations, se sont dégagées, en France, avec une particulière netteté, les composantes ludiques et hédonistes, transgressives et de libre expression de l'activité sportive de loisir. Les catégories culturelles de perception et d'appréciation, portées par les événements de Mai 1968 (aspiration à l'indépendance et à l'autonomie, rejet de l'au-

torité, des hiérarchies et des classements, humeur anti-institutionnelle, dépréciation du travail, et valorisation du temps de loisir, créativité débridée et attitude « anti-performante », etc.) entrent alors en résonnance avec les sports d'inspiration californienne, récemment importés (planche à voile, ou à roulettes, vol libre, expression corporelle) et promeuvent, dans tous les registres sportifs, toutes sortes de « contre-cultures ». L'autonomisation de l'escalade libre par rapport à la pratique de l'alpinisme traditionnel, de la course libre par rapport à l'athlétisme de piste, l'irruption du vélo-tous-terrains par rapport au cyclisme sur route, le développement des activités de pleine nature et des sports d'aventure contre les sports scolaires, les jeux de vitesse et de vertige contre les « sports-guerres », etc., sont autant d'exemples révélateurs. Les attributs les plus prégnants des différents sports centenaires s'en trouveront modifiés, créant ainsi des conditions socioculturelles de transformations dont les effets massifs se feront ultérieurement sentir, comme dans les effets de système. Phénoménologie et freudo-marxisme constituent, dans le même temps, les bases philosophiques d'une critique radicale de l'institution sportive réputée aliénante et répressive pour le « vécu » et aussi pour la libre expression de la « libido » des sujets.

- **Au cours des années 1980**, sous l'influence de la professionnalisation des sportifs d'élite et de la médiatisation vigoureuse de leurs performances, et surtout sous les effets de l'accroissement des impacts économiques de la pratique sportive de loisir, « libre », individualisée et solvable, alors en plein essor, le champ sportif voit apparaître, monter en puissance et se diversifier de nouveaux acteurs (industriels et commerçants de biens et de services privés, producteurs d'événements, aménageurs touristiques et « développeurs locaux », etc.). Le désengagement budgétaire (relatif) de l'État, le passage des professeurs d'éducation physique à l'Éducation nationale (1981), accusent, alors, les traits de cette nouvelle donne. À la même période (1982) les **lois de décentralisation** déplacent les centres de décisions et redonnent à l'échelon local, la marge d'initiative qui va lui permettre d'articuler des politiques sportives, plus diversifiées, avec les enjeux — proprement locaux — de mise en valeur touristique, de plus-value résidentielle, de communication urbaine ou de développement local. L'amélioration de la formation et du statut socioprofessionnel des cadres territoriaux, chargés des décisions sportives, représente une manifestation, parmi d'autres, de cette adaptation managériale au soudain accroissement des enjeux locaux et aux changements structurels observés.
- **La période contemporaine des années 1995-2000** voit un bouleversement important du champ socio-sportif français. Par rapport aux trois instances principales (et nationales) — l'État, les fédérations et l'Éducation nationale — qui géraient essentiellement le champ sportif, de

part en part, jusqu'aux années 1980, s'imposent, de toute leur force, les acteurs de la sphère marchande et de la fonction médiatique. Les grands média (surtout la télévision), la production industrielle et la distribution commerciale, les organismes privés de services, le secteur financier et les aménageurs, les agents de l'intégration sociale des jeunes et les élus, décideurs locaux, entrent alors puissamment en action et reconsidèrent leurs stratégies d'alliances dans un système qui s'est considérablement complexifié.

Le champ socio-sportif français sous l'influence de quatre conjonctures socio-historiques différentes

1. Conjoncture des années 1960
- Avènement de la Ve République : politique de grandeur et d'indépendance du pays
- Centralisation administrative et croissance économique soutenue
- Faiblesse des résultats sportifs de l'élite, création du Haut Commissariat à la jeunesse et au sport
- Recrutements de professeurs et de cadres techniques, lois-programmes d'équipements sportifs
- Équipement de la montagne et du littoral français
- Alliances objectives entre l'État, les fédérations, et les pédagogues prosportifs de l'EPS
- Instructions Officielles de 1967.

➤ *Sportivisation intensive des pratiques d'exercice*

2. Conjoncture des années 1970
- Renouvellement critique des générations, effets démographiques du *baby-boom*
- « Contre-culture » adolescente : catégories culturelles de Mai 1968
- Humeur anti-institutionnelle, aspiration à l'indépendance et à l'autonomie, expressions personnelles.

➤ *Poussée des composantes, hédoniques, transgressives des activités ; développement des loisirs actifé*

3. Conjoncture des années 1980
- Chocs pétroliers répétés et crise économique en Europe
- Professionnalisation de l'élite sportive, médiatisation de leurs performances
- Impacts économiques du développement de la pratique sportive de loisir, apparition de nouveaux acteurs, réactivation des industries et des services
- Crise du bénévolat, professionnalisation des tâches
- Décentralisation : initiatives locales, début d'une phase stratégique
- Désengagement budgétaire de l'État, professeurs d'EPS à l'éducation nationale
- « Didactisation » de l'EPS, tassement, sinon déclin, de la courbe du sport licencié.

➤ *Forte déstabilisation et réaménagement du champ socio-sportif*

4. Conjoncture des années 1990
- Poursuite de ces processus, actions stratégiques plus avérées, pilotage de certaines opérations par le marketing
- Marchandisation accentuée et médiatisation des sports… Développement de l'individualisme sportif et replis sur la sphère familiale ou conjugale, Construction des équipements de loisir familial du type *Disneyland, Aqualands, Center-Parcs*
- Dislocation des intérêts entre les acteurs de la première conjoncture
- Aménagement du territoire, entrée en jeu des aménageurs et des développeurs
- Tassement, puis déclin, de la demande sociale de sport institué, forte évaporation des adhérents dans les clubs (*turn-over* de près de 35 %)
- Construction « frénétique » de golfs, faillites, équipement de friches, des terrils, des lacs.

➤ *Phases de réflexions stratégiques : « tendances lourdes d'évolution » ; « faits porteurs d'avenir »*

Or, face à la diversification des acteurs et des enjeux « externes », issus de son environnement, et face à l'accroissement de ses tensions internes, le champ social du sport se déséquilibre et perd de son autonomie mais n'explose pas. Il tend, au contraire, à se réaménager pour s'ajuster aux pressions les plus vives qui lui sont imposées « de l'extérieur » et pour tenter de répondre à l'évolution des goûts et des demandes sociales d'un public moins jeune et plus exigeant. Forts de la légitimité sociale du sport ses dirigeants tentent de s'organiser en *lobbies* aux différents niveaux de décisions (État, collectivités territoriales). Les enseignants d'éducation physique, depuis toujours hostiles à l'irruption de l'argent dans le sport, vont se mettre à rechercher des « sponsors » ou à organiser quelques manifestations lucratives pour financer les stages de ski de leurs élèves.
Les relations de forte synergie que la conjoncture des années 1960 avait établie entre la fonction éducative du sport (convertie en travail, en efforts et en valeurs scolaires) et les fonctions compétitives, performatives et sélectives, initiées par les fédérations (soutenues par l'État), tendent alors à se distendre. Le passage, au ministère de l'Éducation nationale, des enseignants d'éducation physique (qui relevaient jusqu'en 1981, du ministère de la Jeunesse et des Sports), marque institutionnellement cette disjonction. L'accroissement des profits financiers que produisent les performances sportives dans les « exhibitions » compromettent le crédit et l'impact des compétitions fédérales.
Tenues par des « conventions d'objectifs » qui définissent leur rôle délégué de service public, tout en conditionnant les soutiens ministériels et financiers qu'elles peuvent recevoir à ce titre, les fédérations sportives éprouvent, aujourd'hui, des difficultés de toutes sortes. Elles ressentent une plus vive concurrence entre elles pour capter de nouveaux adeptes sur un marché des pratiques proche de la saturation. Elles subissent une forte évaporation de leurs effectifs parmi les plus jeunes de leurs licenciés et doivent faire face, par ailleurs, à un accroissement de la concurrence sportive internationale (*cf. infra*, la poussée des sportifs africains et chinois, etc.). De plus les organisations sportives ressentent une crise aiguë du bénévolat. La montée du chômage, redonnant quelques attraits à tous les emplois sportifs de moyenne et de forte qualification, pousse à la professionnalisation de leur encadrement autant que l'affaiblissement des vertus de désintéressement et des valeurs attachées au dévouement et à la « chose publique ». De leur côté, changeant d'attitudes et de mentalité, les adhérents de clubs se conduisent désormais, en « clients », exigeant que leur soient dispensés des « services » de qualité sans en payer le juste prix...
Pour se résumer on peut observer, au cours de la présente conjoncture :
– d'une part, une liaison — toujours plus forte et durable — entre les acteurs de la sphère économique (et marchande) et les fonctions montantes du sport de loisir, du jeu libre, des activités touristiques et des

vacances « actives » ; toutes assez largement consommatoires (synergie illustrée par la liaison « Sud-Est ») ;

– d'autre part, un renforcement des liens synergiques entre les organisateurs de spectacles sportifs, associés aux entreprises-sponsors, et les meilleurs *performers* de l'élite sportive.

Mais les investisseurs privés dans le sport imposent des logiques de fonctionnement qui leur sont propres (rationalisation des opérations de parrainage, « retour sur investissement », réduction capitaliste de l'incertitude...) qui peuvent compromettre la logique, l'éthique et l'équité même des compétitions. L'affairisme, la corruption, la tricherie (ou le tirage au sort du vainqueur d'une épreuve, au sein d'une même écurie, par exemple), la violence grandissante ou le dopage systématique des compétiteurs — qui sont perçues comme autant de perversions ou de scandales du sport, défrayant la chronique — peuvent être considérés comme des effets directs de la poussée considérable de la sphère économique, financière et capitaliste, sur les arènes sportives (poussée qui s'exerce d'ailleurs sur l'ensemble de la société) et qui ne peuvent manquer de peser sur leur règles voire même d'infléchir leur morale.

Ainsi toutes les opérations visant à minimiser les risques financiers ou à optimiser les profits des investisseurs, sur telle équipe, dans telle compétition, peuvent soumettre les athlètes à des contraintes, sans cesse accrues, pouvant gravement menacer leur santé (le dopage est, pour eux, un moyen de surmonter ces charges « surhumaines » de travail, l'exigence exténuante d'exploits répétés ou de tenter d'allonger — artificiellement — une carrière). Ces phénomènes peuvent aussi, à terme, détourner les spectateurs toujours attachés à la glorieuse incertitude du sport et compromettre la valeur publicitaire de ses imageries. Ceci peut inciter certains annonceurs, les plus fidèles aux vedettes sportives, à faire défection vis-à-vis d'images ternies ou de supports de communication dégradés, pour orienter leur stratégie d'image vers le mécénat culturel ou humanitaire.

Ainsi un champ sportif, plus ouvert, moins autonome et déstabilisé, au sein duquel chaque type d'acteurs (nationaux ou locaux, sportifs ou économiques) est conduit à reconsidérer ses stratégies, se trouve-t-il en phase de complète réorganisation.

Comme cela a été dit, la forte diffusion des pratiques sportives dans la société française, au cours des années 1970 et 1980, s'est accompagnée d'une montée progressive des enjeux politico-économiques attachés à cette sphère d'activités et a été marquée par l'irruption de nouveaux acteurs dans le champ. Cette nouvelle conjoncture sportive est marquée par deux phénomènes puissants entrant en relation :

– **une moindre diffusion** des pratiques sportives et un **renouvellement** déconcertant de la demande sociale d'activités. C'est là une tendance confortée par de nombreux indicateurs et analyses socio-économiques.

La consommation d'articles et de services sportifs, s'est nettement ralentie, depuis le début des années 1980 ; de nombreux produits atteignant, à ce moment, la phase caractéristique de stabilisation — sinon de déclin — de leurs propres cycles de vie (voir le cycle de vie du sport institué à partir de 1990, dans les chapitres « Éléments de démographie sportive » et « Les approches économiques du sport »).

– **la double mécanique de décentralisation-déconcentration** des pouvoirs, a bouleversé les relations hiérarchiques entre l'État et les différents niveaux de décisions des collectivités territoriales. Deux logiques se rencontrent ou se contrarient entre le niveau central et le niveau local d'initiatives et de décisions. La décentralisation, après 1982-1985, a renforcé les pouvoirs locaux d'élus, à forte légitimité politique, très attentifs aux attentes et aux besoins locaux, bons gestionnaires et dotés de moyens financiers importants. Ces élus municipaux disposent désormais d'une grande autonomie de décision et de gestion. Dans le même temps, la « déconcentration » renforce le poids des représentants de l'État dans les directions régionales et départementales de la Jeunesse et des Sports. Porteurs de la légitimité du gouvernement (dont ils sont les « agents » et les « porte-parole »), ils disposent, eux aussi, d'une certaine liberté de décision et de gestion (par les crédits dits « déconcentrés ») qui devraient s'intégrer (mais ne le font pas toujours) dans un schéma de cohérence nationale, défini par une politique ministérielle.

Ainsi, le sport national est-il, aujourd'hui, à la croisée des chemins. Deux choix s'offrent à lui, désormais :

– soit un **pilotage par la norme**, toujours justifié par la volonté de diffusion démocratique des bienfaits attendus du sport hygiénique, associatif, compétitif, éducatif... mais aussi porté par les enjeux politiques et sociaux des spectacles, les plus mobilisateurs, de la haute performance, supposant l'existence de grands équipements destinés aux spectacles et aux rassemblements « de masse » ;
– soit un **pilotage par le marketing** (A. Haumont, 1987) exigé par les nécessités d'un ajustement de l'offre publique, privée et mixte, à une complexification du système des pratiques et à une segmentation accrue de la demande sociale d'activités, incluant les modalités très éclatées du loisir sportif ; opérations s'ajustant à cette mouvance (ou instabilité) pour mieux structurer des consommations.

Mais dans les deux cas, on relèvera sans doute une tendance générale des décideurs à inscrire — désormais — les politiques sportives — territoriales ou municipales — dans des stratégies d'aménagement régional ou de développement local, de recherche de promotion immobilière ou de plus-value résidentielle des quartiers, de mise en valeur touristique des villes, d'exploitation d'un « gisement » spatial ou paysager quelconque (réserves foncières, friches, plans d'eau, rivières, forêts, littoraux, etc.). Ce sont des politiques et des stratégies qui n'excluent pas la « communication » régionale ou urbaine.

Définitions

Les usages sociaux : qualifient le fait qu'un même objet ou instrument (le vélo), une même pratique ou technique, (un sport quelconque, la photographie) se prêtent à des usages significativement différents en fonction des groupes sociaux qui les adoptent, qui les pratiquent ou qui les emploient. Les manières de les utiliser, les occasions d'emploi et les produits ou productions qui en résultent, ne sont pas soumis aux contingences des improvisations individuelles mais sont réglées, conventionnelles, puis traditionnelles, parce qu'elles sont soumises à des dispositions culturelles des agents utilisateurs, à des esthétiques et des attitudes éthiques socialement différenciées (*Essai sur les usages sociaux de la photographie* (P. Bourdieu) ; *Les usages sociaux du corps* (L. Boltanski) ; *L'excellence corporelle : histoire des usages sociaux de la gymnastique* (J. Defrance).

Sports informationnels, compétences informationnelles : par opposition aux sports à dominante énergétique (dont la course de grand fond ou les épreuves sportives exténuantes représentent les paradigmes), on peut désigner ainsi les activités de pilotage, d'engins véhiculants (type deltaplane) ; activité qui repose sur la capacité de traitement de l'information extraite d'un milieu hyper-compexe et mouvant (comme l'air ou l'eau d'un torrent), afin de capter l'énergie nécessaire au déplacement, d'assurer le guidage de l'engin et la sauvegarde de son pilote. Le modèle de l'ordinateur peut être ici évoqué qui recèle une capacité énorme de stockage et de traitement de l'information pour une dépense énergétique minimale.

Cénesthésique (ou cœnesthésique) : qualifie l'impression générale et non spécifiée, d'aise ou de malaise, résultant d'un ensemble de sensations qui émanent de l'intérieur de notre propre organisme. Parce qu'elle est dotée d'organes récepteurs spécifiques, la sensibilité proprioceptive capte électivement les sensations qui émanent de nos muscles et des ligaments, (c'est-à-dire informe le cerveau de l'état de notre système locomoteur). D'autres impressions émanent de notre « sensibilité viscérale ». Mais toutes ces « afférences » internes contribuent à ces impressions cénesthésiques... État de stress, état de fatigue... sont perceptibles par tous, mais certains, comme l'on dit « ne s'écoutent pas ». D'autres, au contraire, sont très attentifs à ces afférences.

Sur-représentation, groupe sur-représenté : se dit d'un groupe social composant une forte proportion dans une population particulière. Ainsi si l'on dénombre, en 1998, 13 % de noirs dans la population totale des États-

Unis, on relève 80 % de noirs dans les équipes américaines de basket-ball (NBA) et 93 % de noirs dans les sélections US d'athlétisme aux Jeux olympiques d'Atlanta. Il en est de même dans le recrutement, d'un sport, par exemple, lorsqu'un groupe social figure, en plus grande proportion dans le recrutement de ce sport, qu'il n'est représenté, en pourcentage, dans la population française. Les « professions libérales » sont dites « sur-représentées » dans le golf, la catégorie des « techniciens » dans le ski, et la planche à voile, les « ingénieurs » dans le vol libre, les chercheurs, les enseignants et les professeurs dans l'alpinisme, et les sports de plein air, etc.
Synchroniques : se dit des relations s'établissant entre des événements qui se produisent simultanément, en des lieux différents et des domaines séparés, dont on dit qu'ils forment un système. Opposé à la « diachronie » (qui s'attache à la durée, à l'évolution, à l'histoire), la « synchronie » étudie les effets du système de relations qui nouent entre eux certains faits saisis à un moment donné de l'histoire. Ainsi le système de la langue peut être examiné en synchronie et en diachronie.

Bibliographie

Sociologie du sport :

BRUANT G., *Anthropologie du geste sportif, la construction sociale de la course à pied*, Paris, PUF, 1992.
CLÉMENT J.-P., DEFRANCE J., POCIELLO C., *Sport et Pouvoirs au XXe siècle. Enjeux culturels, sociaux et politiques des éducations physiques, des sports et des loisirs dans les sociétés industrielles (1920-1990)*, Grenoble, PUG, 1994.
DEFRANCE J., *Sociologie du sport*, Paris, La Découverte, 1995.
ELIAS N., DUNNING É., *Sport et Civilisation ; la violence maîtrisée*, Paris, Fayard, 1994.
LÉZIART Y., *Sport et Dynamiques sociales*, Paris, Actio, 1989.
POCIELLO C., *Sports et Société ; approche socioculturelle des pratiques*, Paris, Vigot, 1991.
POCIELLO C., *Les cultures sportives ; pratiques, représentations et mythes sportifs*, Paris, Presses Universitaires de France, 1995.
TERRET T., *Naissance et Diffusion de la natation sportive*, Paris, L'harmattan, 1994.
WASER A.-M., *Sociologie du tennis ; genèse d'une crise*, Paris, L'harmattan, 1995.

Sociologie des organisations non sportives et sportives :

BOLTANSKI L., THÉVENOT L., *De la justification. Les économies de la grandeur*, Gallimard, Paris, 1991.

CHIFFLET P., « Associations de sportifs ou entreprises du sport », *Sport et Management*, sous la direction d'Alain Loret, Paris, Dunod-Laffont, 1993 (pp. 33-54).

CROZIER M., FRIEDBERG E., *L'acteur et le Système*, Paris, Seuil, 1977.

FRIEDBERG E., *Le Pouvoir et la Règle*, Paris, Seuil, 1993.

RAMANANTSOA B., THIERRY-BASLÉ C., *Organisations et Fédérations sportives. Sociologie et Management*, Paris, PUF, 1989.

SAINSAULIEU R., *L'Identité au travail, les effets culturels de l'organisation*, Presses de la Fondation nationale des sciences politiques, Paris, Dalloz, 1977.

Questions

1. Montrez, à l'aide d'exemples, que le sport peut être considéré comme un « produit ».
2. Énumérez les principaux « producteurs de l'offre » en matière de « produits sportifs ».
3. Reconstituez, sommairement, les facteurs de développement du vélo au début du siècle.
4. Quelles sont les principales espèces de capital qui conditionnent la position des agents dans l'espace social et qui leur permettent de faire face à la concurrence des autres individus, groupes ou classes ?
5. Montrez, à l'aide d'un exemple précis, la segmentation interne d'un sport en modalités différentes de pratique.
6. Quel est le principe de construction de « l'espace des sports » ?
7. Qu'appelle-t-on le « champ socio-sportif français » ? Dégagez sa structure et identifiez ses principaux « acteurs ».
8. Montrez comment ce champ subit des réorganisations sous l'effet de conjonctures historiques dans les dernières années du XXe siècle.

7 La géographie sportive

A. La géographie : science de l'espace et des territoires

1. La géographie : science de l'espace

La géographie est la science qui a pour objet la **description** et l'**interprétation** des faits physiques et humains, localisés à la surface de la terre. Elle s'efforce donc, d'abord, de décrire, ces phénomènes dans leur rapport à l'espace, puis de comprendre leur situation, leur répartition, et leur relations spatiales réciproques. On a coutume de distinguer la **géographie physique** et la **géographie humaine**.
La **cartographie** est un instrument technique élaboré, à la disposition du géographe, pour dresser le dessin du phénomène sur une surface rectangulaire représentant, à une échelle réduite, le globe terrestre, un continent, un pays, une région, une ville, un quartier, etc. C'est ce que l'on nomme différents « niveaux d'échelle ». Les géographes observent que ces divers niveaux sont régis par des logiques différentes.
La cartographie permet de repérer précisément la **position** d'un phénomène quelconque dans l'espace — un monument ou un grand stade par exemple — dans un quartier, sa situation dans la ville et dans l'agglomération. Ce qui amène la réflexion : pourquoi se situe-t-il, ici et là et non ailleurs, et quelles influences exerce-t-il sur son environnement urbain ? On peut aussi relever la répartition et la densité de phénomènes de ce type, sur le territoire national. Dans quelles villes de France sont situés les stades de football, réhabilités pour la Coupe du Monde, ou les vélodromes, et pourquoi ? Observe-t-on une répartition inégale de ces objets sur la carte de France ? Plutôt dans le sud, dans l'ouest, dans l'est du pays ?
Enfin, il est possible de visualiser le degré d'intensité de ces objets sur l'espace à l'aide d'un code cartographique (cercles de surfaces proportionnelles au nombre de pratiquants, trames, hachures, d'intensité différente, etc.).

2. La géographie sportive

Les relations du sport à l'espace sont nombreuses et étroites. D'abord parce que le sport et les sportifs ont besoin, pour s'exprimer, d'espaces nombreux et variés. Qu'ils soient « libres », assignés ou spécialisés, « naturels » ou « urbanisés », toujours on peut décrire précisément la **trame des équipements** et relever l'emprise spatiale du sport, sur un pays, une région, dans une cité… Mais cette description cartographique des sports — indispensable — n'est pas suffisante. Il faut s'efforcer de l'expliquer. Les **régularités** et les **distributions** spatiales, ainsi mises à jour, doivent-elles être mises en rapport avec les potentialités d'un milieu naturel, les contextes socio-économiques des régions, les compositions socio-démographiques des villes ou quartiers ? Renvoient-elles aux politiques d'équipements en infrastructures, menée par les municipalités, ou à la stratégie d'aménagement du territoire engagée par l'État ? S'expliquent-elles par l'idéologie, la religion, la culture, des résidents ? La cartographie interroge, la géographie explique.

Reprenant la distinction, introduite entre géographies « humaine » et « physique », on pourrait considérer, comme leurs équivalents respectifs :

- d'une part la répartition spatiale des **organisations** (clubs) et des **pratiquants licenciés** de chacun des sports,
- d'autre part, la **structure spatiale des équipements** urbains et périurbains (stades, piscines, gymnases, bases de loisirs, golfs) ; des aménagements objectivables (ports de plaisance, stations de ski, sentiers de randonnées, sites de vols) ; enfin des **espaces naturels** pouvant se prêter aux activités de loisirs sportifs (littoraux, massifs montagneux et forestiers, bassins torrentiels et lacustres), qui, par leur surface et leur extrême variété, donnent à la France, un gisement d'espaces et de paysages très enviés.

Une attention toute particulière est portée, par la géographie sportive, aux variations spatiales des pratiques ; leur implantation, leur intensité et leur diffusion, aux différents niveaux d'échelle (national, régional, départemental, communal) où on peut les observer. La mise en relation des **organisations spatiales** des sports (répartitions, distributions, concentrations) avec quelques indicateurs socio-économiques ou socio-démographiques, ouvre des voies d'interprétations. Parfois c'est l'histoire qui explique la répartition spatiale des sports. Ainsi la géographie peut-elle s'articuler avec la sociologie et l'histoire des pays, des régions.

B. L'inégale répartition des puissances sportives dans le monde

Né dans la société libérale la plus avancée du capitalisme industriel, le sport moderne s'est diffusé, en moins de quatre-vingt ans, à la quasi-totalité de la planète. Comme on l'a relevé, en effet, ce sont les Anglais qui

ont inventé et entrepris la codification de la plupart des sports modernes, (voir chapitre « Esquisse d'une histoire sociale des sports modernes »), expliquant l'impact particulièrement fort de ces pratiques dans leur zone d'influence coloniale. Mais ce sont les Français qui ont, le plus vivement, contribué à leur universalisation. Tandis que les Britanniques, n'ont rien fait pour étendre, au-delà de leurs zones d'influence, ces activités nouvelles qui les caractérisaient (aux XVIIIe et XIXe siècles), ce sont les forces sociales que Pierre de Coubertin est parvenu à regrouper autour de lui, qui ont défini, dès le début du XXe siècle, les principes philosophiques et idéologiques de leur diffusion planétaire et mis en place les structures institutionnelles devant assurer leur « universalisation » la plus large.
Le « Mouvement sportif » connaît pourtant des limites à son désir d'expansion planétaire. Un géographe spécialisé, Jean Praicheux, a bien mis en évidence les irrégularités géographiques dans sa pénétration des continents ; aussi bien dans l'intensité de la pratique de compétition, dans la production des hautes performances, que dans la distribution des lieux d'organisation des grandes rencontres internationales. On peut réaliser les projections cartographiques mondiales de la réussite sportive, à partir de la définition d'un « indice global de performance » objectivement apprécié au nombre de finalistes olympiques rapporté au nombre d'athlètes engagés. Ces cartes visualisant ainsi la localisation des « forces sportives », soulignent bien les inégalités considérables enregistrées entre les pays développés de l'hémisphère Nord et les pays du tiers-monde, au Sud. De même, l'espace mondial des grandes manifestations sportives se limite, pour l'essentiel, aux mêmes zones septentrionales. L'Europe occidentale et l'Amérique du Nord ont, depuis longtemps, monopolisé les sièges sociaux des organismes internationaux et les grandes manifestations sportives (Jeux olympiques et Championnats du Monde) (1).
Ceci s'explique aisément par les fortes corrélations existant entre l'intensité de la pratique, l'impact spectaculaire de ses manifestations et le contrôle institutionnel et financiers de leurs effets. Une variable explicative essentielle de cette inégale répartition sportive est donc l'inégalité de richesses.
On invoque volontiers la capacité — ou la volonté — d'investissement, de ressources économiques, par les différents pays, au profit du divertissement et du spectacle sportifs qui sont, au fond, des besoins — réputés plus « luxueux » et moins « fondamentaux » d'une société aux moyens modestes — et qui sont toujours très dispendieux. La mise en place et l'organisation d'un système de production d'une élite sportive, les équipements nécessaires à la pratique autochtone « de masse », enfin la réalisation d'un parc d'équipements lourds, aux normes internationales, sont extrêmement coûteux, voire même impossibles à réaliser dans certains pays (il suffit de songer aux conditions ou au prix de l'arrosage et de l'en-

(1) Jean Praicheux, *Contribution à l'analyse des espaces du sport*, Document de synthèse d'HDR, Université de Franche-Comté, IRADES, 1993.

tretien d'une pelouse en pays africains...). On comprend que tout ceci ne s'accommode guère d'un **sous-développement**. En bref, la mise en perspective économique et financière de cette inégale répartition géographique (Nord/Sud), de l'activité et des résultats sportifs est, en l'occurrence, très explicative.

Dans un quasi « désert sportif » austral, coïncidant *grosso modo*, avec la planisphère de la « pauvreté » (caractérisée par la faiblesse du PIB* et du taux d'alphabétisation, une forte mortalité infantile, etc.) émergent cependant quelques îlots d'exception :

- celui marquant le niveau de vie important et la culture anglo-saxonne, des Australiens, excellant dans les sports de tradition britannique (rugby) et dans les sports nouveaux ;
- celui correspondant aux enjeux accordés à la réussite sportive par un pays pauvre, à régime communiste (Cuba) ; très centré sur les résultats obtenus, par ses élites, dans les sports olympiques ;
- se détachent, enfin, quelques zones où sont providentiellement réunies les conditions culturelles, géographiques, climatiques, etc., favorables à l'éclosion d'un type, bien particulier, de performances, ne nécessitant pas une logistique importante comme la course de fond, en Afrique de l'Est. Si les coureurs de fond du Kenya ou des hauts plateaux éthiopiens, remportent des succès sportifs spectaculaires c'est qu'il n'est pas besoin, pour exceller dans cette activité, d'une logistique très importante, mais qu'elle est ressentie comme très légitime dans, et par, une culture qui accorde, depuis toujours, à la course épuisante de très longue distance, la valeur d'un rite initiatique pour ses adolescents. Déjà Henry de Monfreid avait rapporté, dans l'un de ses récits, son étonnement devant le caractère, à ses yeux, stupéfiant, de la résistance des jeunes messagers éthiopiens. En accordant cette valeur traditionnelle forte à cette activité, on s'y adonne très volontiers et on s'y exerce intensément, particulièrement dans le peuple. Sur des qualités foncières ainsi naturellement acquises par un effort d'endurance, devenu habituel et « spontané », peu contraignant et très valorisant, on peut greffer des entraînements rationalisés empruntés aux Européens. Par l'ouverture sur le monde occidental et les prestiges nationaux assurés aux champions, la pratique compétitive devient, de surcroît, porteuse d'espoirs de promotion sociale pour les athlètes qui entrent, eux-mêmes, en relation de concurrence. Dans cette problématique, la culture et les traditions, jouent un rôle important, on le voit bien dans cet exemple ; ce qui n'exclue nullement le processus social d'amorçage des carrières.

Mais les différents types de sports, dont l'olympisme donne l'image, sont-ils uniformément répartis sur la planisphère ? À l'exception du football qui, avec près de 180 fédérations nationales, est le seul sport à expansion

mondiale véritable (sport que contrôle étroitement la puissante FIFA), les géographes relèvent des inégalités flagrantes dans la répartition des différentes spécialités sur le globe et dans la concentration de leurs médaillés. Selon leur nature et les conditions requises pour leur pratique intensive et hyperationalisée, les différents sports pénètrent donc très inégalement les divers continents. Les pays développés du continent européen et d'Amérique du Nord présentent la palette la plus complète des activités et « se taillent la part du lion » dans les titres mondiaux remportés.
Or, en dépit des contraintes économiques et techniques fortes ou même de certains obstacles jugés insurmontables pour les pays pauvres, le sport poursuit sa lente diffusion. Quelle puissante dynamique peut expliquer cette formidable expansion qui tend, malgré tout, vers une certaine homogénéisation ?

C. Les dynamiques de diffusion mondiale du sport

C'est la force symbolique que représentent les grandes rencontres internationales, les enjeux de visibilité, de reconnaissance internationale que confèrent la présence et la participation nationales (voire même les prestiges et les notoriétés conférées par un triomphe sportif remporté sur les pays dominants), qui poussent les petits pays, aux ressources modestes, à chercher à **figurer honorablement sur cette scène**. Comme nous l'avons déjà souligné les grandes manifestations sportives internationales tiennent leur pouvoir d'attraction et d'influence au fait qu'elles sont devenues les représentations solennelles de la force des nations concurrentes, dans un registre de relations internationales pacifiées. Ce sont les villes, en quête de visibilité internationale, et les pays « émergents » (en croissance économique ou disposant d'un niveau de vie suffisant), qui aspirent le plus vivement à cette reconnaissance et qui sont les plus empressés pour l'obtention de ces marques de consécration universelle.
L'extrême diversité des sports possibles, offrant autant d'occasions de concours, et la longue liste — sans cesse élargie et « toilettée » — des disciplines inscrites au programme officiel des Jeux olympiques, donnent apparemment, à tous, leur chance, tout en veillant à ne pas trop handicaper les pays « détenteurs » par rapport aux pays « prétendants » dans le bilan général des résultats…
Mais dans cette dynamique de diffusion du sport, il ne suffit pas, pour le pays en question de « bien figurer » dans un sport quelconque. Il faut, de surcroît, que le grand public de cette même nation trouvent du sens à l'activité sportive représentée. Tout succès dans le football universel est par-

tout hautement apprécié. On comprend aussi que les résultats des champions de course « est-africains » suscitent un grand enthousiasme dans leurs pays respectifs. Mais c'est un retentissement qui peut gagner tout le Continent tant les triomphes sportifs sur les Européens sont chargés ici de significations symboliques redoublées et fortes.

On a pu observer que les disciplines sportives ne possèdent pas, au même degré, la capacité de servir de lieu de projection identitaire collective et de support d'investissement à « la conscience nationale » (Paul Irlinger, 1981). Ce sont les **sports collectifs d'affrontement**, face à face et au contact direct, concentrant les vertus combatives et les valeurs de solidarité qui la cristallisent le mieux. Ce sont des sortes de « sports-guerres » ; sports populaires, dépourvus d'instrumentations, profondément inscrit dans la tradition nationale, portés par la gratuité apparente de l'effort, et servis par un désintéressement supposé de l'engagement physique total des joueurs dans le jeu collectif, qui concentrent cette importante propriété. Enfin les mérites des équipes représentatives sont, évidemment, d'autant plus grands que ces sports ont connu une assez large diffusion et audience planétaires.

La diffusion mondiale du football et l'impact considérable de ses spectacles, s'expliquent assez bien par le fait qu'il concentre toutes les propriétés énumérées. Le rugby les possèdent aussi mais souffre d'un moindre degré de diffusion mondiale. Observons que le rugby trouve, dans l'hémisphère Sud de l'ancien Commonwealth, ses plus puissants foyers de développement et de performances (Afrique du Sud, Australie, Nouvelle-Zélande, etc.).

En revanche, il est avéré que les instances olympiques (qui ne peuvent cependant pas négliger ces sports), préfèrent plutôt mettre en avant et en relief (sur les recommandations même de P. de Coubertin), les **sports individuels** — jugés précisément moins « batailleurs » et « nationalistes ». Ces sports olympiques par excellence — dont l'athlétisme est le fleuron — n'en sont pas moins propices aux « vedettarisations » et à l'expression des pulsions nationalistes, pour les raisons de mise en scène que nous avons indiqué. Se draper dans son drapeau national, lors d'une victoire, le signifie assez clairement. Les hymnes nationaux sont des hommages appuyés au pays du vainqueur. Les jeux qui prétendent contribuer à la paix et à la concorde universelles cherchent donc à limiter les sports d'affrontements collectifs « durs », et à célébrer, avec le plus grand faste, les jeux athlétiques, livrés côte à côte. Ils peuvent se présenter ainsi, en dépit des enjeux de vigoureuse concurrence, comme « la grande fête de la jeunesse universelle ».

Les Jeux olympiques sont la plus importante et la plus imposante des manifestations internationales régulières de spectacles à retentissement mondial. Ils contribuent fortement à cette mondialisation du sport dans un rapport de synergie, très étroit, avec les chaînes de télévisions et de très puissants sponsors attachés, eux aussi, à une diffusion planétaire (comme la firme Coca-Cola). Les Jeux sont les événements quadriennaux d'un système sportif international surpuissant dont l'importance politique et culturelle et dont le poids économique sont considérables. Ses instances fondatrices et détentrices de droits (CIO) qui assurent aujourd'hui le contrôle de cette institution, de ses symboles et de ses productions, prétendent assurer le *leadership* du sport mondial et entendent chapeauter l'essentiel de ses manifestations. Techniquement parlant, le CIO est devenu « une entreprise multinationale de la branche du spectacle » (J.-L. Chappelet, 1991). En élargissant considérablement son emprise propre sur la planète, la télévision — qui est son allié, le plus sûr — aide à cette mondialisation du sport.

D. Terres, territoires et terrains de sports

1. La distribution spatiale des sports

Au cours des années 1985-1987, des géographes et des socio-géographes ont entrepris d'appliquer leurs problématiques et leurs méthodes aux sports licenciés et aux loisirs sportifs. Une équipe s'est constituée à l'Université de Bordeaux III et à la Maison des sciences de l'homme d'Aquitaine (J.-P. Augustin, J.-P. Callède), l'autre à l'Université de Franche-Comté (D. Mathieu, J. Praicheux).

La démarche des géographes a d'abord consisté à dresser le constat des disparités géographiques dans l'intensité des différentes pratiques en France. La description cartographique dévoile bien, en effet, des régularités des distributions, des foyers nets d'implantation, etc. Cette analyse de l'organisation spatiale du sport en France a donné lieu à la publication d'un remarquable **atlas national des sports** [2] Ce travail exploite trois ordres de données : les dénombrements annuels des pratiquants-licenciés de chaque sport, les enquêtes réalisées dans certaines ligues régionales, enfin les données de l'INSEE sur les recensements de populations départementales, ainsi que sur leur composition socio-démographique. Il ressort du traitement statistique de toutes ces données, des images cartographiques du sport licencié (« institutionnel ») sur le territoire national dont la validité est reconnue et la visibilité remarquable.

Les cartes livrées illustrent les **taux de pénétration départementaux** des différents sports, définis comme le rapport du nombre de pratiquants licenciés au nombre d'habitants du département (rapporté à un millier). La carte apparaît ainsi comme le meilleur moyen de révéler les distribu-

(2) Daniel Mathieu, Jean Praicheux, *Sports en France*, Fayard-Reclus, 1987.

tions de tels phénomènes sur le territoire national, à partir des effets de nombres. Elles ont le mérite de visualiser des phénomènes qui avaient pu rester jusque-là inaperçus.

- Ainsi, la pratique de la gymnastique licenciée s'est-elle concentrée en Bourgogne industrielle, dans ses foyers, anciennement constitués, autour de Montceau-les-Mines et du Creusot (6 pour mille). Le centre de formation de l'élite nationale ne pouvait logiquement s'implanter ailleurs. La gymnastique garde aussi ses fiefs historiques dans les départements frontaliers du Nord-Est (6,2 pour mille pour le Haut-Rhin) ; traduisant la très ancienne influence de la gymnastique allemande (depuis 1870).
- La répartition des taux du cyclisme (licencié, hors VTT) fait apparaître une forte diffusion de cette activité dans les départements du Centre-Ouest, à partir d'un foyer breton et normand de concentration. On peut comprendre ici l'importance que revêtent, dans cette région, les critériums cyclistes les plus modestes et rendre plus intelligible la distribution nationale des vélodromes. Ainsi, sur la soixantaine de vélodromes construits en France, la Bretagne possède, à elle seule, le quart de ces équipements spécialisés au recensement de 1982. Cette concentration régionale du cyclisme s'accorde aussi avec les enquêtes sur les préférences du public en matière de sports télévisés (attestant, pour le public du cyclisme, d'un « noyau dur » de téléspectateurs d'origine rurale, plutôt âgés, habitant dans les petites villes ; observations confortées par les indices de satisfaction qu'enregistrent, en ces régions, les retransmissions télévisées du Tour de France.
- Le judo connaît, quant à lui, une large diffusion dans la moitié nord du Pays et surtout dans le Bassin parisien (sauf dans la Capitale et les départements de première couronne).
- L'atlas national confirme que le rugby concentre ses effectifs de joueurs dans la partie méridionale de l'hexagone (près de 70 % des joueurs en activité). La quasi totalité des clubs de rugby évoluant en tête de la compétition (Division I) sont, en effet, situés au sud de la frontière médiane La Rochelle-Montferrand-Bourgoin. Les départements de l'extrême sud-ouest aquitain renforcent cette densification régionale de rugbymans et, avec ses 11 000 joueurs licenciés, les Pyrénées-Atlantiques disposent de la plus forte densité départementale de compétiteurs en France.
- Le tennis licencié connaît ses plus fortes implantations dans les régions les plus fortement urbanisées (région parisienne et région Rhône-Alpes) et aussi en Gironde. Les régions du tourisme estival complète la trame nationale de ce sport attrayant dans ses variantes distinguées ; les courts réservés, en terre battue, dotés de *country clubs*, le disputant ici nettement aux *Quick* municipaux, « casse-pattes » d'accès libre.

2. Les caractéristiques régionales

Ayant achevé cette analyse de la distribution de chaque sport sur l'espace national, les géographes ont entrepris une démarche quantitative, plus synthétique, dégageant **l'ensemble des caractères sportifs des régions**. Le traitement, par analyse factorielle, de l'ensemble des données recueillies permet, en effet, « de mettre en relation des combinaisons de caractères (sportifs) avec les départements occupant les mêmes zones de l'espace factoriel ». Une très intéressante cartographie — dite « typologique » — s'en dégage qui révèle d'étonnantes régularités spatiales de constellations assez cohérentes de sports. Ainsi, les sports individuels, à haut rendement symbolique qui contribuent à marquer le prestige social des cadres et des patrons (tennis, golf, sports équestres, tir), se concentrent dans les département franciliens de grande couronne (et particulièrement en Yvelines) et en Gironde. Les activités individuelles écologiques et à dominante informationnelle (ski, aéronautisme, voile, alpinisme, vol à voile, etc.) se localisent très nettement dans la Capitale (*intra muros*), dans la région Rhône-Alpine et le littoral provençal. Les sports populaires à forte identification régionale (rugby, pétanque, boules, etc.) ainsi que la spéléologie, se concentrent dans le sud-ouest et dans le sud-est, dégageant nettement un « effet midi ». Tout le nord-ouest du pays est occupé par les grands sports populaires (football, cyclisme, etc.), disciplines populaires de promotion sociale, et les sports de tradition.
Enfin un gradient nord-sud traduit nettement l'intensité croissante de la pratique sportive (sous la modalité institutionnelle et licenciée) ainsi que l'augmentation régulière, vers le midi, de la pratique licenciée des boules. Le caractère du Massif central se détache nettement par son absence de caractère (sportif) et la faiblesse relative de l'intensité de sa pratique licenciée.
En dressant, de manière particulièrement visible, de tels constats on peut s'interroger sur les raisons qui ont pu produire ces phénomènes.

E. Structure et genèse des implantations sportives départementales

1. Le sport dans l'espace landais

Travaillant, en socio-géographe, sur la région aquitaine, Jean-Pierre Augustin a pu faire comprendre la structure et la genèse des espaces de sports collectifs en se centrant sur une échelle départementale. C'est une démarche originale dans laquelle l'histoire et la sociologie s'articulent étroitement avec la géographie sportive ; disciplines s'éclairant mutuellement dans le pays profond, en une fructueuse dialectique [3]. La méthode cartographique appliquée au département des Landes permet de décrire, d'abord, l'état final (d'un processus historique), à travers ses effets les plus objectivables (situation, datation et trame des équipements assignés, distribution géographique des implantations de clubs, leurs dates de création, etc.). L'explication du phénomène est alors recherchée dans l'histoire sociale de ce département telle qu'elle se définit dans la phase de prime implantation des clubs (1890-1914 et 1920-1930). Les transformations sociales dont ce territoire est alors le siège y sont invoquées ainsi que les enjeux propres des fondateurs des clubs et de leurs opposants. Enfin, attentif à la dynamique produite par l'histoire récente (1975-1980), l'auteur s'attache à l'analyse de la « dynamique géo-sportive » actuelle comprise comme un jeu de défense du terrain conquis et/ou de conquêtes de nouveaux espaces de pratiques. La « culture sportive », productrice d'identité locale, autant que le concept de « territoire » sont particulièrement opérants dans l'interprétation de ces phénomènes.

Le département landais, pris comme objet d'études, présente certaines particularités (notamment quant à sa bonne couverture du sport associatif) et c'est l'importance que prennent les trois sports collectifs (rugby, basket et le football) se disputant, depuis les années 1980, la prévalence départementale qui le désigne comme champ privilégié d'observations. La cartographie indique clairement que le rugby est bien campé dans les campagnes de l'ouest du département, et qu'il résiste bien, le long du littoral, et dans les villes moyennes, à l'offensive du football. Les clubs de football sont surtout implantés dans le nord et le nord-est du département, dans les communes de très faible densité de population (comme subissant l'influence du football girondin qui le jouxte au nord). Les nombreux clubs de basket qui rassemblent une grande quantité de joueurs licenciés (au premier rang de la pratique sportive en Aquitaine) sont situés dans le sud du département (comme soumis à l'influence du basket orthésien, irradiant autour de « l'élan béarnais »).

2. Un rapport de force idéologique

Pour comprendre la répartition spatiale remarquable de ces trois sports, dans leur dynamique concurrentielle, il faut prendre en compte le processus socio-historique qui a présidé à leur prime implantation, qui a permis leur enracinement et facilité leur diffusion. On doit se référer en particulier aux bouleversements politiques et idéologiques, tels qu'ils se sont produit ici, avant la guerre de 1914. J.-P. Augustin invoque le déclin de l'aris-

(3) Jean-Pierre Augustin, « Espaces et histoire des sports collectifs (rugby, football, basket), l'exemple des Landes », *Travaux et Recherches en EPS*, INSEP, n° 8, spécial « Histoire sociale des pratiques sportives », décembre 1985.

tocratie foncière et la montée en puissance de nouveaux notables locaux, radicaux, républicains et anticléricaux. Dans ce contexte, le rôle des instituteurs va devenir considérable. Les patronages laïques et confessionnels mis en place pour les loisirs (et le contrôle idéologique) de la jeunesse vont choisir, dans la gamme des sports collectifs possibles, leurs sports préférentiels en fonction de leurs caractéristiques techniques, de leurs propriétés symboliques et de l'opposition tranchée qu'ils imposent vis-à-vis des groupes concurrents. Ils vont devenir en quelque sorte des « sports de référence » pour chacun des groupes d'influences. C'est le rugby qui s'implante, dès 1890, dans le département et s'organise sous l'influence des instituteurs. Il se diffuse d'abord dans les établissements scolaires sous une forme euphémisée (« barette »), puis se pratique à l'École normale d'instituteurs de Dax. Devenus instituteurs, les anciens normaliens sont à l'initiative de la création de nombreux clubs de rugby (1890-1900) ; leur militantisme « assurant la pérennité des notables radicaux et la sociabilité communautaire qui s'instaure (dans et) autour des clubs ».
Dénigrant le rugby, comme sport violent, aux contacts douteux, les prêtres l'accusent d'exercer une influence « pernicieuse » dans les « écoles (et les patronages) sans Dieu ». Aussi vont-ils logiquement promouvoir le football comme sport leur apparaissant « moins violent, plus ordonné, excluant le contact et le pugilat... » (1905-1910). Les terrains culturels et idéologiques d'accueil vont se prêter plus ou moins bien à ces actions d'influences vigoureuses et contradictoires de l'instituteur et du curé. Les zones rurales les plus anciennement déchristianisées (à l'ouest du département) vont être très favorables à l'implantation des clubs de rugby. Celles subissant, au contraire, les emprises du Béarn catholique vont logiquement favoriser le football. Dans le nord du département les propriétaires terriens et les notables catholiques — qui ont pu maintenir leur présence et leur autorité — organisent, après la guerre (1920), des patronages et des clubs de football. Ce sont ainsi, pour beaucoup, les rapports de forces idéologiques et sociaux locaux, entre « républicains » et « catholiques », qui vont assurer la prééminence de tel ou tel sport collectif dans cette sorte de « guerre des ballons ». Il s'agit, on le voit, d'une lutte pour le contrôle idéologique de la jeunesse. Mais en faisant irruption, en 1930 dans le département, le basket réussit une percée dans les campagnes de Chalosse laissées libres par ses deux concurrents.

3. L'innovation face aux contraintes structurelles

Le schéma général d'organisation spatiale qui est ainsi mis en place dès cette période va se renforcer et se pérenniser sous l'effet du processus d'identification communautaire que construit la société locale autour de son club. Une densification des équipements sportifs assignés au basket atteste notamment d'un renforcement de l'implantation locale de ce sport dans les années 1975-1980, au sud du département.

Ainsi peut-on décrire une forte inertie de la « structure » (avec laquelle on doit compter) mais qui n'exclue nullement des évolutions. Le sport que l'on vient de décrire s'est historiquement défini dans une étroite et longue « localisation », entendue à tous les sens du mot, (équipements municipaux, recrutement proximal des usagers, relations étroites entre dirigeants sportifs et notables locaux, production d'identités locales autour des équipes, etc.) tendant à assurer la reproduction de l'existant. Mais d'autres événements viennent introduire de la nouveauté, l'obligeant à s'adapter. Une menace vient, en effet, de l'influence grandissante que les sports-loisirs (et les mouvements de « délocalisations » qu'ils entraînent généralement) font peser sur lui. Aussi, J.-P. Augustin, poursuivant logiquement sa traque, analyse le **processus de territorialisation des pratiques de mer** qui mobilise les jeunes vers les loisirs individuels et stimulants du littoral atlantique (surf notamment). L'ouvrage collectif qu'il a dirigé sur cette pratique (*Les Territoires de l'éphémère*, 1994) doit être pris, dans le prolongement de ses travaux antérieurs, comme analyse des processus d'innovations sportives pouvant entraîner des transformations significatives du système des sports à l'échelle locale. On lira, avec beaucoup de profit, l'ouvrage de synthèse de ce socio-géographe [4].

Ces analyses, qui mobilisent toutes les ressources des sciences sociales — et des sciences politiques — pour comprendre les dynamiques spatiales d'implantation, de territorialisation et de diffusion des sports, sont exemplaires pour les étudiants et utiles pour les décideurs. Les étudiants en formation, trop souvent cantonnés dans un modèle théorique unique d'interprétation s'instruiront de la richesse de ces analyses des phénomènes sportifs qui sont toujours la résultante d'un processus plurifactoriel. Les élus et les experts de l'aménagement soucieux de préserver l'utilisation des équipements publics coûteux et de conserver, pour les résidents, une animation centre-ville, pourront y nourrir leur réflexion.

F. Le mécanisme urbain de diffusion « centres-périphéries »

En examinant attentivement l'agglomération bordelaise, J.-P. Callède a pu décrire « la dynamique d'aménagement de l'espace urbain » en tenant compte des oppositions pertinentes — et des mécanismes d'imitation — qui se produisent entre le centre et la périphérie de l'agglomération. L'auteur tient compte de la composition socio-démographique des communes, de leurs réserves foncières, de leurs situations relatives. De ces systèmes de

(4) Jean-Pierre Augustin, *Sport, Géographie et Aménagement*, Nathan Université, 1995.

relations naissent, à la fois, des imitations et des différences. Ainsi, au delà des discours volontaristes des équipes municipales, il est montré que des déterminations dites « structurelles » sont plus fortes que ne le laissent penser les élus.

Tôt implantés dans les centres-villes des grandes agglomérations, les équipements de première génération (stades municipaux, piscines, grands gymnases, etc.) se diffusent ensuite dans les villes de première, puis de deuxième couronne, avant de se diffuser dans les villes moyennes qui, tout en cherchant à se doter des mêmes équipements, cherchent à compléter leur panoplie, avec des terrains de tennis, des bases de plein air, des plaines de jeux, l'aménagement de plans d'eau, etc., qu'autorisent respectivement les espaces disponibles de ces communes à l'urbanisation de moins en moins dense. Tout se passe comme s'il existait une sorte de « contamination » proximale qui assure une continuité dans la diffusion spatiale des équipements sportifs orientée du centre vers la périphérie. On pressent que cette « loi » de diffusion, par rayonnement, ne doit rien à une forme de mécanique inexplicable. Il s'agit bien là d'une dynamique d'imitation des communes prenant exemples et modèles sur les communes voisines les plus centrales, dans une surenchère qu'exaspère parfois la concurrence entre les villes.

« Conjointement à l'élargissement croissant de la gamme des équipements sportifs on enregistre une hiérarchisation progressive entre les équipements de grand rayon (haut niveau, sport-spectacle) et les équipements de proximité, destinés à la desserte locale » (J.-P. Callède, 1988). Mais se dessine bientôt un nouveau modèle ; celui de l'exploitation des gisements naturels et la promotion des sites, à la grande périphérie des agglomérations, qui stimule les initiatives d'aménagements de loisirs sportifs (ou de mise en valeur touristique), visant d'autant plus à « ponctionner » des clients ou des usagers sur les villes avoisinantes que les investissements consentis et les coûts de fonctionnement sont plus élevés. Dans cette disposition concentrique, les villes intermédiaires sont placées devant une double contrainte ; celle visant à attirer des usagers de la ville-centre et celle de conserver leurs habitants tentés par de nouveaux attraits agoraphiles, encore plus périphériques.

Mais les évolutions récentes enregistrées dans les compositions socio-démographiques des agglomérations accusent des tendances lourdes d'un autre ordre. Les villes-centre tendent à **se culturaliser** (auditoriums, théâtres, opéras, musées) tandis que les villes des couronnes — où se replient les classes ouvrières et moyennes — **se sportivisent** fortement. Les grandes périphéries, touchées par la « rurbanisation » des classes, plus aisées, de cadres, offrent des gammes variées d'équipements de sports et de loisirs adaptés à leurs goûts. Les terrains de tennis y sont plus denses. La frénésie de projets des terrains de golfs qui « consomment » des espaces verts — mais aussi des paysages — doit beaucoup à la stratégie de la promotion immobilière et s'alimente, pour partie, dans cette « rurbanisation » de l'environnement des grandes métropoles régionales. Mais ces aménagements, parfois intempestifs, de zones sensibles (et souvent mal étudiés du point de vue de la faisabilité de gestion), ont pour conséquence de stimuler les mouvements de défense de l'environnement, en même temps qu'ils suscitent la mobilisation des intérêts particuliers des riverains traduisant volontiers, en rhétorique écologique de protection des espaces verts, une volonté de préservation de leurs avantages acquis.

G. Les principales étapes géo-historiques du maillage des équipements sportifs

Comme on le voit, cette dynamique d'aménagement n'échappe pas entièrement à la volonté politique des élus, mais n'est pas totalement soumise aux projets libres et souverains des « décideurs ». Une « loi » générale d'aménagement, imposant ses contraintes structurelles, préside à cette sorte de « gravitation universelle » des équipements sportifs urbains que les sociologues ont clairement dégagée. L'histoire, en déroulant ses repères périodiques, permet de conforter cette problématique en relevant, les grandes étapes d'une généalogie. En s'inspirant de J.-P. Callède on peut distinguer, en effet, cinq principales phases dans la mise en place de cette trame urbaine d'équipements qui marque les grandes périodes de la structuration du sport dans notre pays.

1. À l'initiative des groupes animés par un goût nouveau (1885-1914), partagé entre pairs culturels, pour les sports athlétiques, à la mode anglaise, s'inaugure une période dite « épique » d'organisation de sociétés sportives urbaines ne disposant pas d'équipements particuliers. Des espaces d'exercices provisoires sont pris sur la ville (jardins, parcs, places, orées des bois, gares) avant d'être restitués à leur fonction usuelle habituelle. Les sociétés omnisports utilisent des prés fauchés, des communaux ou des terrains privés de la périphérie, prêtés, loués, concédés, achetés, etc. C'est la période de **développement pragmatique des sports**, à l'initiative turbulente des étudiants, normaliens, lycéens, assez rapidement structurée par la société civile. Au cours de cette phase, bien décrite par les historiens et les socio-géographes, la région militaire peut mettre une partie du champ de manœuvres à la disposition de l'instituteur. Un maire favorable peut concéder un terrain municipal. Les groupes socialement les plus puissants peuvent obtenir

la concession de terrains prestigieux et convoités, dans les quartiers chics de Paris (Bois de Boulogne, Pré-Catelan, Bagatelle, etc.). Ailleurs, un paysan, libérant provisoirement le pré, de ses vaches, consent à le livrer au club, pour un match dominical. Une cabane en planches sert souvent de vestiaire.

2. Succède une **phase topologique** d'édification d'équipements sportifs assignés. À l'instar des équipements construits, à Paris pour les Jeux olympiques de 1924 (Stade de Colombes), s'ouvre la période des **grands programmes d'équipements municipaux** (1925-1935), à l'initiative de grandes villes socialistes-SFIO (stade municipal de Bordeaux, de Lyon, etc.), qui, exploitant l'engouement populaire pour les spectacles sportifs (football, rugby, cyclisme), trouvent un intérêt identitaire local (et électoral) aux rassemblements de masse. Le développement des activités physiques et sportives — investies d'une valeur éducative et hygiénique — est alors structuré par l'offre municipale d'équipements (piscines, douches, gymnases municipaux). Cette « phase topologique » d'aménagement sportif (J.-P. Callède) qui correspond à un accroissement des budgets municipaux consacrés au sport — au motif de la démocratisation de ses bienfaits — est corrélative de la prise en charge municipale de hygiène publique (et sociale), de l'habitat social, des dispensaires, etc. Les réalisations italiennes imposantes inspirent souvent ces architectures de prestige comme l'organisation des « cités-jardins ». L'État, lui-même sensibilisé aux enjeux des spectacles sportifs, en cette période de nationalismes montants, commence à s'intéresser à son développement, soutient des associations, édifie quelques équipements.
3. Les impulsions données par le Front populaire, prolonge ce processus préexistant. « Ce modèle urbain se diffusant progressivement des grandes villes vers les villes moyennes et les petites villes » (selon le processus centre-périphérie décrit ci-dessus). Mais l'organisation des activités de loisirs et de vacances au profit de la classe ouvrière et des classes moyennes orientent une part importante de l'action politique et culturelle vers les loisirs « de grand-air » et les sports de « plein air » suscitant quelques aménagements de sites naturels (Auberges de jeunesse, colonies de vacances, aéria, sentiers de randonnées). S'esquisse une ouverture des activités de la jeunesse vers l'extérieur des villes. Les scoutismes y trouvent leur cadres privilégiés.
4. La couverture du territoire national par des **équipements sportifs standardisés**, dits de première génération (stades, piscines, gymnases) ne s'est s'opérée que plus tard, à l'initiative de l'État, à travers les « lois-programmes » d'équipements (1960-1962). Dans un contexte de forte centralisation administrative, la croissance économique autorise une action énergique en faveur de l'éducation physique, de la pratique de masse et de l'amélioration des performances de l'élite. L'effort se por-

tant principalement vers la modalité urbaine des sports scolaires, par excellence (athlétisme, gymnastique sportive et natation) qui offrent de nombreuses chances de médailles olympiques du fait de la diversité de leurs spécialités. Aussi le gymnase et la piscine standards sont-ils associés à la construction des établissements scolaires par l'application de ratios. Une circulaire visant le plein emploi de ces équipements émane alors du ministère. Les instructions officielles de 1967 régissant l'enseignement des professeurs d'éducation physique renforcent le peuplement scolaire de ces espaces. Le financement conjoint de l'État et des communes, produit ainsi jusqu'en 1975, une trame de plus en plus serrée d'équipements normalisés.

5. S'ouvre enfin la phase actuelle (1980-1995) de **segmentation** progressive du modèle sportif. La diversification de la demande sociale d'activités orientée vers les loisirs (dans laquelle émerge l'activité des groupes qui n'étaient jusque-là pas ou peu touchés : femmes, personnes âgées, jeunesse des banlieues) et l'évolution sensible des modes de vie et des goûts sportifs après 1975 (marquant l'autonomisation d'une « culture jeune », dans le sport comme ailleurs), autant que les effets de la loi de décentralisation, ont amené une évolution et une différenciation des stratégies communales. Premiers investisseurs en matière d'équipements et de subventionnement des associations sportives, les communes intègrent mieux le sport dans leurs politiques générales (enjeux de développement local, de mise en valeur touristique, de communication urbaine, d'intégration des jeunes, etc.) en lui assignant de nouvelles fonctions. Avec le développement d'un secteur privé de services, la recherche d'équipements innovants, la nécessité d'un renouvellement du parc des équipements existants, s'ouvre la « guerre des espaces » au niveau local (G. Baslé, 1993). La complexification du système par la diversification de la demande et par la spécialisation hiérarchisée qui affecte aussi le sport de compétition (professionnel et haut niveau, élite régionale et compétiteurs ordinaires) oblige à une rationalisation des choix par les collectivités territoriales qui se traduit dans leurs politiques d'équipements. Le sport s'inscrit désormais, de plein droit, dans les enjeux d'aménagement de la cité et de la région.

Conclusion

Comme on l'a vu, les sports inscrivent clairement et spécifiquement leurs traces sur l'espace urbain et géographique. Les avancées de la socio-géographie sportive, confrontée à une démographie sportive plus rigoureuse et enrichies d'analyses socio-politiques ont permis de mieux comprendre la phase complexe — dite « stratégique » — qui qualifie ce « troisième

âge » du sport territorial. Fut bien élucidée la phase fondatrice et « structurante » qui a vu, d'abord, une part importante de la sociabilité locale (surtout masculine) se construire autour du stade, du club, de l'équipe représentative... Fut bien problématisé « le processus emblématique d'identification communautaire » (J.-P. Augustin, C. Bromberger) qui s'est construit par et sur les sports collectifs. Mais à peine ces emblématiques communautaires et ces métaphores collectives (qu'inspirent toujours les spectacles des sports collectifs) ont-elles été analysées, que de nouveaux supports et processus symboliques se font jour. Ainsi, de **nouveaux espaces** qui se constituent (escalades, planche à voile, parapente, surf, etc.), « territoires de l'éphémère », dévoilent de nouveaux processus dits « d'individuation territoriale » (J.-P. Augustin, 1994), fondés sur la grande diversité des modalités de pratiques, des agrégations sociales éphémères, les interactions socio-idéologiques entre micro-groupes, les mises en scène fugaces d'exploits, etc., qui ne manqueront pas de poser, à terme, des questions d'organisation et d'aménagements, mais qui représentent, d'ores et déjà, un excellent moyen d'analyser les changements à l'œuvre dans notre société.
Dans ce mouvement croisé des chercheurs valorisant la dimension sociale des faits spatiaux et soulignant la composante territoriale des faits sportifs, les frontières disciplinaires s'estompent et le dogmatisme théorique n'est pas de mise. Une nouvelle fois ce sont les sciences sociales « fédérées » et les « sciences de la culture » qui sont requises pour saisir ces objets complexes.

Définition

Produit national brut (PNB) : représente le résultat chiffré, final et global, de l'activité de production de toutes les unités économiques d'un pays. Il est souvent utilisé comme indicateur de croissance et indice du degré de développement. Dans un pays donné, la faiblesse — objectivable — du niveau d'alphabétisation de la population et un taux important de mortalité infantile, complètent les indicateurs révélant ce qu'il est convenu d'appeler un « sous-développement ».

Bibliographie

AUGUSTIN J.-P., « Espaces et histoire des sports collectifs (rugby, football, basket), l'exemple du département des Landes », *Travaux et Recherches en EPS*, INSEP n° 8, spécial « Histoire sociale des pratiques sportives », décembre 1985.

AUGUSTIN J.-P., *Sport, Géographie, Aménagement*, Paris, Nathan-Université, 1995.
MATHIEU D., PRAICHEUX J., *Sports en France*, Paris, Fayard-Reclus, 1987.
PRAICHEUX J., *Contribution à l'analyse des espaces du sport*, Document de synthèse d'HDR, Université de Franche-Comté, IRADES, 1993.

Questions

1. Distinguez la géographie et la cartographie et montrez leurs rapports.
2. Citez quelques noms de géographes et socio-géographes du sport.
3. Où situez-vous l'essentiel des puissances sportives dans le monde ? Expliquez cette répartition inégale.
4. Définissez le « taux de pénétration » départemental des sports.
5. Énumérez les principales étapes historiques au cours desquelles les sports impriment leurs traces sur le territoire national, tout en élargissant leurs fonctions.

8 Les approches économiques du sport

A. Le concept d'économie

1. L'économie

L'économie est la science qui prend pour objet les processus de **production, de distribution et de consommation des objets et des biens matériels** et s'attache aussi à la production et aux échanges de **biens immatériels** (que produisent les services, la communication)... Toutes ces consommations contribuent à la richesse nationale en impulsant les productions correspondantes (porteuses d'emplois), et/ou en stimulant nos exportations.
On a coutume de considérer l'économie comme l'analyse du **système d'ajustement d'une offre** (produite par des producteurs de biens et de services) et d'une **demande des publics de consommateurs** ; ajustements mutuels qui s'opèrent sur un lieu — ou une instance — appelé « marché » (le marché étant, initialement, le lieu de la ville où s'échangent, se vendent et s'achètent les marchandises).
Chaque producteur s'efforce de **captiver une clientèle** et d'accroître ses « parts de marché ». Les consommateurs attendent la **satisfaction de besoins** (usages, confort, plaisirs) sans négliger les **gratifications symboliques** (sociales) que recouvrent la possession de ces biens ou la jouissance de ses services. L'économiste a tendance à considérer le consommateur comme totalement libre de ses décisions et détenteur des compétences nécessaires pour **rationaliser ses consommations** (c'est-à-dire maximiser ses avantages et minimiser les coûts). C'est ce que l'on nomme « la théorie du choix rationnel du consommateur ».

2. L'économie du sport

L'économie s'applique au sport et aux sports en tant qu'ils engagent des **consommations** et les **productions spécifiques** bien identifiables du secteur :
- **des biens matériels** ; à savoir : des articles (vêtements, chaussures, ballons, sacs, raquettes, skis), des machines (vélos, automobiles, bateaux, planeurs, deltaplanes), et des équipements divers (appareils de gymnas-

tique, pistes, sautoirs) : ceci correspond aux industries de fabrication et aux commerces spécialisés ;
- **des services** (encadrement pédagogique, entraînement, médecine de performance, animation, condition physique, mise en forme) auxquels il faut adjoindre les affiliations fédérales ou associatives (qui ont leur prix) et la consommation d'images et de spectacles. Tous ces services supportent des grappes d'emplois correspondants ;
- services, desquels on peut abstraire **la consommation des espaces et des équipements** comprenant des droits d'entrée pour en obtenir la jouissance ; soit pour pratiquer (golfs, salles, courts) ; soit pour assister à des spectacles (stades, circuits) ; ces consommations renvoient aux actions des « décideurs » et aux stratégies des opérateurs de ces équipements.

L'économie du sport peut orienter ses réflexions selon six principaux axes qui concrétisent bien les relations étroites du sport et de l'économie :

1. l'étude de l'impact économique des sports (ou d'un sport considéré) sur **l'économie et la richesse nationales** (poids de leurs consommations dans les budgets des ménages), effet de ces consommations sur la balance commerciale à travers le rapport entre les excédents (chasse, camping, industries nautiques) et les déficits (vêtements, chaussures) entre exportations et importations ;
2. l'analyse de l'influence que la **logique économique**, les enjeux industriels, marchands et médiatiques exercent sur la nature même des sports (par le biais de ses objets, de ses espaces et aussi de ses images) ;
3. l'étude de l'impact économique et financier des grands événements sportifs (appelé **retombées économiques**) (JO de Grenoble, Coupe du Monde de football, etc.) sur une ville, une région, un pays ;
4. le problème du **financement du sport**, par l'État, les collectivités territoriales, le secteur privé… et les effets « en retour » de ces financements sur son développement ;
5. les effets de la **médiatisation** et de la professionnalisation sur les sports ; engageant d'importants flux financiers, tous liés à l'économie du spectacle ;
6. Enfin l'effet des **crises économiques** sur les performances des élites, sur les clubs professionnels, etc.

B. Le poids et la pertinence des modèles économiques dans la recherche en sport

1. L'impact de l'économie

Au cours des chapitres précédents fut maintes fois éprouvé le besoin de « glisser » du cadre théorique central adopté (histoire, démographie ou géographie), pour se porter vers le modèle économique — et ses concepts — afin d'accroître le pouvoir explicatif de la « combinaison de modèles » qui en résulte, sur les phénomènes étudiés. On a déjà procédé à cette utilisation des concepts (ou notions) économiques, au moins, dans trois cas :

- dans la rubrique introductive intitulée : « Le sport comme produit », où l'on a volontiers utilisé les concepts de producteurs, offre, demande, produits, processus de production, cycles de vie, etc., qui appartiennent au langage de l'économiste ;
- le système économique, technique, industriel et marchand, fut présenté comme un déterminant essentiel du développement du vélo et des sports automobiles, en France, au début du siècle, et dans les pays riches d'Europe occidentale ;
- l'économie, enfin, fut prise comme modèle explicatif dominant dans l'interprétation de la répartition inégale de la « puissance sportive » dans le monde ; pour expliquer sa prééminence dans l'hémisphère Nord, là où se concentre, globalement, la richesse de la planète.

C'est dire le poids de l'économie dans le monde contemporain et aussi la **prégnance de ces modèles économiques** chez les experts. Cette tendance au glissement résulte, à la fois, de l'influence croissante, de plus en plus évidente, de la sphère économique sur le champ sportif, et aussi, sans doute, du pouvoir intellectuel puissant que ces modèles économiques exercent, aujourd'hui, sur les chercheurs en sciences sociales.

2. Brève histoire de l'économie du sport

L'économie du sport, elle-même, a une histoire, bien retracée, par certains de ses spécialistes [1]. Une science ne se constituant que lorsque des chercheurs — qui ont un intérêt paradoxal à produire de la « vérité » scientifique — peuvent s'intéresser à des objets, clairement identifiés, et s'y consacrer à plein temps. Or ce « luxe » n'est possible que lorsque ces désirs, ces compétences et ces projets rencontrent une « demande officielle », administrative, ministérielle, ou autre, interpellée par des crises

(1) Wladimir Andreff et coll., *Économie politique du sport*, Paris, Dalloz, 1989.

ou confrontée à des problèmes importants (crise du football professionnel, crise du ski français, déficit aggravé de la balance commerciale du secteur-sport, crise des affiliations fédérales). On se pose alors la question du poids — réel — du sport dans l'économie nationale, du volume exact des consommations sportives dans les budgets des ménages, des raisons de ces crises et des mesures pour y remédier...

C'est dans les années 1975-1981, au moment où nous avons relevé **les indices patents d'évolutions** dans le système des pratiques sportives (apparition de nouveaux modèles de pratique, poussée et déplacement de la demande du public vers les loisirs sportifs, nouveaux comportements d'achat, etc.), puis d'importantes mutations (et réorganisations) au sein du champ « socio-sportif » français (voir chapitre « Sociologies du sport ») que se constituent, ici et là, des équipes d'économistes intéressés par les sports. B. Gerbier et R. Di Ruzza, à l'Université de Grenoble, W. Andreff, J.-F. Bourg et J.-F. Nys, à l'Université de Limoges, vont réaliser des travaux princeps* et construire des modèles théoriques pertinents et attractifs. D'autres viendront les rejoindre (Bernard Michon, Fabien Ohl, chercheurs, en STAPS, de l'Université de Strasbourg), qui ont ouvert une fructueuse **perspective socio-économique**.

Il est possible de mettre ces changements de régime du système sportif — et la naissance de ces vocations universitaires — au compte des effets, légèrement différés, de la crise économique nationale et mondiale des années 1974-1978 qui ont entraîné une recherche de diversification stratégique de nombreux acteurs économiques affectés par cette crise, tentés par des reconversions dans le sport, secteur qui semble alors poursuivre son développement (textile-vêtements, cuir-chaussures-ballons, béton-bâtiment, nouveaux matériaux-plastiques). Cette crise a pu affecter, plus directement, des articles et produits sportifs traditionnels obligeant leurs acteurs ou gestionnaires à tenter de les ajuster à cette nouvelle donne. On peut aussi invoquer, à la même époque, les prémices d'un certain désengagement budgétaire de l'État.

D'où la question posée du poids réel du sport dans l'économie nationale, celle de savoir quelles activités sportives vont être ainsi impulsées, liée au problème de la **croissance inégale des disciplines sportives**. Comment adapter une stratégie pour résister à la crise ou au tarissement des subventions ? Pourquoi une activité croit rapidement ou lentement, décline ou meurt ? Comment procéder pour passer d'une situation de quasi monopole à un système de concurrences ? Que l'on songe, par exemple, à la concurrence inopinée qu'imposent les services privés des salles de gymnastique (*gym-tonic*, *fitness*, remise en forme, etc.) à la Fédération d'Éducation Physique et de Gymnastique Volontaire (FEPGV) qui se considérait comme détentrice « officielle » de la compétence gymnastique requise, tout en conservant, à l'activité, un idéal de quasi « service public ».

Quelles influences, l'industrie et le commerce exercent-ils, sur les sports institués et sur les pratiques « libres » ? Quels types de sports vont se développer ? Quel est le prix réel, de telle ou telle pratique, pour les consommateurs ?

3. Le sport et l'économie : des relations réciproques

Le sport est lié à l'économie dès lors qu'il naît et se développe dans la société technique, commerciale et industrielle. En inventant le *lawn-tennis*, vers 1870, en Angleterre, le major Wingfield, prend soin de déposer son invention et de commercialiser le matériel, en *kit*, nécessaire à sa pratique sur gazon. On a pu considérer les premières courses cyclistes et automobiles, en France, comme les produits les plus directs de l'ère du machinisme industriel et des commerces afférents, eux-mêmes liés au développement d'une presse industrielle. Aussi le sport et l'économie entretiennent-ils, depuis l'origine, des rapports privilégiés. Or, dans les années 1970-1975, ces rapports de réciprocité deviennent de plus en plus étroits :

- dans un sens, en effet, le sport sert l'économie nationale comme secteur productif de biens et de services, il produit des emplois, s'articule avec l'aménagement du territoire et diffuse des images télévisées et des spectacles commercialisables ;
- dans l'autre sens, les industries, les médias et les pouvoirs financiers tendent à soumettre les « produits sportifs », jugés les mieux utilisables et les plus avantageux, à leurs contraintes et exigences propres et donc à les transformer profondément en fonction de leurs intérêts particuliers.

L'impact général et l'effet différentiel de l'économie sur les sports, sur leur nature, leur logique et leur éthique même, représentent des problèmes cruciaux pour leur avenir global et leurs destins particuliers (2). Selon leurs caractéristiques propres, les sports peuvent produire, en effet, des impacts économiques dans quatre domaines distincts (quoiqu'en relations) :

- **le secteur productif et commercial de biens matériels** (articles, ballons, maillots, survêtements, chaussures, instruments, appareillages, « accastillages ») ;
- **le nombre d'emplois induits** par cette production et distribution (industrie, commerce, publicité) et par le secteur des services (éducateurs, animateurs, gestionnaires, cadres techniques, entraîneurs, organisateurs, administrateurs, médecins, journalistes) ;
- **leurs effets sur l'équipement et l'aménagement du territoire,** (construction de ports de plaisance, de stations de ski, de bases de plein air, de golfs), et aussi de grands équipements urbains (stades municipaux, Stade-de-France) ;

(2) Se reporter, en fin de chapitre, à la rubrique relative à : « L'organisation capitaliste des grandes compétitions sportives » et au chapitre « Évolutions sociales, évolutions prospective ».

– enfin, **le niveau international de performances et de visibilité de leur élite** propre qui peut assurer à l'activité, par le succès de ses images télévisées, d'importants droits de retransmission et drainer, vers elle, les importants flux financiers du « sponsoring », irriguant, en retour, cette activité.

C. Cycles et fluctuations, apogées et déclins

On comprend aisément que selon leur « surface économique », le poids de **leurs impacts cumulés sur les quatre secteurs**, les différents sports ne soient pas équivalents et ne sont pas également stimulés par ces enjeux. Les mieux lotis sont évidemment ceux qui peuvent, à un moment donné de l'histoire, faire entrer ces différents types d'impacts économiques, en convergence, et leurs acteurs respectifs en synergie*. Ceci conditionne leurs croissances inégales, leurs phases d'apogées et de déclins relatifs, à travers le temps.
Il en fut ainsi, en France, du ski, dans les années 1960, du tennis dans les années 1975 et du golf dans les années 1990 ; ces trois sports privilégiés ont pu, tour à tour, connaître des embellies, au gré des fluctuations d'intérêts des divers acteurs économiques et politiques (État, ministères, aménageurs, fabricants, médias) attachés, en France, à leur développement.
On examinera le cas du ski pour montrer comment un tel sport est révélateur de la complexité des enjeux et des stratégies économiques. Se déclenche, à son sujet, une convergence des intérêts économiques des acteurs impliqués, mais comporte, potentiellement, la possibilité de dislocation de ces intérêts…

1. Le ski français : un succès explicable

Il suffit, en effet, de songer d'abord, à la conjoncture très favorable dont le ski va bénéficier, dans les quatre principaux types d'impacts énumérés, au cours de la première décennie d'une Ve République, éprise de grandes réalisations, de modernisation rapide et d'autant plus favorable aux équipements « lourds » qu'elle est fermement soutenue par les industries du bâtiment (1960-1970). S'est en effet créée, à ce moment, une avantageuse convergence d'intérêts économiques et politiques autour du ski :
– **l'équipement** accéléré et le bétonnage « lourd » des stations intégrées dans le massif alpin, confinant à une urbanisation — voire même à une « colonisation de la montagne française » (B. Gerbier, R. Di Ruzza) associé à un **aménagement** serré du domaine skiable (routes, transports,

remontées mécaniques), les deux opérations offrant aux capitaux refluant de la décolonisation et à l'industrie du bâtiment, en voie d'essoufflement, d'avantageux investissements ;

- la préexistence, en France, de fabricants traditionnels de **matériel de ski** mais qui sont rapidement devenus des firmes innovantes et très dynamiques (Dynamic, Rossignol) ; entreprises imaginant de nouvelles conceptions des skis, et utilisant de nouveaux matériaux. Ceci leur permet de fabriquer, en grande série, un matériel français de qualité, facilitant son emploi et rendu financièrement accessible au plus grand nombre ;
- la création de nombreuses **grappes d'emplois** liés à l'activité-ski (promotion immobilière, moniteurs, employés des remontées, sécurité, gestion, hébergement, restauration) offrant notamment des métiers aux montagnards ;
- **les succès providentiels** — mais tout à fait logiques — des champions français issus, pour la plupart, des milieux montagnards (Vuarnet, Killy, Périllat, Goitchel) dans les grandes compétitions (Grenoble, Sapporo) que la télévision naissante transforme en triomphes nationaux.

L'observation la plus superficielle de ces différents impacts fait percevoir combien ils sont susceptibles de se soutenir mutuellement et même d'enclencher un processus « d'alimentation en retour » ; c'est-à-dire de créer et d'entretenir un mouvement général favorable à tous. Les succès des champions français, largement diffusés par la télévision et célébrés par les journalistes et le pouvoir gaulliste, créent, dans le public, des désirs de skier — sinon des vocations de champions en herbe — et assurent, en tout cas, le succès des matériels français et la publicité mondiale des stations françaises...

2. La crise de l'or blanc

Mais ces succès comportent aussi, en puissance, leurs « effets pervers ». Devant l'attrait du public pour les sports d'hiver, de modestes villages de montagne veulent alors s'équiper en station de ski. Les grandes stations souhaitant attirer les clientèles étrangères, à fort revenu, augmentent leurs tarifs, entraînant un reflux des skieurs, à revenus modestes, vers d'autres activités (randonnées, delta-plane, ou reconversions sportives), dont la « moyenne montagne », par exemple, a pu, à ce moment, profiter (avec le développement du ski de fond). L'Autriche et la Suisse, qui ont su habilement conserver le « cachet » attractif de villages traditionnels de chalets, offrent d'autres images de leurs stations, conservant ou attirant ainsi une importante clientèle...

Par ailleurs, la « transnationalisation » du groupe Rossignol, équipant de nombreuses équipes nationales, dès les Jeux olympiques de Sapporo

(1972), cherchant à ouvrir le marché américain à ses produits, envoie Jean-Claude Killy, gloire nationale aux trois médailles, aux États-Unis, et délaisse logiquement l'Équipe de France dont le recrutement social s'est, entre temps, modifié (champions venus de la ville, subissant un certain embourgeoisement et moins enclins à subir la dure discipline des entraînements-commando d'un Honoré Bonnet...), Équipe de France dont les résultats s'effondrent... Tous ces phénomènes entraînant, par contrecoup, en France, une grave « Crise de l'or blanc », comme si l'on avait, par mégarde, « tué la poule aux œufs d'or »... ou, pour utiliser une autre métaphore, comme si l'on avait « désamorcé la pompe » du développement économique du ski...

Une nouvelle clientèle de jeunes — turbulents, nombreux mais moins solvables — peuple aujourd'hui les stations et le surf des neiges (*snowboard*) qui fait la guerre aux skieurs traditionnels donne un second souffle à une industrie du ski amoindrie. La segmentation des temps de vacances et la baisse des tarifs du transport aérien, poussent bientôt les couples conjugaux, vers les plages du soleil hivernal, tandis que la tendance s'affirme aussi d'un rapprochement des activités de loisirs sportifs au sein de ces couples qui s'accommodent moins d'une division sexuelle marquée des plaisirs de la neige (ski alpin pour les hommes, ski de fond pour les femmes) et qui tendent à s'orienter vers les pratiques de loisirs unisexes.

3. La « démocratisation » du tennis

On peut transposer un raisonnement du même ordre, pour analyser la **période faste du tennis**, dans les années 1970-1980, qui voient la construction de nombreux courts de tennis (aménagements urbains et surtout périurbains) ; le développement de l'industrie des matériels de tennis (raquettes, balles, filets, grillages, articles divers) et des équipements vestimentaires (« chemises Lacoste », chaussures, etc.) ; la création de nombreux emplois de moniteurs et de professeurs, enfin le triomphe de Yannick Noah à Roland Garros...

Une synergie d'intérêts accompagne et soutient la croissance des effectifs de tennismen licenciés, à forts revenus, impulsée par la diffusion et le contrôle fédéral d'une revue de qualité et enfin par l'accroissement considérable du volume horaire des retransmissions télévisées de compétitions de tennis.

Puis se dessine une **phase de déclin relatif** du tennis. Se construisent en grand nombre, des terrains de terre battue et de *quick* municipaux, et se diffusent des matériels, importés, à bas prix qui attirent de nouveaux types de joueurs issus des classes moyennes. Ainsi, en se « démocratisant », le tennis va-t-il aussitôt souffrir, aux yeux de ses « détenteurs », de plusieurs désavantages :

– le tennis perd la valeur distinctive d'un sport chic, initialement plus rare et onéreux, et on assiste à une dégradation importante de la sociabilité traditionnelle de club. Peu ou différemment investis, les nouveaux arrivants y cherchant essentiellement « un service » ;

- de plus, en se popularisant le tennis voit apparaître d'étranges comportements, hier encore inconcevables, d'**apprentissage mutuels** (père/fils, mari/femme, parents/enfants, perfectionnements entre amis, etc.) qui ne laissent pas d'inquiéter les professeurs et moniteurs professionnels ;
- de surcroît, on voit de très jeunes talents surpasser les performances des « vieux joueurs » socialement les mieux installés dans les clubs. En effet, l'équation traditionnelle, dans laquelle l'ancienneté dans la carrière valait niveau technique et performatif (en dépit de la baisse — inexorable — des qualités physiques avec l'âge), ne fonctionne plus du fait d'un rajeunissement considérable de l'élite tennistique...

Face à sa perte symbolique du fait de sa progressive démocratisation, face à l'effondrement des prestiges sociaux, dans le club, associés aux maîtrises techniques acquises, par l'ancienneté, maints joueurs, « classés » mais « vieillissants », se reconvertissent bientôt dans le golf. Le *turn-over* au sein des populations tennistiques s'accroît considérablement tandis que s'accuse un déclin des effectifs de pratiquants licenciés à la fédération.

4. Un mode de vie « sportif »

La crise économique et énergétique des années 1975 a évidemment pesé sur l'ensemble du domaine économique du sport mais le sport a représenté aussi un soutien momentané des secteurs économiques en crise. Les industries du textile, du cuir, du plastique et du bâtiment, y ont trouvé un support et un répit. Il est symptomatique de constater, par exemple que dans le domaine du vêtement — qui est le poste du budget des ménages le plus touché par sa « compression » — le vêtement de sport et d'allure sportive (*sportswear*) est le premier produit consommé, en volume.

La pratique sportive, mais aussi le mode de vie et le style sportif, ont soutenu fortement cette consommation. Comme on le voit, le port du survêtement s'est banalisé, « l'anorak-doudoune » et la « sacoche-banane » de ski, se sont même diffusés dans la mode et les « chemises polo » ont imposé leur griffe. Les chaussures de tennis, de basket ou « pont-de-bateau », à haute valeur ajoutée, sont utilisées, tous les jours, dans la vie courante...

En bref, on relève de 1960 à 1981, une forte croissance des consommations des Français, consacrées spécifiquement aux sports et aux loisirs que l'INSEE n'apprécie que globalement. Des chercheurs spécialisés ont pu cependant dresser l'histogramme de la variation du volume des consommations sportives qui connaît, depuis lors (comme celui représentant les effectifs de pratiquants-licenciés), un déclin significatif (figure 1).

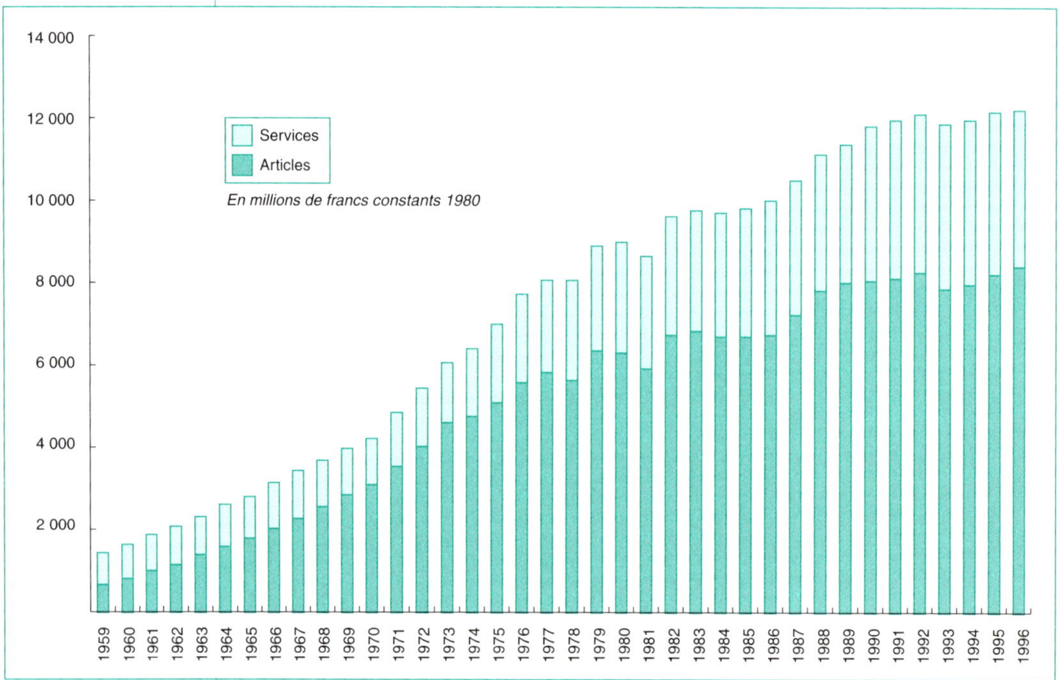

Figure 1. *L'évolution de la consommation sportive des ménages français (1959-1996).* Sources : INSEE, 1998.

D. Les avancées et les ouvertures de l'économie du sport

1. Un champ de recherches original

C'est le mérite des économistes de l'Université de Grenoble d'avoir inauguré magistralement ce champ de recherches par ses investigations économiques sur « l'apogée », puis la crise, du ski français [3]. Les animateurs du Centre de droit et d'économie du sport de Limoges ont judicieusement combiné leurs deux spécialités pour répondre à une « demande sociale » explicite (ministère, CNOSF, fédérations), au moment où les problèmes de formation juridique, administrative et économique des dirigeants sportifs devenaient cruciaux.

Dans les deux cas, l'objectif des chercheurs était dédoublé. Montrer l'influence des facteurs économiques sur le devenir de certaines pratiques — y

(3) On lira, avec beaucoup de profit, un ouvrage fondateur de l'économie du sport en France, rédigé, dès 1977, par Bernard Gerbier et Renato Di Ruzza : *Ski en crise ; le cirque blanc : du profit à la compétition*, Grenoble, Presses Universitaires de Grenoble, 1977. On y verra que l'on a beaucoup emprunté à ces auteurs.

compris sur les résultats de leur élite — et d'apprécier, sinon de mesurer, l'impact économique et commercial du sport au moment où la crise économique attire l'attention des pouvoirs publics et des entreprises sur le tassement des consommations des ménages et aussi sur certains déséquilibres sectoriels de la balance commerciale. Les économistes y trouvaient logiquement leur fonction et leur place.
Ils ont pu montrer en effet que les facteurs et les enjeux économiques se font de plus en plus clairement sentir sur l'ensemble des « champs sportifs » qui sont devenus — toujours plus nettement — des « marchés ». Mais les sports sont-ils tous logés à la même enseigne ? Sont-ils tous en phase de stabilisation ou de déclin. Lesquels sont les plus menacés ou les plus « porteurs » ?

2. Des déterminants divers

Il est apparu, très tôt, aux économistes que : « aussi forte et incontestable soit-elle, l'influence des facteurs économiques, sur tel ou tel sport, n'agit jamais seule ni dans un vide » (Jan Dessau, 1977). Il faut souligner que les éléments techniques et technologiques, les composantes idéologiques et imaginaires, sociales et culturelles, politiques et économiques, se combinent de façon tout à fait spécifique dans chaque sport. Et sur ces bases, les différents champs sportifs se structurent de manière particulière. Partout présentes, **les influences économiques ne sont pas partout dominantes** ; d'autres déterminants jouant, sur eux, à l'évidence.
Les analyses socio-économiques ont montré, en effet, que les impacts économiques sont particulièrement forts — voire décisifs — dans les sports à appareillages « lourds » (comme les sports automobiles ou les sports nautiques et aéronautiques) engageant de gros investissements et/ou comportant d'importantes retombées industrielles (par exemple, la course de Formule 1 sur les progrès technologiques et sur la vente des automobiles) et aussi sur les sports individuels, les plus onéreux, qui supposent d'importants aménagements (comme le ski, le golf ou les sports nautiques), dont les produits sont fortement commercialisés. À l'inverse, ces influences de l'économie peuvent paraître secondaires (passer au second plan), dans le façonnage actuel ou le devenir de certains autres sports (comme le handball, le volley-ball). Elles deviennent négligeables dans les activités « démocratiques » (comme la Fédération de Gymnastique Volontaire), dans les sports « scolaires » par excellence, de prise en charge collective ou dans les activités à faibles effectifs. Les sports, très faiblement médiatisés, qui sont dans ce même cas, estime souffrir d'une mauvaise image et d'une faible « visibilité », jugées néfastes à leur développement. Ils souffrent aussi et surtout de la faiblesse (voire même de l'absence) des droits de retransmission accordés par les télévisions pour leurs compétitions.

3. Le rôle de la demande

De plus la demande sociale dont on dit qu'elle est soumise, déterminée, structurée, de part en part, par la « structure de l'offre », peut pourtant inopinément se déplacer et se fixer sur de nouvelles activités en fonction de facteurs non économiques. La demande n'est pas un « artefact » théorique, si elle se développe à partir d'une fabrication artisanale d'un nouvel appareillage sportif, inventé, bricolé, fabriqué, utilisé, par les pratiquants eux-mêmes, pour leur plaisir propre. Avant d'être saisi par l'économie et l'industrie, l'activité peut connaître ainsi un certain développement informel. Les pratiques de modèles réduits, de cerfs-volants, *kami-kate*, *frisbee*, d'*hydro-speed*, etc. « d'auto-production » (qui ont pris naissance de cette manière) peuvent évidemment donner lieu, par la suite, à une production industrielle offrant une reconversion inattendue à de petites entreprises en difficulté (la *Voilerie de Paimpol*, par exemple pour les cerfs-volants directionnels).
Ailleurs, on ne peut rien comprendre au soutien que les fabricants de ballons et de chaussures de basket (Nike, Reebock, etc.) accordent au *street-ball*, c'est-à-dire à l'organisation de certaines rencontres et à la mise en place de ses *play-grounds*, si on ne rapporte pas cette vigoureuse *sponsorisation* (qui inquiète la fédération), au fait que cette pratique du « basket de rue » occasionne « l'individualisation » vigoureuse de consommations qui étaient, jusque-là, de prise en charge collective. Chaque joueur et tous les jeunes émules, qui doivent attendre d'avoir une maîtrise suffisante de la manipulation de la balle pour être accepté dans le jeu, doivent posséder désormais leur propre ballon personnel. Et le « style américain » — auquel les jeunes garçons sacrifient volontiers — fait monter le coût d'achat, par les familles, des chaussures spéciales (de 600 à 800 F), absolument requises pour figurer « décemment » dans ce milieu et dans ses mises en scène.

4. La socio-économie du sport : une interdisciplinarité attendue

En dégageant ainsi la part de valeur symbolique et d'imaginaire que recèlent toujours les consommations — assumées ici par les plus défavorisés — les sociologues ont enrichi et nuancé la théorie économique des « choix rationnels du consommateur ». C'est ce qui pourrait expliquer un premier rapprochement entre les économistes, forts de l'efficacité — et du prestige — de leurs modèles interprétatifs et des sociologues des pratiques sportives, d'abord regroupés à l'INSEP, attachés à décrire la distribution sociale des « goûts sportifs ». S'est en tout cas esquissée l'idée d'une « interdisciplinarité » jugée, par tous, souhaitable. Une **économie politique** est, selon W. Andreff, de nature à fédérer démographes, sociologues, économistes, politologues, anthropologues, spécialistes de la gestion, etc. Par ailleurs une socio-économie du sport se dégage bientôt de ce télescopage de modèles et de ce recouvrement des frontières disciplinaires.

Il est vrai globalement, que le sport semble saisi par l'économie et doit se soumettre, de plus en plus fortement, à ses exigences (marchandisation, soutenue par une forte médiatisation). Sous son influence, en tout cas, on voit que les différents sports peuvent assurer la sauvegarde de petites et moyennes entreprises, soutenir les commerces de grande distribution, produire des emplois. Certains sports agrémentent des activités touristiques qui connaissent un certain développement, impriment leurs traces sur l'espace urbain, participent à l'aménagement des territoires (alpins, littoraux, lacustres, torrentiels, périurbains…), contribuent à la réhabilitation des friches et « consomment » littéralement des paysages.

S'il peut décrire des tendances « consommatoires », l'économiste « pur » n'est pas totalement armé pour comprendre les évolutions actuelles des goûts sportifs et pour saisir l'effervescence de la production de formes nouvelles. Il peut objectiver ces évolutions dans des tableaux comptables mais il reste encore peu sensible aux « profits symboliques » que le sportif de base ou le champion peut tirer de sa performance ; profits qui ne se mesurent pas et qui relèvent pourtant, d'une subtile économie de ces produits symboliques.

E. Le prix de la pratique sportive et ses composantes

1. L'importance du coût financier

Attachés à leurs propres paradigmes, les économistes ont formulé des critiques de certains travaux de sociologie du sport qui ont été, sans doute, conduits à exagérer le poids des déterminants socioculturels dans le choix des pratiques et à minimiser les facteurs économiques que ces choix comportent toujours. Les oppositions sports bourgeois/sports populaires ou sport chers/sports bon marché (qui doivent beaucoup à l'image que les sports produisent dans le grand public (du fait de leur incontournable « marquage social »), leur paraissant vagues et peu scientifiques. Contre ces impressions et ces représentations que semblent partager les agents (qui sont dotés d'un certain sens pratique) et les chercheurs (qui les écoutent et prennent au sérieux leurs présupposés), les économistes se proposent d'apprécier, plus objectivement, les déterminants économiques des choix de pratiques par les Français. Se dégage la nécessité d'une estimation du coût financier (réel et perçu) des pratiques incombant au prati-

quant individuel, privé et solvable. Les dépenses sportives croissent-elles (comme pour les autres consommations) avec les revenus ? Doit-on considérer, de ce point de vue, le **revenu des ménages** pour saisir des consommations individuelles qui ne se partagent pas ou peu avec d'autres membres de la famille. Déjà se pose la question de la modalité de pratique sportive adoptée. Est-elle familiale, conjugale, amicale ou individuelle ? La question n'est pas impertinente qui engage la prise en charge des dépenses.
Tandis que l'automobile « routière » du ménage, les dépenses d'alimentation ou celles du « poste loisirs » sont partagées en famille (télévision, loisirs, promenades à vélos, vacances, etc.), ce n'est pas toujours le cas de certaines activités sportives. Comme il a été dit, cela dépend aussi des cadres institutionnels préférentiels dans lesquels l'activité se déroule. Les parents d'élèves engagent des dépenses pour l'équipement nécessaire à l'éducation physique de leurs enfants, dans le cadre de l'obligation scolaire. Outre d'importants achats d'équipement vestimentaires, les clients des salles de musculation ou de mise en forme, doivent payer des droits d'entrée (ou un abonnement) pour leur fréquentation. En dépit d'importants frais de fonctionnement de l'équipement, l'accès familial à une piscine municipale est d'un coût dérisoire. Enfin, si l'accès à une pratique auto-organisée du « basket de rue » est (évidemment) totalement gratuit, on a vu qu'elle exigeait des frais d'équipement individuels extrêmement importants.

2. L'estimation des coûts

Le « Jeu des sept familles sportives » permet d'interroger les sujets sur la représentation qu'ils se font de la **cherté des différentes pratiques**. Le sens pratique uniformément développé joue à plein et révèle des estimations approximativement justes, chez les adultes. Deux types de sports se distinguent. Certains — comme les sports automobiles, l'aéronautisme, le golf, l'équitation et le ski — sont jugés très onéreux (sinon hors de portée du commun) ; d'autres comme la marche, la randonnée, le footing-jogging, la natation et l'athlétisme, sont déclarés très peu dispendieux.
Mais c'est vrai que les agents négligent le fait qu'il est possible d'accroître la valeur symbolique de l'activité en augmentant les dépenses sur les attributs et sur ses signes (vêtements griffés et chaussures de luxe), et en choisissant des espaces à accès réservé (Racing-Club). De plus, les enquêtés ignorent les différentes « composantes » de la dépense globale inhérente à l'activité. B. Michon et ses collaborateurs ont procédé à une enquête rigoureuse afin de déterminer ces diverses composantes du coût, pour les apprécier, et pour estimer le « coût global moyen annuel » des principales pratiques.

Cinq principales composantes ont été soigneusement distinguées par ces chercheurs :
– les dépenses administratives d'affiliation (licences, cotisations, assurances, etc.) ;
– le coût d'accès au cadre d'exercice (location de court de tennis, prix d'entrée, abonnements, etc.) ;
– les frais de transport et d'hébergement (d'autant plus importants que le cadre d'activité, comme dans les activités de pleine nature, est éloigné du lieu de résidence) ;

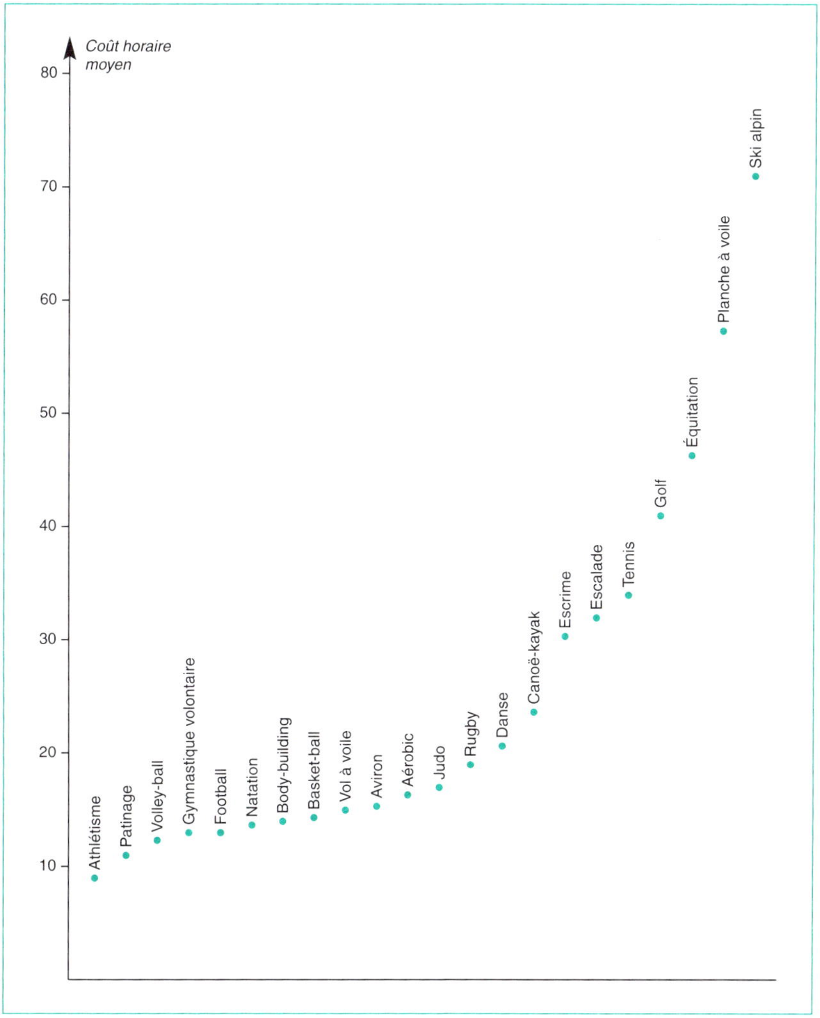

Figure 2.
Un aperçu des coûts des différentes pratiques sportives pour le consommateur français.
Source :
B. Michon, F. Ohl, in W. Andreff, *Économie politique du sport*, 1989.

- le coût de l'équipement technique personnel (tenues, vêtements, protections, appareillages, instruments, etc.) ;
- le coût des services pédagogiques ou techniques (moniteurs, professeurs, entraîneurs, techniciens, etc.) qui peuvent ne pas être pris en charge par les collectivités.

Ces *distinguo* ayant pour but de ne laisser échapper aucune des dépenses possibles.

L'enquête menée, en 1985-1986, sur un échantillon de 2 200 personnes, a permis de mettre en rapport les propriétés socioculturelles des agents avec leurs comportements de pratiquants et de consommateurs.

Sur l'estimation des coûts moyens annuels, on obtient une échelle hiérarchique, aux extrémités de laquelle se situent le golf — estimé le plus dispendieux par ses adeptes mêmes (11 000 F de dépenses annuelles) — et la gymnastique volontaire, réputée être la moins onéreuse (estimée à 600 F par an).

Il s'avère, selon les enquêteurs, que la planche à voile, l'équitation et le ski alpin constituent, avec le golf, le groupe des pratiques les plus chères (10 000 F et plus). Des pratiques de pleine nature (escalade, vol à voile, canoë-kayak, etc.) souffrant de l'éloignement des résidences des citadins par rapport aux sites d'activités, associées au tennis, forment un deuxième groupe tournant autour de 400 à 6 000 F de dépenses annuelles. Aviron, escrime, danse et patinage, coûtent de 3 000 à 3 500 F annuellement, tandis que le basket, le volley-ball, l'athlétisme, le judo et l'aérobic se situent, plus modestement, entre 2 000 et 2 500 F par an.

Enfin, la natation et la gymnastique volontaire apparaissent comme les activités les moins chères (oscillant entre 620 et 1 300 F).

F. Le poids et le coût grandissants du *high-tech* sportif

L'économie et l'industrie ouvrent, dans le sport, un espace d'applications technologiques sans limites. La pression grandissante que l'économie exerce sur les pratiques, l'attraction que la culture du *high-tech* exerce sur tous les pratiquants, autant que l'esprit de découverte et d'inventivité des sportifs d'élite, ouvrent, plus largement, les activités sportives sur la sphère des activités technologiques. Elles se nourrissent des progrès de la technologie des matériaux, des prodiges des techniques informatiques et aussi des effets surprenants de « l'économie immatérielle », de l'innovation et du design. Les délocalisations des fabrications vers le sud-est asiatique — qui sont ici de règle — souligne encore la division du travail avec les spécialistes occidentaux de cette industrie immatérielle. De plus en plus — en sport, comme ailleurs — il faut anticiper sur les tendances de la mode en Occident et donner un sens profond et adéquat aux formes des objets.

1. « L'homme jouant »

Les sportifs ont toujours tiré profit des objets techniques qui peuplent leur univers ; objets qu'ils détournent parfois de leurs utilisations habituelles (embarcations, bateaux) ou qui revêtent d'emblée des usages sportifs, dès leur invention (vélos, automobiles, aéroplanes). Ne connaissant nulle limitation d'ordre rationnel qu'impose généralement le monde du travail, celui du jeu et du sport peut inventer, très librement, une grande quantité d'amusements et l'imagination débridée des inventeurs-pratiquants, peut se donner libre cours, dans la création de machines ludiques excitantes et infiniment variés, également portée par un désir grandissant d'assimilation de l'espace... Leurs inventeurs construisent ainsi des relations réciproques et originales avec ces engins qui prolongent leurs corps ou avec les machines qui les véhiculent à des fins de jeux et de conquêtes éperdues de ces espaces. Ces relations d'ajustement, d'intégration ou d'asservissement (« homme jouant »/engins) sont à double sens. D'une part, les engins doivent s'adapter à l'évolution des puissances, au perfectionnement des motricités ou de la technicité des corps entraînés, d'autre part, les corps sportifs doivent s'accommoder des outils inédits et des machines véhiculantes qui, emportés par les innovations et les progrès, connaissent une trajectoire techno-historique propre. Il faut souligner que cette relation évolutive « homme-engins » est, en réalité, médiatisée par l'environnement physique, les espaces géographiques ou les « milieux » et « éléments » (terre, air, eaux, neige, rocher, glace, sols sportifs, etc.) dans lesquels ils s'aventurent et évoluent, imaginent et agissent. Observons que les progrès techniques que nos sociétés maîtrisent et érigent en valeurs peuvent agir sur ces trois composantes, en sorte que le sport devient un lieu d'expérimentation de la plupart de leurs « technologies avancées ». Celles-ci sont stimulées et mobilisées par quatre principales sortes d'enjeux :

- la recherche, proprement technique, de **l'amélioration des performances des élites sportives** (aux gestes techniques très élaborés) ;
- les enjeux économiques relatifs à **la diffusion des engins ou des matériels,** sur le plus grand nombre possible d'utilisateurs (sensibles aux qualités de confort, de sécurité, de facilité d'apprentissage et d'utilisation) ;
- **les stratégies de diversification** des produits industriels, directement liées aux brevets d'inventions détenus ;
- **les progrès considérables des matériaux**, cherchant toutes sortes d'applications sportives, permettant de fabriquer des engins jusque-là

inconcevables (multicoques) et augmentant considérablement les plus-values des objets qu'ils parviennent à investir.

2. Les perspectives de l'économie du sport

L'économie du sport — comme toute économie — est à la fois, une « culture », une « rhétorique » et une « méthode scientifique » (Marc Guillaume, 1991). Elle oscille donc entre une simple économétrie* et une socio-économie problématisée.

- Elle se livre, en effet, aux indispensables **recensements et dénombrements** et à la production de tableaux statistiques, « aux objectifs modestement comptables », mais qui se révèlent indispensables. Elle dresse aussi des courbes d'évolutions et décrit les « cycles de vie » des produits qui portent à la réflexion et aux projections sur l'avenir proche. De ce point de vue, on connaît des « produits-météores » aux cycles de vie courts (« éphémères » ?) qui croissent brusquement puis disparaissent, assez rapidement du marché (*skateboard*, aile libre, etc.). Ils sont distingués des « produits-phoénix » qui connaissent, au contraire, des ressauts de diffusion grâce à des renouvellements techniques relançant les consommations. Cette déclinaison de l'engin et cette transformation radicale de ses usages (c'est le cas des renouvellements : bicyclette, bicross, VTT, etc.) est porté par une **stratégie concertée de diversification** des industriels du secteur.
- Mais l'économie du sport ambitionne aujourd'hui d'ouvrir **des perspectives plus théoriques, explicatives et prospectives.** C'est le sens de la démarche engagée par W. Andreff et ses collaborateurs. Car au-delà du recensement et de la confrontation des sources, de leur traitement statistique rigoureux, se fait jour une aspiration à une « économie politique du sport » correspondant à cette ambition collective qui requiert, en effet pour se constituer, la collaboration des économistes avec les démographes, les sociologues, les gestionnaires spécialisés, etc.

Ce vaste et ambitieux projet accompagne le processus de pénétration croissante du sport par des enjeux économiques et financiers mais repose aussi sur l'analyse des déterminants sociaux de la demande évolutive de pratiques et de spectacles. Il répond sans doute à la nécessité d'accroissement des compétences économiques (et de gestion) des cadres et des dirigeants sportifs, à la sensibilisation des instances de décision à cette même science et ressort aussi de la lutte menée par les économistes — les plus légitimés — pour placer leur discipline au barycentre* du champ des sciences sociales appliquées.

G. L'économie du dopage dans le Tour de France cycliste en 1998

1. Les prises de positions et les attitudes de dénonciation

Au cours du Tour de France cycliste 1998 est découvert, par la douane et la police françaises, un trafic organisé de produits dopants destiné aux coureurs, impliquant directeurs sportifs, médecins, soigneurs, etc. de plusieurs des meilleures équipes engagées dans cette compétition très populaire. Ce qu'il fut convenu d'appeler « l'affaire » ou le « scandale » du dopage des coureurs a suscité les réactions du public et appelé les commentaires des journaux pouvant faire, eux-mêmes, l'objet d'une analyse. Dans la première qualification (affaire), on évoque les effets juridiques de la découverte d'un trafic illicite et de l'usage de produits dopants. Dans la seconde (scandale), on met à jour un fait troublant et on évoque l'idée d'une sorte de transgression morale, qui entre en contradiction avec une croyance, bien ancrée, dans le grand public, heurtant les consciences des spectateurs de l'épreuve. Dans les deux cas, cet événement peut servir d'analyseur [4] d'un système de production et de consommation d'un spectacle sportif, à très fort impact.

Le sociologue doit se garder, d'abord, d'**une attitude de dénonciation** qui compromet la compréhension du phénomène et l'appréhension des différents éléments constituant visiblement un système complexe et organisé. Face à l'événement, chacun a tendance, immédiatement, à incriminer tel ou tel « acteur », impliqué dans un vaste et serré réseau de relations. Les plus prompts étant évidemment ceux qui participant le plus étroitement à ce système et en tirant les meilleurs bénéfices, chercheront à se dédouaner en portant la responsabilité sur d'autres « agents ».

Soumis à la rapidité de la réaction plutôt qu'à sa profondeur ou à sa pertinence, les journalistes trouvent là, immédiatement, une matière rédactionnelle providentielle dans un moment de creux politique ou événementiel estival. Les journalistes de *L'Équipe*, très embarrassés, sont contraints d'y consacrer des rubriques en disculpant les coureurs : « qui ne sont pas concernés par l'affaire ». Des commentateurs plus informés et analystes plus subtils livrent alors, avec un temps de latence, leurs propres réflexions dans les médias.

Pour le grand public, prendre parti consiste généralement à adopter une opinion toute faite — reprendre un « prêt à penser » diffusé par la presse

(4) On désigne par ce terme un événement subit et surprenant surgissant dans l'actualité qui peut servir de révélateur à un fonctionnement social par ses effets déstabilisants.

— et c'est se situer d'emblée quelque part, dans ce système compliqué d'opinions, sans examen, et dans l'ignorance des différents enjeux qui animent ses différents agents et, en tout cas, dans la méconnaissance des liaisons entre les principaux protagonistes de ce système.

Mais, par une telle dénonciation spontanée, on s'exclut aussi, soi-même, de l'analyse et on est porté à se disculper, par exemple, comme « consommateur du spectacle », comme téléspectateur passionné, ayant des motifs et des attentes et donc participant à l'existence et au succès de l'épreuve. Un simple examen de conscience fait admettre que l'on peut prendre quelque plaisir à lire, sur le visage des grimpeurs, la souffrance des hommes, dans l'effort extrême... S'il est difficile de s'interroger sur les raisons de ce penchant trouble, étonnant — et assez partagé — il est, en revanche, facile de comprendre pourquoi les organisateurs de la compétition s'emploient à le satisfaire et à l'exacerber ; par exemple, dans la durée de l'épreuve, la saison choisie, le tracé du parcours, la longueur des étapes, la place des étapes de montagne dans l'ensemble de la compétition, etc. Sans ces mobiles inconscients, point de « Paris-Roubaix » sur les pavés, qualifié d'« enfer du Nord ».

On doit donc comprendre **les différentes logiques de la dénonciation.**

Il est intéressant de suivre l'évolution des répercussions médiatiques de l'événement et de classer les « prises de positions » à son sujet, dans la formidable campagne de presse qui s'est déroulée en juillet-août 1998. Tous les grands médias nationaux y ont consacré des articles, des premières pages, parfois des éditoriaux. *L'Équipe*, *Le Monde*, *Libération*, *Télérama*, *Le Point*, etc., ont largement livré leurs commentaires à ce propos. À peu près tous ont stigmatisé le dopage des coureurs et, par extension, celui des sportifs. Très peu de médias (dont *Télérama*) ont exprimé une certaine commisération pour les coureurs et pris leur parti. L'hebdomadaire éprouvant une certaine sollicitude pour ces « forçats de la route » et les considérant comme des travailleurs méritants régulièrement soumis, pour notre plaisir, à des épreuves surhumaines (5).

(5) « Le Tour côté Cour », n° 2533, 1er-7 août 1998. À partir des coupures de presse, deux dossiers ont été constitués au cours de cette période. Celui rassemblant les articles de dénonciation vigoureuse du dopage des sportifs s'est révélé beaucoup plus volumineux que celui qui tente de comprendre le fait social, ainsi dévoilé, ou qui prend fait et cause pour les coureurs.

2. Le dopage : éthique et santé

Au-delà de cette logique — très partagée — de la dénonciation du dopage sportif on peut classer les commentaires selon les différents arguments avancés par les commentateurs. Le dopage est réprouvé, dénoncé, ou condamné suivant une échelle graduée dans la vigueur de la stigmatisation :

- **au nom de l'éthique sportive** que le sport a érigée, depuis ses origines « aristocratiques », au rang de « morale de l'effort désintéressé ». S'est imposé originellement un « art pour l'art » sportif ; une étrange culture s'est ancrée, s'attachant à dégager les qualités naturelles des compétiteurs dans des comparaisons interindividuelles, excluant tout artifice, dans une sorte de « darwinisme sportif »*. Les règlements ayant pour but d'assurer « l'égalité des chances » des adversaires sur la base de l'exploitation de leurs seules ressources physiques et intellectuelles seulement développée par le travail ascétique d'entraînement. Expression spontanée des qualités naturelles (dons) et progrès des performances grâce au travail (mérite). Longtemps — il faut le rappeler — les « vrais amateurs » ont fait, d'ailleurs, du refus de l'entraînement, une règle morale et une condition *sine qua non* du sport authentique ; cette pratique d'entraînement préalable étant considérée comme une manière illégitime d'accroître ses chances dans l'épreuve. Étaient ainsi exclus de la compétition — et discrédités — les « professionnels » entraînés, issus du peuple. La professionnalisation des sports et des athlètes a évidemment transformé cette éthique :

– **au nom de la tricherie** que représente la prise de produits dopants dans une telle compétition, réputée loyale, disputée « à armes égales », dont l'institution sportive se porte garante ; cette argumentation sous-entendant que tous les compétiteurs alignés ne se dopent pas... On s'insurge aussi contre une possible « médicalisation de la performance » suggérant que seuls les athlètes les plus fortunés pourraient bénéficier des meilleurs médecins spécialistes, attachés à décupler — sélectivement — leurs ressources physiques ;

– **au nom de la santé des athlètes** gravement compromise par la prise de drogues aux effets organiques ultérieurs jugés désastreux (6) : ce qui pose un problème social de santé publique (concernant tout le monde puisque chacun contribue aux dépenses de santé en croissance inquiétante dans la conjoncture actuelle). C'est là une position prise par les milieux ministériels (ministère de la Jeunesse et Sport et ministère de la Santé) solidaires dans la lutte contre la toxicomanie ;

– **au nom de la déontologie médicale** : le savoir des médecins ne doit pas être employé à d'autres fins qu'à la « conservation de la santé » ; considérée comme la vie — la plus longue possible — « dans le silence des organes »... L'argument oublie que dans ces pratiques sportives extrêmes, les organismes soumis à l'effort intensif et répété requièrent toujours des moyens très vigoureux et constants de soutien et de restauration (comme c'est le cas des cosmonautes contraints à vivre, dans des conditions inhabituelles et extrêmes). Soumises à ce régime qui les use prématurément, qui raccourcissent la carrière comme parfois la durée de la vie du sportif, ces « machines organiques » surexploitées peuvent-elles être « laissées à l'abandon » par les spécialistes du corps médical au moment où la définition sociale de la santé a considérablement évolué ?

(6) Le décès, quelques mois plus tard (septembre 1998), de la jeune sprinteuse américaine Florence Griffith-Joyner, sur laquelle pesaient des soupçons de dopage, pose tragiquement la question du raccourcissement de la vie des champions concernés.

3. La nandrolone ou la fin d'un mythe

Pour sortir du piège de la dénonciation *a priori* et pour aider à sortir des discours entendus on peut livrer quelques éléments de réflexions.

a) Dépasser ses limites

Le sport est une activité humaine soumise à une tension contradictoire permanente parce qu'elle est, en quelque sorte, « coincée », « entre mesure et démesure » (7). De l'exercice spontané et mesuré (recommandé aux enfants) ou à l'effort modéré, rationnel, connu pour ses vertus hygiéniques, jusqu'aux **épreuves d'exténuation modernes**, le sport a connu plusieurs phases de son histoire culturelle qui ont contribué à infléchir les normes de la santé. L'entraînement est devenu inéluctable avec la **mondialisation de la haute compétition**, la progressive **professionnalisation des élites** et la **médiatisation de leurs performances**. Le dopage systématique des athlètes de l'Allemagne de l'Est (1950-1970), aux performances surprenantes, a contraint, tous les athlètes « occidentaux » voulant souffrir la comparaison, à accroître considérablement leurs charges hebdomadaires de travail. Par ailleurs, la diffusion des sports d'aventures et d'exploits inouïs qui meublent notre actualité a consacré la légitimité du dépassement des limites, par les sportifs, et a même rendu tolérables, acceptables, quasi légitimes... les morts sportives en mer ou en montagne... De ce point de vue, il n'en va pas autrement des d'Aboville, des Delage ou des Escoffier et des astronautes lancés dans la grande aventure humaine de l'Espace (8). Il est des hommes pour lesquels la norme est de faire éclater les limites « normales » des possibilités humaines, d'accroître les « latitudes fonctionnelles »(G. Canguilhem) et il est des domaines dans lesquels cette recherche du franchissement des limites est permanente, systématique et se trouve socialement légitimée. Le sport appartient-il à ce domaine ou doit-il en être exclu ?

b) Des valeurs morales

Les vertus liées à l'effort gratuit, articulé avec les valeurs attachées aux effets du travail persévérant, ont peu à peu pénétré la culture des amateurs sportifs et du public. Ceci n'est peut-être pas sans entretenir de relations avec les valeurs que la gymnastique et l'éducation physique scolaire ont largement diffusées dans le contexte de l'égalitarisme et de l'élitisme républicains. On a pu mettre en évidence, en France, un certain lamarckisme sportif*, plus laborieux et égalitaire, que le darwinisme sportif des Anglais. Ce fut, en tout cas, une étape intermédiaire avérée lorsque l'amateurisme estudiantin, pratiqué, à un bon niveau international, sans entraînement excessif, s'est trouvé brusquement confronté aux athlètes, en sur-régime, d'Allemagne de l'Est.

(7) C. Pociello, « Le sport entre mesure et démesure », *Communications*, n° 61, spécial « Natures extrêmes », 1996.

(8) Notons que ces derniers, véritables cobayes humains lancés en orbite, offrent, en quelque sorte, leur corps vivant à la science. Il va sans dire que toutes les ressources de la médecine et de la biochimie sont requises pour les faire survivre dans des conditions anormales.

c) Se doper ou se soigner ?

Les experts biologistes rappellent qu'il existe une limite floue entre le « dopage » proprement dit et la « préparation » ou la « restauration biologique » des organismes soumis à des efforts extrêmes ; ces dernières dispositions requièrent l'assistance du médecin et la compétence du biochimiste afin de prescrire scientifiquement les produits efficaces mais sans dangers. Comment faire la différence entre le soutien de l'organisme épuisé par l'entraînement intensif grâce aux substances reconstituantes existantes (à l'état naturel ou de synthèse) et la recherche d'un accroissement momentané des capacités physiques, en compétition, par des produits appropriés, conduite assimilable à une tricherie ?

d) L'ostracisme

Visiblement, les champions sont victimes d'un certain ostracisme. On ne manque pas, en effet, d'être surpris par la tolérance culturelle, historiquement accordée aux intellectuels et aux artistes, qui font un usage de stimulants ou de stupéfiants, en vue d'accroître leurs capacités de création intellectuelle ou artistique ; pratiques qui sont même valorisées par le milieu pour marquer un style de vie. En revanche, une réprobation générale frappe l'usage de dopants chez les sportifs. « L'opium de Cocteau, c'est chic et c'est poétiquement productif » tandis que « la nandrolone de Bourras, c'est méprisable » !... Comme le proclame justement un commentateur hétérodoxe : « Pourquoi autoriser implicitement le dopage aux artistes, écrivains et philosophes et l'incriminer lorsqu'il s'agit de Virenque ou de Zulle [(9)] ? »

On sait que les étudiants, « compétiteurs » dans les grands concours, (École normale supérieure, Polytechnique, HEC, ENA, etc.) recourent aussi à des produits. Un humoriste proposait récemment, à ce propos, « que l'on fasse passer des contrôles antidopage aux candidats au concours d'entrée à l'ENA » ; et insinuait que l'on serait surpris des résultats. Enfin les cadres d'entreprise, engagés dans une âpre « guerre économique », soumis à un régime concurrentiel et compétitif intense (qui se traduit dans la bataille quotidienne pour leur survie personnelle dans l'entreprise), se soutiennent pareillement dans leurs efforts. En observant qu'ils se sont révélés les moins virulents et les plus mesurés dans leur appréhension du dopage sportif, on mesure la différence d'appréciation des différentes catégories sociales à ce même phénomène. De manière générale les Français — qui détiennent un record européen dans la consommation de produits pharmaceutiques (antidépresseurs, stimulants, tranquillisants, etc.) sont pourtant portés à faire chorus et à dénoncer majoritairement ce dopage des athlètes ? Aussi les sportifs de haute compétition sont-ils fondés à s'insurger contre l'ostracisme culturel qui les frappe et l'impression — assez juste — qu'il existe, à leur encontre de « deux poids, deux mesures... ».

(9) Robert Redeker, « Le Tour de France victime d'un intégrisme biologique », *Le Monde*, 30 juillet 1998.

Avec les analystes les plus informés et réfléchis, on peut s'insurger contre cette stigmatisation spontanée et générale du dopage sportif dans le public. La prise de produits dopants en sport choque particulièrement en ce qu'il touche une croyance et un mythe, très ancré, dans notre culture. On peut penser, en effet, que cet artifice choque : « l'aspiration à la pureté de la sélection des élites biologiques par la compétition » (R. Redaker, 1998) ; le sport étant le dernier domaine où cette « sélection naturelle » est encore concevable, et reste le seul domaine où elle peut être consciemment ou inconsciemment souhaitée. La compétition sportive ferait-elle pendant et contrepoint à la dureté de la sélection sociale et scolaire actuelles ? N'est-elle pas, le seul recours permettant, fantasmatiquement, aux plus humbles et aux moins bien lotis en ressources sociales et scolaires, d'échapper à leurs écrasantes contraintes ?

4. Les forces en présence dans un champ de production

Un événement aussi « révélateur » permet d'analyser le champ de production des grandes compétitions sportives.
À partir de ces quelques éléments d'information et d'une réflexion sur les préjugés qu'inspire l'affaire dévoilée, on peut esquisser le champ des « producteurs » des grandes épreuves sportives. Quatre principales instances sont mises en relations synergiques par l'organisation et la gestion capitaliste d'un grand événement à fort impact médiatique comme le Tour de France, la Coupe du Monde de football ou les Jeux olympiques. On y trouve en effet, impliqués et étroitement intriqués :

1. **Les sportifs d'élite** (dans le cas de figure considéré : les coureurs) essentiellement attachés à pousser, toujours plus loin, et à maintenir, le plus longtemps possible, leurs « hautes performances » auxquelles le grand public attache de la valeur. Celles-ci font leur valeur professionnelle (titres sportifs, montant des rétributions, bourses, droits d'image, gains en nature, etc.), et contribuent aussi, grandement, à la valeur marchande de leur propre image (prestige, célébrité, vedettariat, etc.) ; négociable dans les champs les plus divers (surtout commercial et publicitaire mais aussi social et politique). Ils doivent, en un temps de carrière bref, assurer leur existence et celui de leur famille. La durée de la carrière est un critère essentiel de cette exploitation des compétences sportives et des prestiges symboliques. Aux sportifs s'est étroitement associé **un encadrement technique et médical important**, organisé en un système « d'intervenants », tous attachés à atteindre ce même objectif de production de performances (dirigeants, entraîneurs, directeurs sportifs, managers, agents, médecins, psychologues, etc.). Leur raison sociale et leurs compétences sont rapportées à cette production de performance qui devient ainsi une œuvre collective.

2. Se joignent à cette production sociale d'autres acteurs du secteur économique. Les athlètes sont, en effet, étroitement liés à leurs **principaux sponsors** qui les parrainent et les financent. Ce sont généralement des entreprises privées qui visent, à travers cette opération d'association avec un champion, à gagner en image et en notoriété pour leur profit propre ; c'est une alchimie complexe et aléatoire des images [(10)] dans laquelle l'entreprise — qui n'apprécie guère l'incertitude — attend toujours un « retour » avantageux sur ses « investissements ». C'est, par exemple, l'impact médiatique supposé et attendu de l'exploit qui conditionne essentiellement ce retour publicitaire profitable pour l'entreprise-sponsor. Pour ces raisons, la performance, entachée de tricherie ou de soupçon de dopage, perd toute sa valeur.
3. **Les organisateurs de l'épreuve** sont attachés à lui conférer une grande et permanente attractivité publique et un fort impact médiatique. Ils sont donc portés à entretenir le plus longtemps possible, l'incertitude sur son issue, à tendre tous ces ressorts sensationnels et peut-être, aussi, plus souterrainement, à tenter de favoriser quelque champion national par le tracé d'un parcours susceptible de l'avantager ou de maintenir le suspense.
   C'est le retentissement médiatique durable de l'épreuve qui définit l'importance des droits de retransmission que versent les chaînes de télévision à l'organisateur. Ses promoteurs peuvent aussi négocier toute production d'images — photographiques par exemple — avec les revues et les journaux. Dans le cas particulier de la Société du Tour de France, les entreprises dites « partenaires », composant une caravane publicitaire suiveuse, lui paient des droits importants pour pouvoir y figurer. Les villes-étapes qui ont aussi un intérêt à son passage en font de même. On comprend que le Tour représente pour la Société qui en a le monopole un produit très lucratif.
4. **La télévision**, enfin, enregistre, produit et diffuse les images de l'épreuve, conçoit des commentaires attractifs ou sensationnels des événements contribuant à accroître leur impact public. La sélection et le traitement télévisés des images font l'audience des retransmissions tandis que la mise en forme journalistique de l'événement fait la valeur marchande de la presse-support. Observons que, parfois, c'est un médium de masse qui est, lui-même, le créateur, l'organisateur et le commentateur de l'épreuve. C'est le cas du journal *L'Équipe* — du Groupe Amaury — pour le Tour de France ou le Paris-Dakar.

Ainsi s'organise un **système d'interactions** et de relations d'alliances fortes entre ces quatre principaux types d'acteurs, système représenté figure 3. Ce sont des instances étroitement associées, en synergie, par l'importance des profits économiques et financiers générés par l'épreuve. Ces véritables « producteurs » de l'événement, sont tous tenus par un consen-

(10) Voir dans le chapitre « Images, symboles et représentations des sports » (sémiologie).

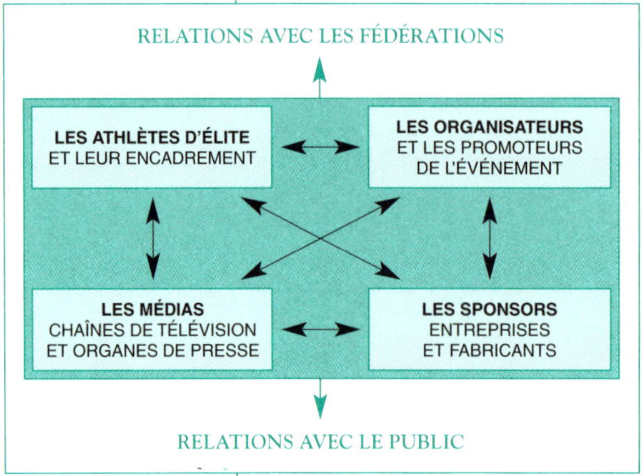

Figure 3. *Représentation schématique du système des producteurs des grands événements sportifs.*
Sources : C. Pociello ; Cours de sciences sociales appliquées (DEUG I, 1998).

sus minimal : celui de conserver, coûte que coûte, et le plus longtemps possible, les avantages divers que la compétition génère. D'où l'idée de l'existence d'une « grande famille » très attachée à son autonomie et cherchant à régler, entre soi, les problèmes qui peuvent se poser…

5. Dérobades, espoirs déçus

Mais sans l'adhésion du public et sans l'enthousiasme passionné des adeptes — auxquels se joignent les spectateurs occasionnels de l'épreuve — il n'y a pas (ou plus) d'épreuve possible. Il faut que se dégage et se pérennise une **demande sociale du spectacle** en question. Il faut que l'épreuve créée un retentissement dans les imaginaires. Il faut que se structurent des **attentes du public consommateur** (11).

À propos du dopage des cyclistes, beaucoup de gens s'accordent à reconnaître « que l'on savait » (les milieux sportifs). D'autres feignent de découvrir « l'ampleur du phénomène » ou l'existence de nouveaux produits (le directeur du Tour, le président de la Fédération de cyclisme) ; d'autres nient la prise de produits (certains coureurs) ; et chacun des commentateurs de dénoncer « l'hypocrisie ambiante »… Celle-ci résulte de la « loi du silence » imposée dans les milieux sportifs concernés et chez leurs obligés. L'affaire du dopage dans le Tour, révèle clairement son existence. On y voit l'effet de consensus signalé dans un champ de producteurs, bouclé sur sa propre logique, très jaloux de son « autonomie » et protégé par une immunité. Affaires de dopages étouffées, résultats de contrôles dilatoires, sanctions fédérales clémentes ou administrées en mortes saisons compétitives, etc., ont marqué ce règlement des affaires les plus gênantes « en famille »… Qu'est-ce qui fait du dopage des cyclistes une question de société ? C'est la rupture de l'autonomie du système par le fait que la justice ordinaire soit intervenue et que la police, dûment mandatée, intervienne, avec ses règles, ses usages et pratiques habituelles, pendant le déroulement même de la compétition. Ces événements désacralisent « l'espace sportif » considéré et démythifiant l'épreuve en l'ouvrant aux vents de la critique, de la dénonciation, de la condamnation. Le sport sortant de son « exterri-

(11) On situera à part une nouvelle catégorie d'agents qui pourrait jouer un certain rôle dans l'avenir : ce sont les chercheurs, philosophes, sociologues, etc., qui fournissent leurs propres interprétations. L'événement suscite, de plus en plus, des commentaires d'experts et des critiques de leur part qui peuvent gêner les « acteurs » et les journalistes impliqués. Ce sont évidemment des analyses que l'on ne leur demande pas, notamment sur les questions précisément du dopage dans le Tour de France ou sur l'analyse des « effets inattendus du Mondial ».

torialité », relève désormais du « droit commun » et son champ se « sécularise ». Ce qui déconcerte le public, gêne les sponsors, dérange les organisateurs et entraîne la surprise, puis la révolte des coureurs. Ceux-ci dénoncent aussitôt « les procédés indignes de la police », « l'acharnement médiatique », et rejettent les contrôles de santé (« ma santé c'est mon affaire !... »), menaçant de faire grève (invoquant le statut de travailleurs) ou d'abandonner le Tour (se soustrayant ainsi aux enquêtes indiscrètes de police).

Tout ceci a entraîné un changement des règles du jeu, en cours même de partie. Ce qui déconcerte beaucoup de monde et déstabilise tout le système. La découverte de l'organisation du dopage — en fait connu, toléré, banalisé, chez les sportifs — est rendue plus scandaleuse encore par la mise à jour d'une « caisse noire », alimentée par les coureurs eux-mêmes, pour pouvoir se fournir en produits illicites par des filières assimilables à des trafics de stupéfiants. Aussi les coureurs sont-ils à la recherche d'une dignité perdue : « Tout le monde sait que les sportifs de haut niveau se préparent et se soutiennent biologiquement et chimiquement [...] Arrêtons cette tartufferie » s'exclame le coureur T. Bourguignon (*L'Équipe*, 2 août). Qu'il s'agisse de « mieux récupérer », de « passer un mauvais cap » ou de « se donner les meilleures chances », il est avoué que « tous les coureurs utilisent des substances ». Si ses coéquipiers avouent cette pratique, Richard Virenque, leader de l'équipe Festina, prétend, « ne s'être jamais — consciemment — dopé ». On peut se poser la question de savoir pourquoi, le champion le nie-t-il avec véhémence [12] ? Car il s'est avéré que « l'équipe Festina » (dans son ensemble) a clairement opté pour la « médicalisation de la performance » (Daniel Baal), ce qui, aux yeux du président de la FFC, est éminemment condamnable. Car si l'on accepte et généralise cette médicalisation, « ce seront les laboratoires qui feront la course » et le champion sera celui qui aura le meilleur médecin ou le meilleur pharmacien et « la compétition n'aura plus d'intérêt ». Ici, l'angoisse de voir retourner à une situation antérieure (unanimement condamnée par les pays occidentaux scandalisés par le dopage étatique en Allemagne de l'Est), le dispute au risque de perte irrémédiable d'impact de l'épreuve dans le grand public.

« Ce qui est certain — affirme un lecteur du *Point* au même moment — c'est que les résultats finaux du Tour (98) ne refléteront pas la « vérité sportive » (*sic*) puisque les meilleurs coureurs [dopés] qui ont été exclus ou qui se sont esquivés, entre temps, ne seront pas à l'arrivée. »

6. Santé ou profit ?

La question sociale du dopage des sportifs est ainsi désormais clairement posée. Les grands sports seront bientôt, à leur tour, sur la sellette (football,

(12) C'est une réaction, somme toute logique, vis-à-vis de ses nombreux sponsors qui avaient tablé sur une victoire « propre » du célèbre et très populaire coureur.

natation, athlétisme)... Le public qui veut cette « vérité sportive » sait, par les conversations du *Café des sports* où percole le simple bon sens, que les sportifs de haut niveau sont biologiquement soutenus et médicalement préparés (EPO). Veut-on en refouler l'évidence pour conserver à l'épreuve une valeur fantasmatique héritée d'un passé historique révolu ? Va-t-on considérer le dopage des sportifs comme nécessaire et légitime, au même titre que dans les autres domaines de la production professionnelle ou intellectuelle ?... Feint-on de l'ignorer et le réprouve-t-on, par principe, participant ainsi au consensus défensif d'un sport imaginaire, « éternel », soutenu par des fédérations sportives retranchées derrière une ultime ligne de défense : « l'éthique traditionnelle du sport ?... »

Avec l'évidence du dopage des champions, l'équation du sport professionnel est devenue plus simple... D'un côté, il y a le **public** (qui veut éprouver des sensations et voir le spectacle d'athlètes confrontés aux épreuves les plus difficiles et aux obstacles les plus durs), les **sponsors** (qui veulent toujours plus de résultats, de la part des sportifs, sous tension, qu'ils financent, et ceci, sans interruption, pendant toute la durée d'un contrat), les **sportifs** (qui veulent gagner leur vie, sinon la fortune ou accéder à la gloire, en tout cas recueillir des profits à la hauteur des sacrifices consentis) et, de l'autre côté, il y a **l'organisme humain** qui, en dépit de son entraînement hyperintensif, a ses limites. Sous la pression financière et sociale permanente et face à un calendrier, toujours plus serré, d'épreuves, le corps, appelle, réclame, supplie, et la volonté succombe face aux multiples propositions d'aides ou de soutiens. Certaines substances sont administrées par les médecins, d'autres produits sont fournis par les soigneurs, d'autres enfin circulent clandestinement et sont données, de la main à la main, par « le bouche à oreille ». Or personne ne peut garantir l'innocuité ni prévoir les effets différés de ces prises de substances sur la santé et la longévité des athlètes.

Comme cela a été dit, l'organisation de ce type de compétitions appartenant à la branche des entreprises du spectacle, recouvre des enjeux économiques très importants, pour les sponsors, pour le journal *L'Équipe*, et pour la société (française), gestionnaire monopolistique du Tour de France. Des emplois très nombreux sont générés par l'épreuve. La virulente attaque, lancée à son encontre par les coureurs et les dirigeants espagnols n'est pas exempte d'arrière-pensées nationalistes et économiques. La suppression du Tour (fort improbable au demeurant) profiterait amplement à ses deux concurrents (les Tours d'Italie et d'Espagne) dans un calendrier d'épreuves, très serré, qui pousse les coureurs jusqu'à l'épuisement lorsqu'arrive la « belle saison ». On imagine les pertes enregistrées par l'économie nationale dans cette perspective. Il en va aussi des enjeux économiques, pour les villes-étapes, et touristiques, pour les paysages de France, si avantageusement présentés, devant des millions de téléspectateurs étrangers, à cette occasion. S'est donc organisée une ligne de défense du Tour de France comme « conservation d'un patrimoine » (Marie- Georges Buffet). Il y a, en effet, des enjeux culturels — et surtout économiques — à la préservation de cette compétition inventée par les Français (le journal *L'Auto*, en 1903), par rapport à ses concurrentes (d'apparition plus tardive), obligées de se caler sur le calendrier de leur prestigieuse devancière. Par sa prévalence historique, on veut et on peut lui conserver sa durée et son créneau saisonnier propres (trois semaines en juillet). Ce qui permet de préserver notamment le cycle saisonnier des grandes compétitions sportives retransmises sur France 2 (rugby des Cinq Nations en hiver, tennis de Roland-Garros au printemps, cyclisme du Tour en été, etc.) qui est une contrainte programmatique propre du médium afin de relancer l'intérêt d'un public versatile. Ce calendrier estival de l'épreuve assure la présence — indispensable — du public au bord des routes recevant les publicités mobiles de la caravane, mais permet aussi de compter avec l'importance de la canicule qui accroît considérablement les difficultés des épreuves de montagne…

Curieusement le grand public français qui apprécie beaucoup ses athlètes d'élite et réclame, de leur part, des performances honorables dans les grandes compétitions internationales, ne sont pas très bienveillants à leur égard. Une sorte d'**ingratitude** se manifeste même vis-à-vis d'eux, dans les enquêtes d'opinions sur le sport de haut niveau. En majorité, le public trouve notamment « que les champions gagnent trop d'argent ». Sans doute souhaiterait-on qu'ils remportent des médailles bénévolement et sans se soutenir biologiquement comme le font leurs adversaires. Comme si le sport était resté — et devait rester éternellement — « pur », « amateur », désintéressé »… comme la dernière épreuve humaine permettant une sélection naturelle du plus apte, dans la gratuité idéale et idéelle de ses efforts…

Les pouvoirs publics vont bientôt légiférer sur la lutte antidopage, doublement soutenus par l'affaire du dopage dans le Tour 98 et par le ministère de la Santé inquiet de ses possibles conséquences. Il s'agit d'alléger la charge énergétique d'une saison pour les coureurs, de les soumettre régulièrement à des « contrôles de santé » et de leur imposer inopinément des contrôles antidopage… Mais là, les pouvoirs politiques nationaux se heurteront à la puissance des mouvements sportifs internationaux, jaloux de leur autonomie, et à une sphère économique surpuissante pénétrant, toujours plus profondément, dans le sport pour le « marchandiser »…

Définitions

Princeps : se dit de la première édition, « originale », d'un ouvrage, ancien et rare. Une « expérience princeps » dans le champ scientifique, est, par analogie, une expérience initiale, cruciale, décisive, qui provoque une rupture épistémologique, suscite un bon qualitatif dans la connaissance, propose un nouveau paradigme interprétatif.

Synergie : se dit de l'action coordonnée de plusieurs organes musculaires pour réaliser un mouvement. C'est aussi l'association de plusieurs facteurs qui concourent à une même action sans qu'il y ait nécessairement une intention. Enfin, on peut qualifier de « synergie » une stratégie concertée entre plusieurs acteurs convenant d'engager des efforts convergents pour faire aboutir un projet commun.

Économétrie : partie de l'économie qui s'efforce d'établir des relations chiffrées entre les variables, qui décrivent et mesurent les phénomènes ou les comportements étudiés. Elle construit des tableaux d'estimations numériques, de taux, etc. et applique des méthodes statistiques sur les chiffres enregistrés.

Barycentre : point de l'espace qui correspond, pour un volume, au « centre de gravité » d'une figure géométrique plane. Par métaphore, on veut signifier que, dans les forces qui s'exercent dans un champ scientifique, certaines disciplines (ou paradigmes), cherchent à occuper une position centrale, stratégique, dominante, par rapport à toutes les autres.

Darwinisme sportif : on connaît la théorie biologique du célèbre savant naturaliste, Charles Darwin, construite sur l'idée de l'évolution des espèces (animales) par la voie de la « sélection naturelle » assurant la persistance et la « survivance du plus apte ». Cette théorie n'a pas manqué d'inspirer des sociologies — dites évolutionnistes — (H. Spencer) et même un eugénisme (F. Galton). Les sports anglais dits « athlétiques » ont pu s'appuyer sur cette même philosophie pour marquer ses origines aristocratiques.

Lamarckisme sportif : en France, le transformisme de Lamarck a fait une plus grande place à la transmission, à la descendance, des transformations organiques que les individus ont acquises dans leurs efforts d'adaptation au milieu. La « gymnastique » populaire, ici, s'est longtemps appuyée sur la croyance dans cette « hérédité des caractères acquis » valorisant le travail individuel (C. Pociello, *La science en mouvements*, J. Marey et G. Demenÿ, Paris, PUF, 1998).

Bibliographie

ANDREFF W. (sous la direction de), *Économie politique du sport*, collectif, Paris, Dalloz, 1989.

CHAPPELET J.-L., *Le Système olympique*, Grenoble, PUG, 1991.

GERBIER B., DI RUZZA R., *Ski en crise ; le cirque blanc : du profit à la compétition*, Grenoble, PUG, 1977.

MICHON B. et coll., *Le Prix de la pratique sportive pour le consommateur ; déterminants et analyse comparée du coût financier*, Université des sciences humaines de Strasbourg, Laboratoire APS et sciences sociales, Rapport de recherche, mai 1987.

Questions

1. Énumérez les différents types d'impacts que les sports sont susceptibles d'avoir sur l'économie nationale.
2. Identifiez les trois sports privilégiés qui ont pu connaître successivement des embellies, au gré des synergies d'intérêts des divers acteurs économiques attachés, en France, à leur développement.
3. Situez, dans le temps, les phases d'apogées de chacun de ces trois sports.
4. Énumérez les différentes « composantes » du coût moyen annuel des divers sports pour les pratiquants individuels.
5. Quels sont les sports les plus onéreux et les moins dispendieux ?

9 Prospective des pratiques de loisirs sportifs (1980-2010)

A. La réflexion prospective

1. La prospective

D'abord limités au domaine militaire, puis économique, et visant seulement le court terme, les efforts d'anticipation de l'avenir se sont élargis, ensuite, à des domaines plus nombreux et ont permis de concevoir des conjectures de plus en plus ambitieuses et plus lointaines... Développée d'abord aux États-Unis, à des fins d'armement et de stratégie militaires, la discipline se constitue en « futurologie » en adoptant des approches moins empiriques et plus scientifiques. Puis la « prospective » connaît, en France, une inflexion et un enrichissement notables en débordant de l'étude des effets, à terme, des seules contraintes économiques ou déterminants structurels des techniques, pour intégrer des considérations sur les buts et les mobiles des « acteurs », pour analyser leur jeu relatif et sur leurs enjeux propres. Gaston Berger et Bertrand de Jouvenel, lui ont donné ainsi une plus large valeur théorique. Michel Godet lui confère aujourd'hui, au CNAM (prospective du chômage et de l'emploi), le statut d'une discipline rigoureuse — appelée « analyse structurelle » — en identifiant les multiples variables (« internes » et « externes ») qui jouent sur le secteur étudié, en concevant la vaste « matrice » qui les met systématiquement en relations, enfin pour lui appliquer des méthodes mathématiques et statistiques éprouvées.

Elle est parfois appelée — à tort — « futurologie » ou « science du futur » car, en dépit de son recours, plus rigoureux, à des traitements statistiques, elle ne peut prétendre atteindre le niveau d'exigence des sciences constituées sur le paradigme popperien (théories, hypothèses, expérimentation, démarche de réfutation, etc.). Elle s'efforce, sans jamais y parvenir, d'intégrer cependant ces critères et exigences et elle s'appuie volontiers sur plusieurs sciences instaurées. Ses « conjectures » et « futuribles » (« futurs possibles ») sont d'autant plus risqués qu'ils sont plus ambitieux et se projettent à plus long terme.

La prospective est doublement conditionnée par la prise de conscience des aspects positifs et négatifs, encourageants et inquiétants, de la réalité présente ; d'une part, la surpopulation, la menace nucléaire, l'altération écologique et la désertification de la planète, d'autre part, par l'accroissement incessant des possibilités humaines, par l'efficacité croissante de ses techniques, sa domestication de la nature, sa disponibilité d'énergie considérable, et par le pouvoir même dont dispose l'homme de transformer sa propre nature. Mais cette démarche et cette demande sociale émergente sont surtout portées par la volonté des acteurs de maîtriser l'avenir par l'action, dans un monde mouvant placé dans un état d'incertitude et d'instabilité grandissantes.

2. La prospective des sports

Ainsi définie, la démarche prospective nous paraît devoir s'appliquer, avec profit, au sport en ce qu'il connaît, aujourd'hui précisément, cette situation d'instabilités et d'incertitudes. Les crises qu'il traverse et les changements que nous nous sommes appliqués à relever nous y invitent fortement. Pour autant que les pouvoirs publics leur en donnent les moyens, les chercheurs universitaires pourraient s'attacher à engager prudemment ce type d'approche nouvelle, orientée sur trois secteurs bien identifiés : **la prospective du système des sports**, **la prospective du champ socio-sportif français** enfin l'analyse des **perspectives d'évolutions du sport de haut niveau** dans le contexte de la mondialisation des performances.
C'est le système des pratiques de loisirs à caractère sportif du « tout venant » qui a surtout retenu notre attention.

3. La nécessité de l'innovation dans la conception des équipements sportifs

L'approche prospective du système sportif (pratiques et champ social du sport) est, bien, en effet, une forme intellectuelle de la témérité. Elle est pourtant reconnue indispensable par ceux (et pour ceux) qui veulent tenter de maîtriser l'avenir par l'action. Elle se justifie ainsi. La prospective sportive risque, aujourd'hui, une modeste institutionnalisation universitaire tandis que s'accroît indéniablement la demande sociale de projections (ou de conjectures)* sur les transformations significatives et durables de cet univers sportif placé dans un monde qui bouge. L'avenir apparaît désormais comme une nouvelle forme d'enjeu, pour les ministères, les fédérations, les industriels, le secteur marchand, les services du loisir et du tourisme, ainsi que pour les collectivités territoriales. Ce souci de comprendre les évolutions n'est pas étranger à la perception de l'inadéquation de certains produits, objets ou équipements qui répondaient naguère à des besoins bien identifiés (crise des affiliations fédérales, crise

de « l'or blanc », raccourcissement des cycles de vie des articles, désaffection relative de certains équipements traditionnels, montée en puissance des modalités du loisir libre face à la modalité compétition-licence, etc.). Il en est de même de la concurrence, plus vivement ressentie, entre les différentes institutions sportives pour capter (et conserver) leurs publics, saisis par une subite versatilité.
Se défiant des « modes éphémères » et confrontés à la « guerre des espaces » qui s'ouvre déjà à l'échelon local, les décideurs des collectivités publiques s'interrogent sur la multiplication de demandes sociales et sur les choix qu'il conviendrait d'opérer pour les prochaines années. Les producteurs d'articles de sports (FIFAS) commanditent des études, au CREDOC, sur les tendances du marché, et sur sa capacité à intégrer des produits nouveaux (1994). L'Inspection Générale de l'Éducation Physique s'interroge sur les possibilités « d'intégration des sports de plein air à l'École » (1993), l'Établissement Public d'Aménagement de la Défense lance un appel d'offres pour une étude « de définition des besoins fondamentaux et prospectifs en matière de sports et de loisirs sportifs », pour un vaste projet d'aménagement de son périmètre d'intervention (1992). Il n'est point de commune lointaine, isolée, mais dotée d'un vieux château ou d'un « beau paysage », qui n'ait cherché à réaliser précipitamment un projet de golf… Il n'y a guère de villes « dynamiques » qui n'aient voulu expérimenter quelques « piscine-loisir » ou « aqua-center ». Ce sont des essais d'ajustements, parfois réussis, parfois maladroits, parfois désastreux, à une demande qui se diversifie, se déplace, se dérobe. Les études de faisabilité des équipements innovants qui n'ont pas fait preuve, jusqu'ici, d'une pertinence criante et les échecs — parfois cuisants — de certaines réalisations (en termes de fonctionnement et de gestion), achèvent d'enlever leurs derniers complexes aux chercheurs qui réfléchissent, à l'Université, sur la conception et l'adaptation de nouveaux types d'équipements de loisirs à caractère sportif (G. Baslé, C. Pociello, D. Hillairet, 1985-1992) [(1)].

B. La conception d'une méthode rationnelle d'analyse prospective du sport

L'habilitation ministérielle d'une formation doctorale spécialisée à l'Université d'Orsay (« Prospective des pratiques, des consommations et des espaces sportifs ») a permis, dès 1986, de rassembler des chercheurs et de stabiliser la présence d'experts, tous invités à participer, à cette formation. D'où l'idée de réunir, autour d'une table ronde, les différents types d'ex-

(1) Voir, en fin de chapitre, le dessin axonométrique du projet de « Site d'Aventures Sportives urbaines » (SAS) qui résulte d'une recherche des solutions techniques aux problèmes posés par les évolutions de la demande sociale d'activités des citadins. Cette démarche innovante est aussi soutenue par la nécessité (que certains experts jugent impérative et urgente), pour les décideurs locaux, de concevoir, d'adapter et de proposer de nouveaux équipements de « loisirs de proximité », « au quotidien », dans les grandes métropoles. Le nouveau concept s'efforce simplement d'intégrer les traits, jugés les plus pertinents et durables, des tendances d'évolutions relevées dans la société française (« sports de pleine-nature, à forte composante technologique ») et d'en urbaniser les activités les plus intéressantes et éducatives, dans un effort « d'hybridation » sport-culture.

perts du domaine sportif, jugés les plus compétents dans chacune des sciences sociales identifiées, en s'inspirant, dans cette avantageuse occurrence, de la « méthode des experts » mise au point et rationalisée par Michel Godet et son équipe. Il s'agissait, dès lors, d'organiser, entre eux, un colloque réel et imaginaire, de susciter des échanges et confrontations d'idées sur le sujet.

Ont été ainsi rassemblés, les spécialistes de la sociologie du sport, de l'économie du sport, de la démographie du sport, de l'histoire et de la géographie sportives. Ont été également invités l'anthropologue, le gestionnaire, attaché à l'analyse du jeu et des enjeux des différents acteurs du champ sportif — et rompu à l'analyse stratégique — ainsi que le « médiologue » plus sensible aux effets puissants qu'imposent la télévision et les médias sur les représentations et les pratiques sportives.

On aura compris que l'organisation du présent ouvrage et sa segmentation en autant d'éclairages offerts par les sciences sociales, annonçaient cette partie finale et synthétique qui s'ouvre maintenant, concrètement, sur les dialogues croisés organisés entre ces différentes disciplines (figure 1).

Le meneur de jeu, parmi les plus stables (institutionnellement) de cette assemblée, suscite les échanges, observe les discordances et les divergences d'avis, relève les consensus, apprécie le poids des arguments avancés à l'appui des prises de positions ou des « opinions » formulées et finalement recueille, consigne et met en mémoire, les principaux « résultats » de ces débats. On s'attendait à des controverses passionnées auxquelles ces confrontations d'idées devaient donner lieu. Elles ont débouché sur les discussions passionnantes, l'enregistrement de quelques idées-forces et le relevé de points importants de consensus.

Les questions centrales posées collectivement aux experts étaient de différentes natures :

- « Quels sont, selon vous, les facteurs-clés (les "variables" les plus puissantes) d'évolution du "système des pratiques sportives" et du "champ social du sport" ? »
- « Quels effets et conséquences ces facteurs "structurants" vont-ils produire, à terme, sur ce système et sur ce champ ? »
- « Comment voyez-vous l'avenir proche et lointain de ce secteur particulier d'activité de loisirs sportifs des citoyens français ? »

Furent d'abord notés quelques avis consensuels servant de base à la discussion ultérieure. Fut admis l'existence d'un « champ socio-sportif » pouvant figurer comme « machine » et **organisation productrices de l'offre**. Par ailleurs, le « système des sports » — saisi, à la fois, dans ses facteurs d'inertie et à travers l'observation de ses déformations avec le temps — a pu servir de modèle collectif de la **structuration de la demande sociale d'activités**. Ainsi, le « champ social des institutions et de leurs agents » et le « système des sports » (ou « l'espace des sports ») sont bien apparus dans

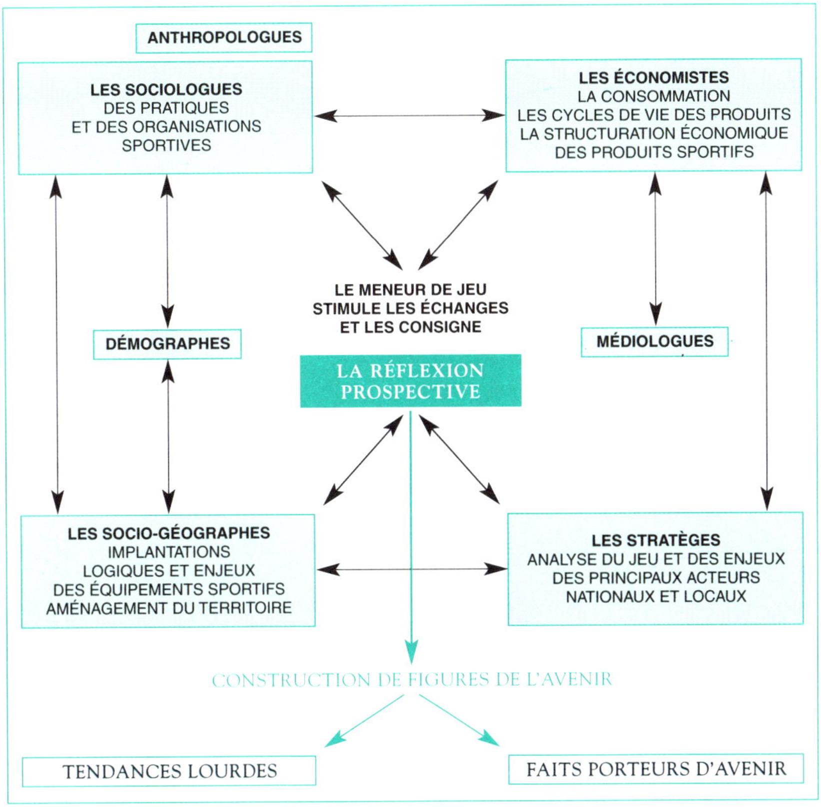

Figure 1. *La démarche prospective des experts. Échanges et confrontations d'avis d'experts (C. Pociello, 1990).*

une dynamique complexe d'ajustements mutuels et permanents. Comprendre les tendances d'évolution des activités sportives, de compétition, d'émulation ou de loisir des Français c'est comprendre, en effet, ce processus d'ajustement mutuel entre ces deux systèmes relativement autonomes — et pourtant étroitement dépendants — jouant comme dans une dialectique permanente d'une offre et d'une demande :

Ont été finalement précisés « la structure » et les effets structurants du « champ socio-sportif » qui rassemble les multiples producteurs — publics et privés — de l'offre assurant des fonctions sociales ou économiques différentes (éducation, santé, loisirs, spectacles, médias, production industrielle — notamment d'équipements lourds —, distribution commerciale, communication urbaine, intégration sociale, etc.) ; acteurs entre lesquels s'instaure une dynamique concurrentielle ou des interactions synergiques et qui façonnent, à leur manière, les produits, les promeuvent et les diffusent ; en bref, qui tendent à structurer la demande. C'est un champ qui n'est pas figé mais qui subit des réaménagements périodiques, sous l'effet des conjonctures historiques (mondialisation de l'économie, chômage, crise sociale, poussée marchande, etc.).

Fut ensuite reconnu, d'autre part, l'existence — et le bien-fondé — d' un « système de pratiques et de modalités de pratiques », disposant d'une l'autonomie relative, qui structure également des goûts et des comportements sportifs, qui définit, organise, stabilise et oriente la demande sociale d'activités (ainsi que les objets et les espaces qui lui sont nécessaires pour se manifester), selon un système de relations synchroniques propre.

Une difficulté est apparue sur cette question du « fonctionnement autonome » de ce système par rapport à l'offre sportive. Certains experts (économistes) déniant cette autonomie que défendent certains autres (sociologues). Ces derniers prétendent, en effet, que ce système n'est pas structuré, de part en part, par la structure de l'offre puisqu'il est notamment « bouclé » sur l'évolution des modes de vie et des idéologies (notamment développement d'une sensibilité écologique), sur des effets culturels différenciateurs de la diffusion du « système technique postindustriel » (*high-tech*), mais aussi sur les transformations fondamentales des rapports à l'autre sexe. Il apparaît aussi en prise directe avec des phénomènes démographiques (vieillissement statistique de la population sportive), enfin... avec des contraintes économiques qui pèsent directement sur le « poste-loisir » des budgets des ménages. Ce système paraît, en outre, avoir sa logique propre de fonctionnement en ce que des propriétés symboliques (et un marquage social) sont conférées aux activités selon leurs positions relatives dans cet espace et en ce qu'il existe une circulation des modèles de pratiques dans ce système, touchant aux styles de vie des différents groupes sociaux...

Le meneur de jeu, prend acte de ces bases consensuelles et des divergences d'appréciation. Puis, fort de son expérience pratique personnelle et de la durée de ses observations dans le temps long (permettant de témoigner des évolutions, à l'œuvre dans ce système de pratiques, sur plus de trente années), il imagine, conçoit, dessine des figures de l'avenir [2].

Il y a lieu de souligner, dans cette démarche intellectuelle, l'existence d'une rupture de niveaux, entre, d'une part, les expertises, scientifiquement fondées et empiriquement argumentées, d'autre part, le travail visant à dessiner ces « figures de l'avenir ». Il y a bien une différence de nature, une importante solution de continuité. Nous sommes passés, là, en effet, à un autre registre épistémologique qui fait une part importante à l'imagination et qui est plutôt assimilable à une production artistique plutôt qu'à une démarche scientifique *stricto sensu*. Il convient de ne pas assimiler ou confondre ces deux types d'opérations correspondant à deux étapes différentes et successives de la démarche prospective.

Ont été ainsi conçus deux types d'évolutions : les « tendances lourdes » et les « faits porteurs d'avenir » qui s'efforcent de saisir la nature et l'in-

(2) La démarche prospective — dont on a suffisamment souligné qu'elle n'est pas assimilable à une science — comporte, irréductiblement, une double dimension « poétique » et « politique ». En effet, elle fait une part importante à l'imagination qui peut l'assimiler à une production artistique (« poétique ») ou à une invention technique. Mais elle comprend, aussi, une démarche consistant à chercher à peser sur les décisions (politiques), et visant, peu ou prou, à faire advenir les propositions formulées. Le seul fait de les avoir dessinées, avec suffisamment de précisions, les amènent à l'existence, leur donnent une certaine réalité. Et une telle « utopie réaliste » peut susciter, chez des décideurs ou opérateurs, un certain écho. C'est ce qui s'est passé notamment dans le projet du SAS Centre-Ville d'Angers, en 1996.

(3) C'est l'exemple du « vieillissement statistique de la population française » qui illustre le mieux ce qu'est une « tendance lourde » (consensus entre les démographes et caractère jugé inéluctable du trait).

flexion des loisirs sportifs dans la société française, à un horizon donnée, situé dans les dix-quinze prochaines années (donc projeté après l'an 2000).

- Les premières figures (« tendances lourdes ») définissent les tendances d'évolution qui ont fait l'objet du **consensus final**, le plus fort, entre les experts et enquêteurs ; figures d'avenir qui s'efforcent de cerner les traits puissants d'évolutions qui paraissent **inexorables** ; c'est-à-dire persistants quoiqu'on fasse… (3)
- Les secondes figures (« faits porteurs ») n'ont pas fait l'objet d'un consensus aussi net entre les experts. Elles paraissent plus discutables quoiqu'elles soient déjà, à l'évidence, à l'œuvre dans les temps présents. Des actions politiques énergiques, prises à l'échelon local ou national de décisions, sont considérées comme pouvant, soit en favoriser, soit en contrecarrer les effets. On réserve l'expression « faits porteurs » à des suppositions et conjectures résultant de reconstructions imaginaires plus aléatoires, à partir d'un « bricolage intellectuel » plus personnel (donc plus risqué), opéré, sur le corpus considérable des informations recueillies, retraitées, recomposées…

C. Les tendances lourdes d'évolution et les faits porteurs d'avenir

Sous les effets des **changements culturels et sociaux**, déjà perceptibles depuis les années 1975, sous l'influence aussi des facteurs et des nouveaux enjeux que le champ sportif subit de la part de son **environnement économique, médiatique et technologique** (et des réaménagements internes qui s'en suivent), se profile une transformation profonde du système des pratiques dont on peut identifier globalement les évolutions. Quatre tendances lourdes ont été dessinées ainsi que cinq faits porteurs d'avenir.

Parmi les principales tendances lourdes on relève :

- **une certaine massification** des activités qualifiant l'élargissement de la base de leur recrutement social ; phénomène associé à une grande **diversification des pratiques**, à leur segmentation interne (modalités, variantes) et à une augmentation de la mobilité des pratiquants (migrations, reconversions, versatilité, etc.) ;
- **une forte féminisation** de la plupart des activités. Ce phénomène — très important —, aux causes identifiables (augmentation des taux de scolarisation des filles et d'activité salariée des femmes…) et aux répercussions multiples, accompagne la transformation des rapports à l'autre sexe et entraîne une évolution sensible de l'image traditionnelle des pratiques. À terme, on peut s'attendre aussi à une meilleure diffusion

Les quatre tendances « lourdes » d'évolutions du système des pratiques de loisirs sportifs

1. Massification et diversification des activités
- Élargissement de la base de recrutement social de l'ensemble des activités qui s'opère au prix d'une importante différenciation interne des pratiques (productrice de modalités et de variantes différentes).
- Phénomène accompagné d'une grande diversification des pratiques (importation, inventions, imagination des pratiquants et rôle des constructeurs).

2. Féminisation de l'ensemble des pratiques
- Phénomène très important et durable, à prendre en compte. Cette féminisation — qui reste variable selon les secteurs — s'accompagne de la reconstitution, sur d'autres bases, de la division sexuelle des goûts et comportements sportifs (technologisation, aventure, acrobatie et risques sportifs des pratiques des jeunes gens).
- Féminisation de la plupart des secteurs sportifs ; renforcement des bastions traditionnellement féminins (danses, gymnastiques, GRS, mise en forme, etc.), très forte féminisation des pratiques scolaires « par excellence » (athlétisme, natation, handball, basket, etc.), engagement dans des sports d'audace jusqu'aux modalités libres et non guidées.
- Phénomène accompagnant une transformation des rapports à l'autre sexe (pratiques conjointes, unisexes, conjugales), une transformation des gestuelles et des images des pratiques dans le grand public).
- Les images, les figures et les produits médiatiques s'en ressentent.
- La transmission des goûts aux enfants sera plus vive, plus variée et différente par les filles devenues mères (rôles de prescription).

3. Allongement de la durée des cycles de vie sportifs
- Les enquêtes de l'INSEP soulignent cet autre phénomène — important — par comparaison avec les enquêtes de l'INSEE de 1967 (chute beaucoup moins rapide de la courbe des taux de pratique avec l'âge et les changements de statut (fin de la scolarité, entrées dans la vie active, ou matrimoniale).
- Regain des activités avec l'âge (« renaissances » et « nouveaux venus »).
- Ceci s'opère au prix de reconversions de pratique à pratique, de transformation des projets sportifs (entretien du corps, longévité, convivialité, « retraite sportive »).
- Le vieillissement statistique de la population ne signifie pas l'effondrement des taux de pratique mais entraînera de sensibles évolutions de la demande sur un stock de population à volume constant.

4. Recherche de modes d'organisation à faibles contraintes
- Crise des affiliations fédérales, stabilisation — ou régression — des effectifs licenciés des clubs (par exemple de tennis).
- Recherche, par les jeunes gens, de formes auto-organisées (*street-ball*, *skate* et *rollers*, planche et surf).
- Recherche, par les citadins, de formes d'organisation moins contraignantes, rejet des formes les plus hiérarchisées et bureaucratisées d'organisation. Petits groupes de pairs, associations à faibles effectifs (« où l'on a droit à la parole »).
- Entrée en jeu de nouveaux type d'organisateurs et autres styles d'organisation et de relations (marathon des châteaux du Médoc et des Graves), jouant sur le festif et le convivial…

des goûts sportifs, plus diversifiés, aux enfants de la part de mères plus « actives » et plus « sportives » dont on connaît le pouvoir prescriptif en la matière ;

- **un allongement de la durée des cycles de vie sportifs** marquée par une plus grande longévité des adeptes dans ce registre et par une chute beaucoup moins rapide que dans le passé, des taux de pratique avec l'âge. Ceci se fait au prix d'importantes reconversions de pratique à pratique, de transformations des motifs et des projets sportifs en fin de cycle ;

– enfin une recherche, par les citadins, de **formes d'organisation à faibles contraintes**. Cette tendance les porte à se diriger, plus volontiers, vers la richesse de l'offre caractérisant les plus grandes villes, vers des groupements associatifs, les moins hiérarchisés et bureaucratisés ; associations à effectifs plus réduits où l'on peut faire encore valoir ses idées, partager des joies, et échanger des informations entre pairs culturels.

Ce sont là, sans doute, les axes les plus marquants et durables de développement du système des pratiques dans la société française. Ils ont été dessinés dans les années 1980 sans avoir subi d'infirmations notables de la part de la réalité.

Par ailleurs, ont été retenus cinq principaux faits porteurs d'avenir qui dégagent :

– une tendance à **l'individuation** ou à la **personnalisation** des pratiques et de leurs modes d'appropriation, associée à un accroissement, significatif, du pouvoir expressif des activités et de leurs gestuelles (« singularisations ») ;
– une tendance assez marquée à la **délocalisation** des pratiques les plus normalisées, accompagnée d'une vigoureuse écologisation des activités (dont l'agoraphilie sportive grandissante n'est qu'une composante) ;
– une tendance à la **combinaison** ou à **l'hybridation d'activités diverses**, soulignant leurs mutations saisonnières, indiquant une versatilité grandissante du public et accusant encore la diversification des activités ;
– une **technologisation**, toujours plus poussée, des pratiques par l'utilisation intensive, d'instrumentations et d'appareillages véhiculants, les plus divers et perfectionnés. Cette tendance qui s'est accusée sous l'influence de l'engouement que ce genre d'activités suscite dans la jeune génération (surtout chez les jeunes gens), offre l'expérience enivrante de la mobilité acrobatique et vertigineuse au moindre coût (énergétique) ;
– enfin une **mise en forme festive,** hédoniste, carnavalesque, ou folklorique, des activités (assimilable à un regain du *ludus* de Caillois), et à un « retour » au temps où les activités sportives n'étaient pas totalement coupées de leurs racines festives, ni épurées de leurs linéaments culturels. Cette tendance est révélatrice d'une recherche d'autres types de sociabilités sportives : plus amicales, plus chaleureuses, plus conviviales. C'est aussi une attente culturelle nouvelle qui s'inscrit dans un insolite processus d'hybridation entre sport et culture… On peut, en effet, rapprocher ce phénomène d'une même tendance, apparaissant dans de nombreux champs d'activités, comme un **retour au sources culturelles** des sports de la tradition (vieux gréements, ski de peau de phoque, télémark, aviron traditionnel, randonnées rustiques, etc.) soulignant cette exigence plus culturelle dans les activités pratiquées… En outre, nombre d'entre elles se réaménagent en intégrant la **thématique de l'aventure**. C'est même le cas de la marche à pied lorsqu'elle se pro-

Les cinq faits porteurs d'avenir

1. Une individualisation ou mieux une personnalisation des activités
- Apparaît une plus grande vigueur des activités individuelles par rapport aux sports collectifs.
- Ajustement des activités, des techniques, et des formes d'initiations aux possibilités et dispositions personnelles.
- Singularisation et pouvoir expressif accru des gestuels (vestimentaires, design, décoration des appareillages).
- Désir d'une plus grande — et plus rapide — autonomie motrice et décisionnelle.
- Mise en scène, délectations verbales dans le petit groupe de pairs — ou de connaisseurs — (microcultures).

2. Délocalisation, écologisation, agoraphilie
- Dissociation des liens initiaux tissés dans l'histoire du local (implantation de l'équipement municipal, recrutement proximal des usagers, articulation entre notables locaux et dirigeants sportifs.
- Accroissement des mobilités automobiles, segmentation des temps de vacances.
- Recherche de nouveaux cadres d'exercice, attraits des grands espaces « libres » de la « pleine nature », désaffection des équipements traditionnels ou transformations de leurs usages. Goût des décors naturels, des paysages à découvrir, des territoires à investir... Individuation, territorialisation des espaces libres.
- Déplacements d'activités d'espace à espaces, activités de pleine nature.

3. Combinaison, enchaînement, hybridation d'activités diverses
- Soudures saisonnières d'activités variées (ski, planche et tennis ou *skate*, *snowboard*, planche, *speed-sail*, *kami-kate*...).
- Combinaisons d'activités trois à trois, (triathlon) deux à deux (tir à l'arc en milieu spéléologique, *arba-speed*...).
- Versatilité grandissante des goûts du public, glissements rapides d'une activité à l'autre, raccourcissement des temps d'apprentissage... Essais et erreurs, recherche des modes d'activité et formes convenables. Effets pervers de la rapidité des apprentissages.
- Richesse de production de formes nouvelles.

4. Une technologisation des pratiques (instrumentations, appareillages, véhicules)
- Raffinement des instrumentations et des équipements. Usage intensif équivalent du *high-tech* dans le registre sportif comme signe de modernisme.
- Inventions et utilisations intensives d'appareillages, « extériorisation » des énergies. L'expérience enivrante de la mobilité acrobatique aux moindres coûts.
- Pilotages, découverte de nouveaux gestuels et exploration de nouveaux espaces d'exercice.

5. Une mise en forme aventureuse des activités
- Goût de la découverte des milieux et paysages ; expéditions, raids ou randonnées, hors-pistes, hors limites, hors normes. L'imprévu, affrontement à des dangers.
- Absence de lois, de disciplines, de contraintes institutionnelles ; sanctions immanentes.
- Célébration de la ruse et de la débrouillardise dont les maîtrises techniques sont la transposition. Expéditions discrètes, autonomie des petits groupes.
- Aventures assimilables à des « rituels d'initiation » à des engagements risqués ou à des « conduites ordaliques ».

jette dans une traversée du Hoggar avec un détour culturel par le Tassili des Ajjers... Ce sont là des figures qui paraissent être, aux yeux de quelques experts, autant de faits porteurs dont l'impact va, d'ores et déjà, grandissant, dans la jeune génération (qui représente notre propre avenir) et qui donnent largement matière à réflexions, débats et critiques pour la prospective de ce système.

D. Loisirs contre travail

On peut s'attendre à un certain retour de balancier par rapport aux forces d'inertie de la période antérieure et aux valeurs que le monde de l'entreprise a contribué à incruster dans le sport. On peut voir à l'œuvre dans ce type d'activités, une certaine transgression des valeurs de concurrence et de compétition qui sont les équivalents exacts de la compétitivité et de la productivité industrielles. Elle se traduit notamment par un recul des « sports digitaux » et une faveur pour les sports dits « analogiques » (A. Loret, 1992) [(4)]. Les courses sur route et leurs débordements folkloriques en tracent la voie. Certains experts prévoient un glissement de « l'ascèse » au « festif » ou, pour le dire autrement, le passage d'une culture « de l'apollinien au dionysiaque » (Olivier Bessy, 1994). Ceci favorisera le sport festif, transgressif, carnavalesque, dérisoire, risible, convivial, bon enfant. Est peut-être en œuvre une sorte de « roliganisation » du sport qu'O. Bessy a bien décrit dans les nouvelles modalités festives et « bachiques » de la course de marathon sur les routes des châteaux du Médoc et des Graves.

Mais peut-être n'est-ce là que les effets du « mûrissement » (vieillissement relatif) de la majorité des pratiquants (correspondant à la génération post-soixante-huitarde) qui ont pu connaître, eux-mêmes, dans leur jeunesse, cette phase « apollinienne », compétitive et « digitale », du sport et qui ne s'en accommodent plus. Ce qui n'est nullement contradictoire avec le fait qu'on laisse le soin à la jeune génération, en attente, de s'y consacrer, de toutes ses forces et d'y consumer toutes ses énergies.

De même, les illusions, longtemps entretenues, sur « les gagneurs » vont, très probablement, se dissiper, en jouant au détriment de ses modèles de dynamisme inépuisable dont on commence à percevoir — et parfois à dénoncer — les ressorts psychologiques et médiatiques. Le « gagneur » fut la figure du « leader à l'américaine », lancée avec le mouvement de revalorisation de l'entreprise après 1980. On s'est aperçu que ces leaders charismatiques, ces *self-made-men*, ces « mutants de la communication », fonctionnent à l'illusion, par le mot et l'image, et par la magie des médias qui les sollicitent et les promeuvent. Leur réussite incarne notre « idéal du moi » ; c'est-à-dire l'image idéalisée et grandie de nous-même, vers quoi nous tendons et que nous projetons sur eux. Mais ceci s'opère au prix d'une réduction de la conscience morale et d'un effondrement du système traditionnel de valeurs.

L'histoire du sport peut être perçue comme un vaste mouvement historique de balancier. Inscrit originellement dans la fête, il s'en autonomise bientôt en spécifiant progressivement ses espaces et ses temps et en contrôlant étroitement ses faits et gestes, il enregistre des performances.

(4) Alain Loret, « Génération Glisse. Dans l'eau, l'air, la neige… La révolution du sport des années "Fun" », *Autrement*, n° 155-156, 1995.

En cette dernière conjoncture, il tend à s'ouvrir, en mouvement inverse, à la vie, à l'amitié, à la turbulence et à la fête et à s'inscrire dans d'autres registres de valeurs, moins chronométriques et plus hédonistes. On attend désormais des pratiques qu'elles participent à l'épanouissement individuel et à l'accomplissement personnel. Plaisir d'être ensemble, joies exubérantes de libations, de cortèges, de manifestations, de délectations verbales, d'enrichissements culturels… qui débordent largement sur la vie courante.

E. Aventures sportives, aventures sociales…

« L'individuation » sportive (distincte de « l'individualisme » qui est repli sur soi) manifeste la conscience de multi-appartenance que produit l'adhésion, toute provisoire mais profonde, à des groupes sportifs pouvant être « microscopiques » et flottants, mais donnant un sens plein à l'existence ; sens différent de celui qu'offrent les regroupements collectifs des clubs stabilisés autour d'équipes compétitives régulièrement entraînées et affrontées. À l'opposé de ces « sports-guerre », l'individuation (du sport de petits groupes), construit l'activité sportive « en art de vivre ouvert sur le monde », et s'apparente à « l'univers culturel moderne », articulé autour du couple « image-son » que l'on peut observer dans le domaine des pratiques culturelles (Olivier Donnat, 1994) des jeunes citadins diplômés, hédonistes, ouverts sur l'extérieur, sur les effets de modes, sur l'actualité. Une tendance à la singularisation s'y manifeste qui accroît le pouvoir expressif des gestuels, des vêtements, du design des appareillages, ainsi que des activités associées.

La recherche d'un ajustement des pratiques aux possibilités et dispositions personnelles, appellent un raccourcissement des temps d'initiation et un allégement des rituels d'apprentissage. Activités dans lesquelles on recherche une autonomie motrice et décisionnelle plus complète et plus rapide.

La recherche de nouveaux cadres d'exercices par des citadins habituellement « compactés » dans leurs habitats urbains hyperdenses, la prise de distance vis-à-vis des contraintes bureaucratiques, entraînent un mouvement centrifuge des citadins, vers les espaces « libres » de la grande périphérie, accusent une « délocalisation » des activités urbaines, une désaffection relative des équipements sportifs traditionnels ou une transformation de leurs usages. Dans ces **nouvelles territorialisations sportives** se satisfait le goût des espaces « libres » et ouverts, des paysages à découvrir et à investir physiquement et poétiquement, aussi bien que la recherche de nouveaux processus d'identification communautaires, fussent-ils éphémères. L'association d'activités diverses, enchaînées dans une soudure saisonnière des loisirs, par les groupes les plus favorisés (ski, tennis, planche, baignades, etc.), trouve des traductions chez les plus modestes (*street-ball*, *skate*, foot sympa, etc.). Par des combinaisons d'activités, deux à deux, trois à trois, leur glissement d'espace à espace (aquatique, neigeux, aérien, comme le surf) ou enfin par leurs hybridations techniques (planche, *speed-sail*, char tracté par cerf volant, etc.) se produisent des formes nouvelles et s'accentuent la versatilité sportive des pratiquants, par la variété des plaisirs qu'elles procurent.

La **mise en forme aventureuse des activités** peut concentrer maintes propriétés de ces évolutions, les « intégrer » littéralement et revêtir une signification symbolique forte. Quelles qu'en soient ses multiples déclinaisons, (pratiques, romanesques, narratives, publicitaires, etc.), le mythe et les représentations de l'aventure (qui ont connu, en France, un impact très fort, depuis les années 1985), conserve pourtant, d'Ulysse à Olivier de Kersauson, des dimensions invariantes repérables.

Dans la structure de ses récits immémoriaux, comme dans ses plus récentes expéditions (sportives), l'aventure suppose le départ, la **rupture** (familiale ou sociale), et l'engagement dans l'inconnu, par le **passage** — volontaire ou accidentel — d'un monde familier vers un monde étranger. Dans la rencontre inévitable d'épreuves dangereuses, l'action aventureuse suppose donc un affrontement à une grande incertitude et à des **risques** parfois mortels. Les exploits de Jean-Louis Étienne en fournissent l'exemple dans la lignée des Paul-Émile Victor.

De plus, dans ces **aventures solitaires** (ou de petits groupes), où l'on est soumis à sa seule volonté, il n'est d'autres lois, règles ou disciplines que celles que l'on s'impose à soi-même. C'est là l'expression de **l'autonomie,** fondamentalement recherchée du voyageur. L'aventure maritime autour du monde, à la voile, en solitaire, en constitue le plus pur paradigme dans ce registre sportif. C'est aussi (clairement affiché dans le départ de Robinson), une transgression explicite et revendiquée de la « Loi du père » et le rejet ostensible de toute institution.

Mais dans les pièges quelle tend et face aux forces extérieures indomptables qu'elle oppose à sa volonté (dans le déchaînement toujours possible de ses éléments), la nature réduit toujours l'homme à la petitesse (et le ramène à la modestie) et il est menacé, en permanence, par la **sanction immanente**. Car dans les choix décisifs (qui se révèlent parfois vitaux), chaque erreur commise se paie ici, immédiatement et au prix fort. Aussi, le héros doit-il faire preuve de ténacité et d'ingéniosité, de ruse et de **débrouillardise** ; autant de vertus qui sont, en ces circonstances, strictement nécessaires et que les narrations ultérieures de l'exploit ne manqueront pas de célébrer. La maîtrise des instrumentations les plus sophisti-

quées doit permettre de surmonter ces obstacles et ces dangers, de réaliser des exploits inédits et représentent la forme moderne — la plus accomplie et la plus légitime — de ces qualités d'intelligence.
Cet héroïsme devrait prendre une particulière résonance dans les sociétés en crise où montent les valeurs individualistes, et dans tous ces petits groupes organisés sur le modèle de la bande, « sans père », ou des clans fraternels, sensibles aux techniques « du coup » (« faire » et « réussir un coup ») sont portés à célébrer la morale cynique de la « débrouille », jouant à la marge du droit. Face à la défaillance des pères, se constitue une société des « grands frères » qu'une « anthropologie des cités » tente de saisir et de théoriser (P. Duret, 1996). On comprend que, dans tous ces récits, images ou actions d'aventures, on trouve les raisons psychologiques qui font des adolescents les principaux protagonistes, consommateurs, lecteurs ou adeptes de l'aventure.
Il s'agit là, en effet, de transpositions parfaites (littéraires, imagées, « psychotropiques », sportives), de rituels d'initiations comportant souffrances et risques, mort symbolique du père et transgression de ses interdits, convocation de son destin et défis à la mort, en des épreuves difficiles aboutissant à une forme de renaissance et de purification. Le mythe de l'aventure a ainsi reproduit, sur différents registres de pratiques et modes d'expression de la culture occidentale, l'épopée solitaire d'un héros, confronté au monde, immense et menaçant, avec ses **épreuves ordaliques**, ses vicissitudes, ses métamorphoses et ses gloires très aléatoires. Ce mythe éternel — que nous avions déjà dégagé dans notre incursion protohistorique — trouve, ainsi, aujourd'hui, ses multiples déclinaisons dans la conquête sportive des grands espaces (océaniques, sous-marins, polaires, alpins, himalayens, désertiques, hyper-aériens, etc.) ; réminiscences curieuses d'explorations géographiques du passé ou de conquêtes coloniales révolues. Elles sont accompagnées d'une idéologie de « retour à la Nature », de « survie biologique » et de « purification écologique ». On peut y détecter en effet ce mythe de la survie ou de la renaissance après la catastrophe... On comprend pourquoi les distributeurs de tabac (qui ciblent désormais leur clientèle sur le public jeune et adolescent), accordent une telle importance au thème de l'aventure, dans leurs publicités reprises dans leurs défis sportifs qui les mettent réellement en pratique et en images (*Raid Gauloises*, *Camel Trophy*, etc.). Ces mythes et ces rites, que l'on pourrait croire, à la fois, d'« initiation » et de « conjuration » (C. Pociello, 1991) ne sont peut-être pas sans rapport avec le statut — foncièrement ambivalent — conféré à la jeunesse dans les sociétés statistiquement vieillissantes ? C'est une jeunesse, considérablement prolongée (cantonnée dans un véritable « moratoire social »), irritante et déconcertante, à certains égards, mais, à laquelle on emprunte volontiers ses modèles et à laquelle on assigne, plus ou moins inconsciemment, le devoir

de relever tous les défis inquiétants du futur y compris ceux relatifs aux défis technologiques. N'y a-t-il pas, chez nos contemporains, comme le prétend J.-C. Chamboredon, une montée de « la peur des jeunes » En interrogeant les Français sur les causes du « déchirement du tissu social » et sur les origines des divisions de la société, ils répondent, à 22 %, qu'elles trouvent leurs principes dans la fracture entre les jeunes et les vieux (sondage de 1994).

En tout cas, il est difficile de ne pas percevoir, à travers ces formes et ces figures prégnantes de l'aventure, au pouvoir symbolique puissant, comme un paradigme insistant et une métaphore de notre propre société lancée dans la grande aventure — à certains égards inquiétante — de la mondialisation.

Comme on le voit, ce développement relatif à l'aventure contemporaine, a laissé libre cours à la composante littéraire et poétique, imaginaire et mythique de l'investigation. Il souligne bien l'intérêt — et la nécessité — dans l'analyse prospective, de procéder aussi à une telle attaque herméneutique des faits et gestes de nos contemporains qui confine à **l'analyse anthropologique**.

On y recourt, sans scrupule et l'on s'en félicite, mais on ne s'en contente pas ! En effet, on peut revenir, pour terminer, à des considérations que les économistes et les économètres considéreront comme beaucoup plus rigoureuses...

F. Des interprétations différentes sur des observations convergentes

La méthode des experts que nous avons adoptée pour rationaliser, au mieux, l'analyse prospective des sports, a fait apparaître des **divergences de vues**, quant aux facteurs et aux ressorts d'évolution du système étudié. Mais des **avis convergents** ont été, en revanche, enregistrés à propos du modèle général d'analyse d'un vaste marché des produits sportifs, qui met en communication la structure de l'offre (appelée « champ ») et la structure de la demande (nommée « espace » ou « système des sports »).

Les échanges nous ont mis en présence d'une troisième situation — à laquelle on ne s'attendait pas — et dans laquelle différents experts (surtout économistes et sociologues) se sont trouvés, à la fois, en accord et en désaccord sur les interprétations. Finalement, ils se sont accordés sur les effets et conséquences, à terme, de leurs options et positions respectives. En effet, un accord s'est assez vite dégagé à propos des observations sur la nature et le type d'évolutions décrites par les uns (sociologues) et admises globalement et reconnues, comme valables, par les autres (économistes). Ces points d'accord ont été consignés, soit dans les tendances lourdes soit dans les faits porteurs (*cf. supra*). Mais les deux types d'approches scientifiques marquent leurs désaccords sur la nature des ressorts et des facteurs-clés susceptibles de les soutenir et, partant, de les expliquer. Ainsi on se trouve au cœur d'une lutte de prévalence de modèles d'analyse, mais curieusement, les deux types « d'explications » des mêmes phénomènes, convergent finalement en renforçant la vraisemblance des projections par l'effet conjugué des deux types de variables, sociologiques et culturelles d'un côté, économiques et industrielles, de l'autre.

Pour expliquer la tendance à **l'individuation des comportements** sportifs, les sociologues invoquent volontiers « l'individualisme contemporain », le développement, après les années 1965-1970 dans la société française, d'une humeur anti-institutionnelle, et d'une disposition commune à la révolte. Se manifeste un rejet des différentes formes d'autorité et de tous les substituts de la figure du père (maîtres, patrons, chefs, De Gaulle, etc.) qui porte à la résistance, à l'indépendance et à l'autonomie... et à la création de petits groupes en réseaux.

Pour interpréter la tendance décrite à **l'écologisation des pratiques** associé au phénomène de **délocalisation**, les sociologues invoquent la diffusion, dans le corps social, depuis les années 1970, de la sensibilité écologique (idéologie du retour à la nature, survie biologique, communautés rurales, défense de l'environnement, protection des animaux, etc.). Ces échappées agoraphiles peuvent être également interprétées comme la recherche de lieux de moindre résistance (compétitive) et de moindre contrainte (bureaucratique)...

Les mêmes experts interprètent enfin la tendance observée à la « **technologisation** » légère des loisirs sportifs — particulièrement marquée dans l'usage intensif des engins véhiculants par la jeune génération — comme le développement du goût pour la vitesse et le vertige, par une recherche de sensations fortes et par les sentiments de liberté que ces activités de conquête des grands espaces peuvent procurer. Elles sont aussi explicables par le renouvellement symbolique du système des pratiques marqué par ce *high-tech* comme signe de modernité. L'extériorisation des énergies valant, en outre, transgression des valeurs traditionnelles de l'effort sportif. L'investissement de la nature par des appareillages véhiculants révèle cette articulation curieuse entre une disposition écologique avec un goût (paradoxal) pour la dimension technologique contenue dans les machines ludiques. Cette combinatoire constitue le paradigme des processus d'hybridation culturelle que les sociologues ont, par ailleurs, relevé (M. Guillaume, 1992).

De leur côté, les économistes interprètent différemment et redistribuent les observations précédentes tout en reconnaissant, *grosso modo*, leur pertinence.

Pour eux en effet, **l'individualisation des pratiques** n'est que l'effet attendu et recherché de l'individualisation des comportements d'achat, dont la sphère industrielle et marchande tire les meilleurs avantages. Que l'on se souvienne du miracle économique du *street-ball* réputé être une pratique totalement « libre », « gratuite » et « informelle » concernant les jeunes garçons insolvables des banlieues difficiles et qui exige, en réalité, l'achat de ballons personnels et de chaussures personnalisées, par les candidats qui se pressent pour l'entrée dans ce jeu (5). Il est ainsi rappelé, avec force, que les producteurs économiques, en investissant massivement le champ sportif poussent à la consommation et visent, avec toute la force de leurs forces de vente, avec toutes les ressources du marketing et de la communication, une clientèle individuelle, privée et solvable, toujours plus nombreuse.

De même la **technologisation** des loisirs sportifs, soulignée par les sociologues comme un trait culturel pertinent et comme symbole de modernisme, leur apparaît comme l'effet direct de la sensibilité de la jeune génération pour les « sports californiens », *fun* et fortement appareillés, liés à une certaine « américanisation des styles de vie ». Mais on peut aussi mettre cette tendance en rapport avec l'attrait qu'exerce toujours, sur le grand public masculin, le monde des machines et des engins motorisés. En réalité, cette propension correspond simplement — nous disent les économistes — aux effets d'une recherche classique d'accroissement de la « plus-value », dans tous les objets de consommation, par la sophistication technologique. Or jamais mieux cette plus-value n'est aussi importante que dans la construction des machines ; engins sophistiqués, plus légers, plus solides, plus souples, à l'ingéniosité raffinée, intégrant de nouveaux matériaux, etc. Ces perfectionnements incessants permettent une plus grande souplesse d'utilisation (augmentant le nombre de gens pouvant les utiliser, avec plaisir), facilitent et abrègent les apprentissages, augmentent le confort d'utilisation et varient les plaisirs... De plus, la distribution commerciale de ces objets intègre toujours plus d'industrie immatérielle (publicité, *design*, *packaging*) qui en accroît, avec le pouvoir d'attraction, les coûts.

Enfin la **versatilité** des goûts du public que les démographes ont objectivé et que les sociologues ont tenté d'interpréter (accès, plus rapide, au plaisir et à l'autonomie dans la pratique, puis recherche de nouveaux cadres d'exercice, de nouvelles sensations et de nouveaux plaisirs, etc.) est une des conséquences directes de l'industrialisation des loisirs sportifs. Cette diversification des pratiques multiplie les consommations qui satisfont la sphère industrielle et marchande. Et si le raccourcissement des cycles de vie des pratiques (qui définit leur caractère « éphémère »), désole les dirigeants et déconcerte les élus, elle ravit, au contraire, les industriels qui vont, sans cesse, proposer de nouveaux produits, toujours plus alléchants, sur le marché (*rollers*, *skates*, *snakes*, *on-line*...). D'ailleurs des stratégies

(5) C'est à l'inverse des usages en vigueur dans les club sportifs où le coût des énormes filets de ballons, mis à la disposition des nouveaux adhérents, est évidemment pris en charge par la collectivité.

éprouvées — dites de diversifications — sont mises au point par les entreprises, pour pallier à l'épuisement de la demande d'un produit donné (objectivé par le déclin de sa courbe des ventes) ; processus, bien connu, que l'on s'efforce d'anticiper afin de relancer les consommations sur un nouveau produit qui en est directement décliné (vélo, bicyclette de course, demi-course, cyclo, bicross, VTT, etc.).

Pour leur part les socio-géographes ont apporté leur contribution à l'analyse des tendances désignées par « la délocalisation », en soulignant, pour leur part, sa pertinence. « Individuation » et sociabilité en réseaux, « agoraphilie » et « culture de l'aventure », rencontrent la force d'attraction des espaces « libres » que la France, bonne mère, dispense généreusement. Mais cette aspiration rencontre aussi la logique de l'aménagement du territoire « sportif », à des fins économiques, commerciales, touristiques, productrices d'emplois, etc. S'instaure un cercle vertueux entre « territorialisations sauvages » et aménagements (équipement sommaire, puis léger puis plus lourd, nouvelles territorialisations, etc.). Les « bases de plein air » et selon d'autres modes, l'investissement de la côte aquitaine par les surfeurs, ou des plans d'eau, en Roussillon, par les planchistes, en fournissent de bons exemples.

Ainsi tous les experts — économistes, sociologues et géographes — ont raison. Quelle que soit la valeur des interprétations proposées par les uns et par les autres, avec plus ou moins de force, tous les facteurs et enjeux invoqués se révèlent convergents, pour assurer, aux tendances identifiées, une force de persistance considérable. Ainsi les intérêts fondamentaux des acteurs économiques rencontrent-ils les besoins et aspirations d'un public, qui correspondent, quant à eux, au renouvellement technique et symbolique des pratiques dont la jeune génération est porteuse. Or non seulement celle-ci représente notre avenir mais elle se trouve, dès aujourd'hui, imitée par les adultes et même par les « moins jeunes » dans ce registre d'activités.

On s'étonne parfois devant ce constat de la rencontre « miraculeuse » entre l'offre et la demande. Or cette congruence n'a rien de mystérieux. Un renouvellement de la demande sportive se manifeste clairement dans la société française ; glissements qui stimulent l'ingéniosité des agents économiques aspirant à la satisfaire. Se déclenche alors, en retour, une stratégie industrielle, commerciale et médiatique visant à élargir les consommations dans ce nouveau registre. « Alimentation en retour » qui rend, certes, un peu vaine la question du « premier mouvement » (besoins/offre) mais qui conduit à remarquer que le marché fonctionne un peu comme une pompe dont le mécanisme doit s'amorcer mais qui peut aussi se désamorcer.

Dans tous les cas, ceci confirme, aujourd'hui, la formidable poussée de la sphère économique et marchande dans la sphère du loisir sportif.

SITE D'AVENTURES SPORTIVES

FORMULE « COMPACT-CENTRE VILLE »
(associée à de l'hotellerie de prestige)

Projet de « SAS » pour la zone d'aménagement concerté
du quartier Saint-Serge (hyper-centre d'Angers)

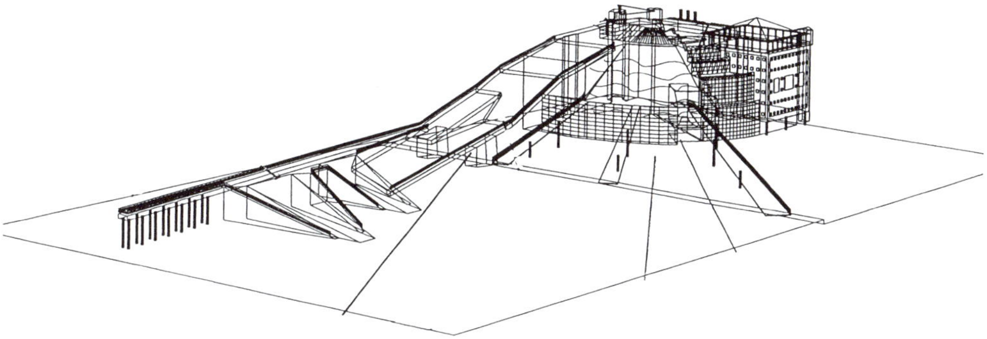

Figure 2. *La démarche prospective — qui dessine des figures de l'avenir — doit déboucher sur les propositions concrètes. Le « Sas » (« Site urbain d'aventures sportives ») en est une illustration. Il permet la pratique des activités de loisir les plus attractives (glissements, roulements, grimpers et vols) dans des conditions optimales de coût, de sécurité et d'animation, en milieu urbain (C. Pociello et coll. CRCS, 1989-1995).*

Définitions

Paradigme popperien : ensemble de critères définissant un modèle de science selon certains auteurs. Il découle de l'analyse rigoureuse que l'épistémologue Karl Popper a proposé sur les sciences et qui s'efforce de les distinguer des autres domaines de la pensée (idéologies, mythes, opinions, religions, philosophies, etc.). Pour cet auteur, la science doit formuler des théories et des hypothèses, avant de procéder à des expérimentations consistant à les soumettre à l'épreuve des faits. Mais dans cette expérience, il ne s'agit par, pour lui, de chercher, à toutes forces, à valider la théorie, mais au contraire à chercher à l'invalider. C'est cette démarche de réfutation, indépendante et autonome par rapport à la démarche de construction théorique qui définit, selon lui, la science véritable.

Conjecture : opinion ou proposition, fondée sur des probabilités. C'est le résultat d'une opération intellectuelle qui fait présumer, supposer, prévoir, pronostiquer, avancer, projeter… telle ou telle configuration, assortie d'une certaine probabilité, prudence et perplexité quant à la réalité future d'une telle construction hypothétique.

Bibliographie

2010 ; L'Odyssée des loisirs, Actes du forum des CEMEA (janvier 1988), Paris, CEMEA, 1989.

L'article « Prospective » de l'*Encyclopaedia Universalis*.

BAUX É., *Temps, Formes et Figures de l'aventure ; une approche anthropologique d'un mythe fondateur de l'Occident*, thèse de Doctorat, Université de Paris X-Nanterre, en préparation.

GODET M., « Prospective et planification stratégique », Paris, *Economica*, 1985.

GAUDIN T., « Les métamorphoses du futur. Essai de prospective technologique », Paris, *Economica*, 1988.

DE JOUVENEL H., Prospective des loisirs en région-centre ; un exercice régional de prospective », *Futuribles*, n° 138, 1989.

POCIELLO C., *Structure et Évolutions des loisirs sportifs dans la société française (1975-1995)*, rapport de recherches au ministère de la Jeunesse et des Sports (MTE)/CRCS, Université de Paris Sud-Orsay, septembre 1989.

Questions

1. Montrez la différence de niveau (épistémologique) entre la démarche prospective et les sciences sociales sur lesquelles elle appuie son travail de construction de figures de l'avenir.
2. Précisez, à l'aide d'une représentation schématique, la méthode mise en œuvre pour tenter de rationaliser une analyse prospective du système sportif (appelée méthode des experts).
3. Par un effort de mémoire, énumérez ce que l'on a appelé les quatre « tendances lourdes d'évolution » du système des loisirs sportifs.
4. Faites de même pour la recension et la définition des « cinq faits porteurs d'avenir ».
5. Discutez librement et critiquez la tendance repérée comme résurgence du thème de l'aventure, dans la société contemporaine et dans les activités sportives.

En guise de conclusion…

Maîtrise de la complexité, éloges de l'imaginaire

Le présent ouvrage a été conçu et construit autour de trois maîtres-mots : formation, réflexions scientifiques et prospection…

1. Il s'agissait en effet d'abord d'ajuster un « enseignement », défini comme transmission organisée d'un corps de connaissances, aux impératifs d'une « formation » ; entendue comme action d'influences soumise aux exigences de la réalité des débouchés sociaux et professionnels (sinon des métiers) auxquels aspirent les étudiants. Sans crier gare, le savoir transmis doit être, ainsi, soumis à une triple exigence :
- s'alimenter à la source même de la recherche universitaire qui est production et diffusion de connaissances nouvelles ;
- adapter, sans les édulcorer, ces connaissances récentes, à la culture et au niveau de compréhension des étudiants des premières années de cursus ;
- se préoccuper de l'ajustement de ces informations à la réalité mouvante et diversifiée des métiers du sport.

2. La démarche s'ouvre donc, en second lieu, à la réflexion rationnelle et scientifique qui est celle du temps présent. Celle-ci nous confronte, d'emblée, à une grande diversité des savoirs, à la segmentation des disciplines, à la lutte de prévalence entre les « paradigmes », aux combats des savants aux frontières, etc. ; c'est-à-dire à un savoir ouvert sur « l'épistémologie » qui est une réflexion critique sur les savoirs scientifiques en train de se produire, de se constituer et de s'organiser (entre eux).
La réflexion de Max Weber, mise en exergue en page IV, donne du sens à cet ouvrage qui a voulu soumettre un même objet-sport, multiface (métaphore du Janus), à une diversité d'éclairages théoriques, c'est-à-dire à « le mettre en perspectives ». Si les changements proposés de perspectives déconcertent quelque peu, ils présentent, à nos yeux, toute une série d'avantages pour les étudiants en formation :

– il montre indéniablement la complexité et la richesse de notre objet, qui s'offre ainsi, contre tous préjugés, à la recherche scientifique et se hisse au niveau de dignité des études universitaires ;
– il satisfait aux exigences de l'épistémologie moderne, antipositiviste, qui se garde du dogmatisme menaçant toute théorie et qui exige, en physique comme ailleurs, pour maîtriser les objets complexes, la disponibilité de plusieurs paradigmes (la lumière n'est-elle pas, à la fois et contradictoirement, « ondes » et « corpuscules » ?) ;
– enfin, il développe cette « qualité supérieure » des bons étudiants qui est la « plasticité intellectuelle » ; qualité qui est, soulignons-le, aussi bien requise dans la recherche (et dans la participation à la recherche universitaire) que dans les types d'épreuves qu'imposent les concours de recrutement de la fonction publique. Trop de copies de CAPEPS ou d'agrégation s'en tiennent à explorer un cap — et un seul — dans des développements unidimensionnels qui stérilisent la réflexion. L'enseignement — qui est pratique — et la pédagogie qui est normative, exigent de soumettre tous les problèmes qu'ils soulèvent à une diversité de points de vue, avant de pouvoir procéder aux meilleurs diagnostics et pronostics.

La réflexion épistémologique qui naît de cette diversité des paradigmes, nous a aussi confrontés à la dualité fondamentale de toute production scientifique. Celle-ci se trouve en effet, soumise à une tension permanente entre les deux pôles fondamentaux de la recherche : celui qui est porté par la « logique de la découverte » (construction théorique, hypothèses, suppositions, quête aventureuse d'interprétations, etc.) et celui qui s'attache à la « logique de la preuve » (expérimentation, validation, vérification, réfutation, etc.) ; ce sont deux séries d'opérations qui doivent se rendre les plus autonomes et indépendantes possibles (selon les exigences et les critères formulés par Karl Popper). Le traitement statistique auxquelles se prêtent la plupart des données recueillies par le deuxième volet de cet effort, confère, à cette démarche de « mathématisation », le prestige que la mathématique confère à tous les objets auxquels elle s'applique. Mais ceci conduit à sous-estimer, généralement, la part importante d'imagination et d'invention que comporte toujours le premier volet de la démarche. La force que le modèle mathématique de la démonstration exerce sur l'ensemble des sciences et la puissance de « l'expérimentalisme » conduisent à minimiser la « part bénite » de l'imaginaire, dans les sciences. Contre les abus du paradigme quantitatif (dont on n'a nullement négligé les apports puisqu'on a souligné l'intérêt primordial des effets de nombres), on oppose la pertinence des approches qualitatives des faits humains. Herméneutique, phénoménologie, psychanalyse, analyse symbolique, etc., constituent un bon antidote à la prise excessive de la drogue « positiviste » et évitent ainsi ce qui confine parfois à « l'overdose ».

3. Enfin, l'analyse prospective proposée, sans prétention, et assortie de toute la prudence qu'exige cette forme intellectuelle de l'intrépidité, s'est très largement nourrie de cet imaginaire auquel on a voulu, pour faire bonne mesure, donner libre cours... La démarche prospective veut simplement sensibiliser les étudiants à la vitesse avec laquelle s'opèrent les transformations des goûts et des comportements de loisirs sportifs en France et dans les sociétés occidentales.
À supposer qu'ils obtiennent les places et les postes qu'ils ambitionnent d'occuper dans le champ socio-sportif (où ils doivent trouver, à terme, raisons sociales et exercices professionnels), leurs formateurs doivent les préparer à exercer, dans un monde différent de celui dans lequel ils ont été formés ; c'est-à-dire les sensibiliser, par avance, à ce que pourraient être de nouvelles configurations. Selon toute vraisemblance de profonds ajustements, des conversions — parfois des reniements — seront indispensables. Il est donc nécessaire d'engager, d'ores et déjà, le mouvement qui anticipe sur ces évolutions très probables.

Christian Pociello,
octobre 1998.

Achevé d'imprimer sur les presses de la
SNEL S.A. B-4020 Liège
février 1999 - 11385